LORNA SAGE

Die Anfänge meiner Welt

LORNA SAGE

Die Anfänge meiner Welt

Walisische Erinnerungen

Aus dem Englischen
von Barbara Heller

Mit 21 sw-Abbildungen

Piper
München Zürich

Die Originalausgabe erschien 2000
unter dem Titel »Bad Blood« bei Fourth Estate, London.

Für die Übersetzung wurde Barbara Heller
vom Deutschen Übersetzerfonds e.V. ausgezeichnet.
Die Übersetzerin dankt Rudolf Hermstein
für seinen wertvollen Rat.

Für Sharon und Olivia

ISBN 3-492-04341-0

Satz: Satz für Satz. Barbara Reischmann, Leutkirch
Druck und Bindung: GGP Media GmbH, Pößneck
Printed in Germany

www.piper.de

Inhalt

Fotos

ERSTER TEIL

I

Der alte Teufel und seine Frau

Großvaters Soutane flatterte den Friedhofsweg hinab, und ich lief dicht hinter ihm her. In der Sakristei gab es immer etwas zu tun, und ihm war jeder Vorwand recht, um das Pfarrhaus (fluchend und die verzogene Tür mit dem Fuß zuschlagend) verlassen zu können. Solange ich bei ihm war, konnte er keine Dummheiten machen; ich war eine Art Fessel für ihn, wie er für mich. Gern wäre er ab und zu mit dem Auto weggefahren, doch das Benzin war rationiert. In der Kirche hatte er wenigstens seine Ruhe. Meine Großmutter kam nie auch nur in ihre Nähe – außer mit den Füßen voran, aber erst Jahre später, als sie im selben Grab beigesetzt wurde wie er. Gemeinsames Vermodern in Ewigkeit, zu guter Letzt doch noch ein Fleisch, nach lebenslangem gegenseitigem Haß. Im Leben aber drang sie nie in sein Revier ein; auf dem Friedhof war er auf seinem eigenen Terrain, in seinem Element. Er machte eine gute Figur bei Beerdigungen, denn er war hager, zerfurcht und von Sterblichkeit gezeichnet. Noch dazu lief eine Narbe seine hohle Wange hinab, die Grandma ihm mit dem Tranchiermesser beigebracht hatte, als er, wie so oft bezecht und zu nichts mehr fähig, nach Hause kam.

Aber das war, als sie noch »redeten«, vor meiner Zeit. Jetzt führten sie nur noch Selbstgespräche oder fluchten einer hinter dem anderen her, und er stürmte (mit mir im Schlepptau) türenknallend aus dem Haus, zwischen den Gräbern durch, vorbei an der hohlen Eibe, in der die Katze ihre Jungen warf, und den diversen Grüften, die für den Geruch verantwortlich gemacht wurden, der bei feuchtem Wetter im Pfarrhauskeller hing. Rechts von uns lag die Kirche, links dehnte sich das Gräberfeld, durchzogen von einem imposanten Kiesweg, der vom Kirchenportal zu der kleinen Grünfläche mit dem Kriegerdenkmal und weiter – über die Straße – zum See führte. Die Kirche erfreute sich dieses eindrucksvollen Zugangs wegen großer Beliebtheit für Hochzeiten, doch Grandpa war verständlicherweise nicht erpicht auf Trauungen.

Einmal blieben wir stehen, um zuzuschauen, wie der Totengräber einen Schädel ausbuddelte; es war ein alter Friedhof, bereits zum zweiten- oder drittenmal belegt. Großvater wischte die Erde ab und deklamierte: »Ach, armer Yorick! – Ich kannte ihn ...« Ich hielt das für seine eigenen Worte, doch als ich älter wurde und *Hamlet* sah, durchschaute ich ihn und fragte mich, was ihm damals wohl durch den Kopf gegangen war. Vielleicht sah er in der Szene ein Abbild seiner eigenen Situation – der Verbannung in eine entlegene Landgemeinde, wo seine Fähigkeiten brachlagen und dergleichen mehr. Andererseits bot ihm sein Amt reichlich Gelegenheit, sich in versteckten, bitteren Scherzen zu ergehen, zu schwadronieren und seinen Sarkasmus zu pflegen, so daß er sich in gewisser Weise doch wohl fühlte. Damals glaubte ich, ein Pfarrer müsse so sein: knochig, wortgewandt und übelriechend (Tabak, Kerzentalg, saurer Rotwein). Seine Enttäuschungen gehörten für mich ebenso zu ihm wie das Kollar und die Soutane. Ich war wie ein Gänseküken, geprägt auf die erste Mutterfigur, die es sieht – er war mein Bezugspunkt.

Man erkannte ihn schon von weitem. Wir lebten in einem Dorf, in dem Mensch und Beruf eins waren. Es war nicht nur so, daß man »seinen Platz kannte«, vielmehr besetzte gewissermaßen der Platz den Menschen, und jeder wußte von vornherein, was später aus ihm werden würde. Sogar die Familiennamen spielten dabei mit. Der Totengräber hieß Mr. Downward, der Schmied, der am See wohnte, schrieb sich Bywater. Noch entscheidender wurde dieses Bild von der Familie geprägt, der das Dorf gehörte, den Hanmers, denn so hieß auch das Dorf. Die Hanmers waren mit Wilhelm dem Eroberer nach England gekommen, sie waren bis an die walisische Grenze gelangt und lebten seither in dieser nach England hineinragenden Ausstülpung von Nordwales, dem abgetrennten Teil von Flintshire (Flintshire Maelor), wie es damals hieß, umgeben von Shropshire, Cheshire und – auf der walisischen Seite – Denbighshire. Städte gab es im Bezirk Maelor nicht, nur Dörfer und Weiler. Das eigentliche Flintshire lag weiter entfernt; es war (damals) ein Industriegebiet und damit praktisch eine ganz andere Welt als jene ländlichen Gemeinden, die sich damit abgefunden hatten, bei jeder Wahl einen Labour-Abgeordneten vorgesetzt zu bekommen. In Hanmer waren sich die Leute einig, daß sie mit alldem nichts zu schaffen hatten. Wahlmöglichkeiten in Form von Parlamentswahlen galten hier nicht viel, und im Grunde zählten nur Orte, die zu Fuß oder mit dem Fahrrad zu erreichen waren.

Durch den Krieg hatte sich das bis zu einem gewissen Grad geändert, wenn auch weniger als anderswo, denn die Landwirtschaft war kriegswichtig, und Bauernsöhne wurden nicht eingezogen, es sei denn, sie hatten viele Brüder oder ihre Familien waren Kleinbauern mit wenig Land. So glich das Hanmer der vierziger in vieler Hinsicht dem Hanmer der zwanziger Jahre oder gar dem des ausgehenden neunzehnten Jahrhunderts, nur daß es heruntergekommener war, weniger Einwohner hatte und mit der Zeit immer weiter zurückfiel. Da wir auch nicht Walisisch sprachen, war es mit unserem Nationalstolz nicht weit her; man hatte eher das Gefühl, daß man nun einmal hierhergehörte, und damit basta. Ganz unwalisisch war auch die Tatsache, daß es in Hanmer keine zweite Kirche gab, die mit Großvaters Kirche hätte konkurrieren können. Die Hanmers hätten niemals Land an Nonkonformisten verpachtet, und so hatte der Ort keine nicht-anglikanische Tradition, außer in der Form, daß man überhaupt nicht in die Kirche ging. Doch

Grandpas Gottesdienste waren gut besucht, teils weil er in der Gegend für seine Predigten berühmt war, teils weil er als Hochkirchler viel für pompöse Gewänder, Ministranten und häufige Kommunion übrig hatte. Nicht häufig genug allerdings, um seinen Weinkonsum zu rechtfertigen. Schließlich drehte ihm die Kirche den Hahn zu, und die Kommunikanten bekamen verdünnten Sanatogen-Saft von Boots, dem Apotheker in Whitchurch, jenseits der Grenze zu Shropshire.

Die Verfehlungen, die Grandpa von einer Beförderung ausgeschlossen hatten, schienen ihm bei seinen Pfarrkindern nicht weiter zu schaden. Vielleicht erwartete man vom Pfarrer, daß er Experte in Sachen Sünde war. Auf jeden Fall war er eine »Persönlichkeit«. Aus meiner kindlichen Sicht lebten in Hanmer zwei Kategorien von Menschen: die Persönlichkeiten und die anderen, die einen und die vielen. Weiter oben auf der sozialen Stufenleiter gab es immer nur einen: einen Pfarrer und einen Rechtsanwalt, und da jeder Bauer den Namen seines Hofes trug, war er ebenfalls einzigartig. Ärzte gab es allerdings zwei, aber sie waren Brüder und führten ihre Praxis gemeinsam. Dann waren da noch ein Polizist, ein Gastwirt, eine Gemeindeschwester, ein Fleischer, ein Bäcker … Kleinbauern und Knechte waren die vielen und hatten oft auch große Familien. Sie standen unabänderlich im Plural (Nichtsnutze allesamt) und waren nur als Sippe zu benennen. Bei den Singularleuten wurden Tugenden und Laster zu Charaktereigenschaften. Sie waren originell. Sie hatten keinen gemeinsamen Nenner. In Hanmer aufzuwachsen war anfangs etwas seltsam Schönes: Die Erwachsenen spielten ihre Rollen, als hätten sie ihr Leben lang nichts anderes getan. Man wußte, wo man war.

In einem öden Kaff, wenn man Grandma fragte. Einem Misthaufen. Den Leuten, die sonntags auf dem Weg zur Kirche am Pfarrhaus vorbeigingen, drohte sie mit zitternder Faust, obwohl man sie hinter den Fenstergittern und den verschmutzten Scheiben vermutlich nicht sah. Aber sie konnte meine Vorstellung von ländlicher Idylle nicht erschüttern. Sie lebte in einer anderen Sphäre, wie sie selbst sagte. In ihrer Welt gab es Straßen mit Bürgersteigen, Schaufenstern, Trambahnen, Kinos und Cafés. Sie ging nur aus dem Haus, um sich in dieses verlorene Paradies zu begeben – mit dem Taxi nach Whitchurch und weiter mit dem Zug nach Shrewsbury oder Chester. Das war das *Leben*. In der übrigen Zeit dienten parfümierte Seife und Pralinen als Ersatz – die meiste Zeit jedenfalls, denn es war nie Geld da. Sie hatte einen Lebensstil entwickelt, der ihrem Schicksal eisern trotzte. Sollte ihr Mann ruhig den Pfarrer spielen – sie dachte gar nicht daran, die Pfarrersfrau zu sein. Die Zimmer der beiden lagen an entgegengesetzten Enden des Hauses, und sie verbrachte einen großen Teil des Tages im Bett. Sie hatte Asthma, und schon von Grandpas Geruch und dem seines Tabaks wurde ihr übel. Abends blieb sie lange auf, saß zwischen Mäusen und Silberfischchen allein in der Küche und las bei Lampenlicht in den *News of the World* von Morden und Skandalen (in ihrem Zimmer oben hortete sie Kohle und Anmachholz, um das Feuer bei Bedarf wieder zu entzünden). Sie machte nie auf, wenn es an der Haustür klopfte, traf sich mit niemandem, rührte im Haushalt keinen Finger. Die einzigen Menschen, die ihr etwas bedeuteten, waren ihre Schwester, ihre Kindheitsfreundinnen in Südwales und – vielleicht – ich, weil ich blaue Augen und blondes Haar hatte und ein Mädchen war, möglicherweise also nach *ihrer* Familie schlug. Für sie gehörten Männer und Frauen zwei verschiedenen Rassen an, und jede Vermischung war heller Wahnsinn. Der »alte Teufel«, mein Großvater, hatte ihr die Ehe und die Tortur zweier Schwangerschaften aufgeschwatzt, und das sollte ihm niemals verziehen werden. Sie bebte vor Zorn, wenn sie an ihren tiefen Fall dachte. Sie war klein (ungefähr einen Meter fünfzig) und so dick und schwabbelig, wie er dünn und drahtig war, so daß ihre Zwei-Rassen-Theorie ganz plausibel erschien. Als ich den Kinderreim »Jack Sprat, der aß kein Fett, / seine Agnes aß nichts Magres, / So leckten die beiden im Verein / Nach jeder Mahlzeit den Teller rein« lernte, schien es mir irgendwie, als handelte er von den beiden. Später wurde mir klar, daß – neben dem Suff (und seiner Schürzenjägerei) – auch Grandma ein Grund gewesen sein muß, warum er sich so viel in der Kirche aufhielt. Sie bekam ihre Rache, doch um den Preis, daß sie selbst im Dreckloch leben mußte.

Mit vereinten Kräften erzeugten meine Großeltern im Pfarrhaus eine so gründlich vergiftete Atmosphäre, daß alles und jedes auf ihr Konto zu gehen schien. Aber so war es nicht. Meine Mutter, ihre Tochter, war auch noch da, wenn auch in meiner Erinnerung anfangs nur als ein schüchternes, schlankes, fast körperloses Wesen, mit Schaufel und Besen auf der Treppe kniend. Sie hatten sie nach ihrer Heirat zur Haussklavin gemacht – mein Vater war beim Militär, und ein eigenes Leben hatte sie nicht. Sie war es, die aufmachte, wenn es an der Haustür klopfte, und die den Schein zu wahren suchte, eine längst verlorene Schlacht. Sie trug ihr blondes Haar in einer Innenrolle, und sie war hübsch, lächelte aber nicht gern. Sie hatte falsche – etwas unfachmännisch überkronte – Schneidezähne, weil sie als Heranwachsende die Treppe hinuntergefallen war und sich die Zähne ausgeschlagen hatte, als sie herbeirannte, um einen mörderischen Streit ihrer Eltern zu schlichten. Wahrscheinlich war ihr damals ohnehin nicht zum Lächeln zumute. Aber sie kommt hier eigentlich noch nicht ins Spiel, so wenig wie mein Vater. In meiner einzigen frühen Erinnerung an ihn werde ich von einem Mann in Uniform hochgehoben und spucke ihm über den Rücken. Er war im Pfarrhaus nicht willkommen, obwohl sein Sold Großvaters kärgliche Bezüge aufgebessert haben muß.

Meine Großeltern waren nicht dankbar. Beide fühlten sich vom Leben betrogen, hegten einen über die Jahre so sorgsam gehätschelten Groll, daß man ihnen Gefälligkeiten, Aufmerksamkeiten oder was auch immer geradezu schuldete. Ihre Tochter und ihren Sohn hatten sie in ihren Kämpfen als Geiseln benutzt, ansonsten aber vernachlässigt, denn sie waren auf ihre Art viel zu sehr voneinander in Anspruch genommen, um

noch groß Gefühle übrig zu haben. Mit mir war es anders: Da sie sich nicht mehr wirklich stritten, hatten sie Zeit zur Verfügung, und das kam mir zugute. Liebten sie mich? Sie verwöhnten mich jedenfalls, beide, vor allem damit, daß sie mir den falschen Eindruck vermittelten, ich hätte Anspruch auf nahezu pausenlose Zuwendung. Sie spielten. *Sie* waren wie Kinder, denn zum Kindsein gehört, daß man eine Art Parasit ist und das auch rücksichtslos durchsetzt. Ich will. Sie waren gut im Wollen, und ich hatte, als ich drei oder vier war, viel mehr mit den beiden gemeinsam als mit meiner Mutter. Außerdem konnten sie es durchaus mit den Fabelmonstern in den Märchenbüchern aufnehmen. Nach Grandmas Auffassung zeigte man kleinen Kindern seine Zuneigung dadurch, daß man mit den Lippen schmatzte und sagte: »Du bist so süß, ich freß dich gleich mit Haut und Haaren auf!« Das zu glauben fiel bei ihrer Leidenschaft für Zucker nicht weiter schwer. Ich glaubte ihr

zumindest so weit, daß ich einen lustvollen Angstschauder verspürte. Sie zwickte auch gern, und manchmal, wenn ihr die Worte ausgingen, spuckte sie vor Haß aus.

Das häusliche Leben im Pfarrhaus hatte etwas Mittelalterliches, das so gar nicht zu dem Gebäude paßte, einem bescheidenen, altersdunklen Backsteinbau aus dem achtzehnten Jahrhundert, mit niedrigen Decken, Dachkammern und einer Hintertreppe für die nicht vorhandenen Dienstboten. Die Vorderseite war einem kleinen Platz zugewandt, den nur Besucher und Kirchgänger überquerten. Das vergitterte Küchenfenster schaute ebenfalls auf den Platz hinaus, aber nicht freundlich, und der Salon auf der anderen Seite der Haustür war leer und unbenutzt, so daß sich das Haus in sich selbst zurückzog. Ein Klopfen an der Tür löste ein hektisches Räumen und Putzen aus (meine Großmutter brauchte Zeit, sich zurückzuziehen, wenn sie auf war, und mir wurde mit einem Waschlappen das Gesicht geschrubbt), denn es konnte ja jemand sein, den man hereinbitten und ins Wohnzimmer an der Rückseite des Hauses führen mußte, das – obwohl etwas feucht und verwahrlost – stets saubergehalten wurde, »für alle Fälle«.

Kam der Besucher in kirchlichen Geschäften, wurde er in

Großvaters Arbeitszimmer hinaufgeführt. Dort standen an allen Wänden Bücherregale, und auf den Buchrücken waren Autor und Titel geschwärzt, eine Vorsichtsmaßnahme für den Fall, daß ein Besucher eine plötzliche Vorliebe für Dickens oder Marie Corelli faßte und sich einen der Bände ausleihen wollte. Großvaters Schlafzimmer, vom Arbeitszimmer aus erreichbar, wurde von der Eibe vor dem Fenster verdunkelt und roch nach ihm. Auf der anderen Seite des Flurs hatte meine Mutter ihr Zimmer, in dem auch ich als Kind schlief, und rechts um die Ecke lag das Zimmer meiner Großmutter. Unter ihrem Bett waren Kohlen und Anmachholz gestapelt, und es roch nach Pond's-Gesichtscreme, nach Puder, Parfüm, Riechsalz und den Mottenkugeln zwischen ihren Stadtkleidern und in dem Wust von Unterwäsche und Strümpfen.

Im ersten Stock befand sich auch eine hochherrschaftliche Toilette mit einer Pfauentapete, ein verschlungenes Muster von Federn und Zweigen, das man stundenlang betrachten konnte – was ich auch tat, mit baumelnden Beinen auf dem hohen Holzsitz thronend. Wenn man an der Kette zog, gurgelten und sangen die Wassertanks auf dem Dachboden. In den anderen Dachkammern waren Äpfel auf Zeitungspapier ausgelegt und dörrten dort still vor sich hin. Es war kein gruseliges Haus, trotz des unheimlichen Kellers und obwohl wir auf Petroleumlampen und Kerzen angewiesen waren, wie übrigens alle in Hanmer, bis auf die Bauern, die eigene Generatoren hatten. In der Küche stand den ganzen Tag der Teekessel auf dem Herd, und jeder aß, wann es ihm paßte.

Es gab ein Wort, das zu dem Haus gehörte: »Alterungsschäden«. Es war eines der ersten langen Wörter, die ich lernte, denn es wurde wie ein Mantra ständig wiederholt. Die Kirche erhob von ihren Amtsinhabern eine Abgabe für die Instandsetzung der bröckelnden Liegenschaften, und das war mit diesen fünf Silben gemeint. Wäre es Großvater gelungen, die Alterungsschäden einzudämmen, hätten wir es wohnlicher gehabt, und vielleicht wäre sogar noch etwas Kleingeld übriggeblieben.

Undichte Stellen, Hausschwamm, zerbrochene Fensterscheiben und schiefe Türangeln (von denen wir jede Menge hatten) waren, bei Licht besehen, eine potentielle Einnahmequelle. Doch da das Wort immer wieder auftauchte, kann Grandpa allenfalls einen kleinen Nachlaß bekommen haben, und die Löcher im Dach wurden nie geflickt. Fest steht, daß wir oft ohne einen Penny dastanden und peinlicherweise anschreiben lassen mußten. Die Rationierung von Lebensmitteln und Kleidung muß ein Geschenk des Himmels gewesen sein, denn sie verschaffte uns einen Deckmantel für unsere Bedürftigkeit. Solange die schlechte Zeit währte, konnte das Pfarrhaus seinen fragwürdigen Anspruch auf Achtbarkeit aufrechterhalten. Ärmlichkeit bedeutete Tugend. Großvater hatte seine abgetragene Soutane, Großmutter ihre Mottenkugelgarderobe, meine Mutter einige Vorkriegssachen, die eher schlecht als recht ihren Dienst taten. Die Unterwäsche war vergraut und zerschlissen, die Gummizüge fehlten. Auch die Schichten, die wir im Haus darüber trugen, waren zerlumpt: verfilzte Pullover, löchrige Socken und Strümpfe, die uns in Ziehharmonikafalten um die Knöchel hingen, Sicherheitsnadeln *en masse*. Draußen konnten wir uns noch einigermaßen sehen lassen, auch wenn mein Mantel zunächst zu groß war (ich würde ja noch hineinwachsen) und dann plötzlich zu klein, ohne daß er jemals wirklich gepaßt hätte.

Damals trug fast das ganze Land diese schlechtsitzende Zivilistenuniform – kratzige Stoffe, unempfindliche Farben, herausgelassene Säume, wulstige Abnäher. Die eigentliche Verrücktheit und Nachlässigkeit unseres Haushalts aber äußerte sich nicht in der Kleidung, sondern in intimeren Formen der Verwahrlosung: darin etwa, daß man sich dort, wo man es nicht sah, so gut wie nie wusch. Das war im Pfarrhaus geradezu ein Prinzip, Maßstab unserer Feindseligkeit gegenüber der Außenwelt und unseres Abgesondertseins. Unter unseren Kleidern lag die Kultur darnieder. Und das hatte nichts mit Geld zu tun.

Grandma hatte zwar ihre parfümierte Seife, benutzte sie

aber nicht; sie kaufte sie des Duftes wegen und bewahrte sie, in Seidenpapier gewickelt, in Schubladen und Koffern auf. Sie behauptete steif und fest, ihre Haut sei zu empfindlich für Wasser und Seife. Wir hatten sogar ein Badezimmer, aber irgendwie fand Waschen ausschließlich in der Form statt, daß man auf dem Herd Wasser heiß machte, es in eine Schüssel goß und jeweils nur einzelne Partien wusch – sehr kleine Partien, in der Regel immer dieselben. An den so entstehenden Gezeitenmarken, in meinem Fall an Hals, Handgelenken und Beinen, wurde von Zeit zu Zeit verzweifelt herumgeschrubbt. Ein weiteres Problem, ein ganzes Knäuel von Problemen, waren die Haare: Das Bürsten war meist schon traumatisch genug, auch ohne daß sich die Haare durch Waschen wieder total verhedderten, und so blieben meine Zöpfe tagelang geflochten. Auch unsere verborgene Schmuddeligkeit sonderte uns ab. Dreck bei anderen Kindern bedeutete, daß sie ordinär waren, schandbar pflichtvergessene Eltern hatten und daß man sich bei ihnen

»etwas holen« konnte. »Dreckig« war eines von Grandmas Lieblingsschimpfwörtern – die Leute im Dorf waren dreckig, Besucher waren dreckig, mit dreckigen Kindern durfte ich nicht spielen. Es gab mithin zwei Arten von Dreck, ihren und unseren – eine durchaus metaphysische Unterscheidung, wie sie sich für das Pfarrhaus geziemte.

Wie zum Beweis stand nebenan, ebenfalls mit der Vorderfront zum Platz, ein baufälliges Fachwerkhäuschen aus dem sechzehnten Jahrhundert, zum Bersten voll mit Kindern, mit denen ich mich nicht abgeben durfte. Es war die Behausung der Duckets, einer von Hanmers erbärmlichsten Sippen. Wenn ich auf die Mauer stieg, die uns von ihnen trennte, konnte ich in ihren Garten schauen. Unsere Seite hatte einen Rasen mit Rabatten und Apfelbäumen und war verwildert und friedlich, ihre sah aus wie nach einem Bombenangriff: eine zerpflügte, matschige Fläche mit zerbrochenem Geschirr und verbogenen Teilen alter Fahrradrahmen und Kinderwagen zwischen Johannisbeersträuchern und wucherndem Unkraut. Die Duckets verkörperten das, was meine Großmutter mit »dreckig« meinte: Sie waren unverhohlen arm (der Vater war Knecht), sie vermehrten sich wie die Karnickel, und sie quollen in ihren zerlumpten, weitervererbten Sachen ungeniert aus ihrem Haus.

Das Pfarrhaus war ein heimlicher Slum, bei den Duckets dagegen standen die Türen immer offen, und man sah Mrs. Ducket mit Lockenwicklern auf dem Kopf und nackten Beinen in Pantoffeln herumlaufen oder – noch skandalöser – mit einer Tasse Tee und einer Zigarette dasitzen. Sie hatten keine Geheimnisse. Aus ihrem Küchenabfluß (uns gegenüber) sickerte träger Schleim aus Seifenwasser und Teeblättern in die Gosse der Dorfstraße. Die Duckets hatten kläffende Hunde und dürre Katzen und steckten sich Katzenjunge und Frettchen in die Taschen. Sie gingen nicht zur Kirche; nur gelegentlich wurde das eine oder andere Kind feingemacht und in die Sonntagsschule geschickt. Ich durfte nicht auf den Platz hinaus, sie dagegen wurden förmlich aus dem Haus getrieben, hinten und vorn, bei jedem Wetter, in der Hand einen Brotkanten mit Pflaumenmus. Grandma zufolge langten sie über die Mauer und pflückten unsere Äpfel. Und (der Gipfel des Grauens) sie hatten Kopfläuse.

Der Duckets wegen fühlte ich mich einsam. Selbst ihre Läuse waren eher faszinierend als furchteinflößend. Einige Male gelang es mir, mit Edna, die ungefähr in meinem Alter war, durch den Spalt in unserer Gartentür zu »spielen«. Sie kauerte auf dem Platz, ich hockte im Küchengarten des Pfarrhauses und zwängte meine Puppen eine nach der anderen durch den Spalt, um sie ihr zu zeigen, und Edna zwängte sie wieder zurück. Normalerweise aber kletterte ich auf die Mauer, setzte mich rittlings darauf und beobachtete die Duckets im Plural, wenn ich mir selbst überlassen war. Was jedoch nicht oft vorkam. Grandpa und ich müssen fast täglich in der Kirche herumgewerkelt haben, und die hallende Weite, die Buntglasfenster und der Geruch nach Messingpolitur, Chrysanthemen, feuchten Eichenbänken und den Stockflecken der Chorhemden waren ein berauschender Ausgleich für meine Isolation. Grandpa erzählte mir Geschichten und las mich abends in den Schlaf, nickte dabei allerdings oft vor mir ein, auf dem Sofa ausgestreckt, mit offenem Mund, schnarchend, das Raubvogelprofil von der Kerze erleuchtet. Meine Lieblingsbücher (wir kannten sie beide auswendig) gingen ihm mit der Zeit derart auf die Nerven, daß er eines folgenschweren Tages, als ich noch keine vier war, in purer Notwehr beschloß, mir das Lesen beizubringen. Das machte mich vollends zu seinem Geschöpf.

Ich wußte, daß mein Name aus einem der geschwärzten Bücher stammte – Lorna von *Lorna Doone* – und daß Grandpa ihn ausgesucht hatte. Nun gab er mir den Schlüssel zu seiner Welt. Von da an waren wir noch engere Verbündete, und wenn er mich in seinem klapprigen Singer mitnahm, nach Whitchurch oder ins Fox and Goose, eine Kneipe in Green End, kam ich gar nicht auf die Idee, ihn zu verpetzen. Solche Exkursionen fanden öfter statt. Er war in Trinkerkreisen wohlbekannt und galt als Original, ein redseliger Zyniker, immer mit seinem Kollar, das ihn von den anderen abhob. Ich war das perfekte Alibi, denn weder meine Mutter noch meine Großmutter ahnten, daß es Wirte gab, die sich so wenig um Sitte und Gesetz scherten, daß sie Kinder in ihre Pubs ließen. Das galt jedoch längst nicht für alle, und manchmal mußte ich auf den Stufen vor einer von Grandpas Stammkneipen sitzen, einem unfreundlichen Lokal namens Lord Hill mit einer Drehtür, in Gesellschaft von Straßenkindern, die viel mehr zum Fürchten waren als die Duckets. Vielleicht habe ich das zu Hause doch erzählt, oder jemand hatte mich gesehen: Jedenfalls hörten die Pubausflüge auf.

Nicht aber das geheime Einvernehmen. Wenn Grandpa im Arbeitszimmer an seiner Predigt arbeitete oder mit einem der seltenen Besucher sprach, kniete ich auf dem abgewetzten Teppich, zog Bücher aus den Regalen und rätselte an großen Wörtern herum. Manchmal renommierte er Fremden gegenüber mit meinen Lesekünsten, meistens aber (das war schließlich der Zweck der Übung) mußte ich still sein. Wenn er besonders gut aufgelegt war, zeichnete er mir Bilder, wobei er unerklärlicherweise am Fluchtpunkt anfing und den Rest dann perspektivisch ausführte. Ich lernte diesen Kunstgriff ebenfalls, nie sehr gut, aber gut genug, um andere zu verblüffen. Unser gegenseitiges »Aufpassen« wurde in ungleichmäßigen Etappen zu einer Art Unterricht. Da er ein Mann mit vielen brachliegenden Fähigkeiten war, nicht nur was Worte und Bilder anbelangte, sondern auch in der Musik, wäre ich in den Genuß einer kompletten Vorschulbildung gekommen, wenn ich nicht unmusikalisch gewesen wäre. Trotzdem wurde ich, sobald ich lange genug stillsitzen konnte, in den Chor gesteckt, mit der strengen Anweisung, den Mund dem Text entsprechend stumm auf- und zuzumachen. Doch ich war dort sehr nützlich, denn man konnte mich von der Mädchen- auf die Jungenbank versetzen (meine Zöpfe wurden dann unter die Mütze gestopft), falls dort mehr Lücken klafften. Wenn ich Grandpa in der Sakristei beim

Ankleiden zusah, hinter ihm her in die Kirche schritt, ihm bei der Liturgie und der Predigt lauschte, dann sonnte ich mich in seinem Glorienschein.

Ich verfiel darauf, meine Spielsachen in einem Winkel des Gartens aufzureihen, den ich »die höhere Schule« nannte, und ihnen Vorträge zu halten. Mehrmals blieben sie über Nacht draußen und wurden am Morgen völlig durchweicht hereingeholt und zum Trocknen ins Backrohr gelegt. Mein Teddy, ein Mehrzweckbär mit einem viereckigen schlaffen Bauch aus geblümtem Stoff, war von da an versengt. Ein Omen.

Bald würde ich in die Schule müssen, und das hieß in die Dorfschule, wo man die Dreckdifferenzierung ad absurdum führen und auch auf meiner verzärtelten Seele Brandflecken hinterlassen sollte. Anfängliche Bedenken, mich früher als nötig einzuschulen, müssen verflogen sein, als die Versuchung übermächtig wurde. Wenn Großvater nicht da oder verkatert oder nicht in Stimmung war, wanderte ich, vor Selbstmitleid triefend, durchs Haus und jammerte »Was soll ich denn tu-u-un?«, und die Tränen liefen mir über die Wangen. Bei schönem Wetter nahm Grandma mich dann manchmal mit in den Garten, wo wir mein Elend exorzierten, indem wir mit scharfen Scheren auf Brombeerranken und Brennessel losgingen und so taten, als seien sie Grandpa oder die Duckets oder sonstjemand auf ihrer Abschußliste (»Da! Du ekliges Biest! Du alter Teufel!«). Sie hatte noch mehr Spaß an solchen Spielen als ich, konnte sich aber nur selten dazu aufraffen. Und so kam ich mit etwas über vier in die Schule, und das ganze Dorf schüttelte sich einmal durch und ordnete sich neu. Ich bekam Läuse und führte von nun an ein Doppelleben: Ich war eine der vielen – die Schule in Hanmer hatte 1947 über hundert Schüler zwischen vier und vierzehn – und zugleich das einzige Pfarrerskind. Wer mit mir spielt, so erzählte ich herum, der darf auf dem Friedhof spielen.

2

Die Schule

Bin ich vielleicht, wie ich manchmal vermute, in einer ganz anderen Zeit aufgewachsen, einer Enklave des neunzehnten Jahrhunderts? Denn nun drängen die Erinnerungen heran, Szenen aus einem übervölkerten ländlichen Slum.

Als erstes kam das Essensgeld, dann das Klassenbuch. Dann hängte Miss Myra eine rissige Wachstuchrolle mit dem Vaterunser in großen verschnörkelten Lettern auf, und wenn sie das Zeichen gab, murmelten wir das Gebet herunter. Bei der Schuld gerieten wir aus dem Tritt, fanden aber wieder zusammen und gelangten schließlich unisono zum »in Ewigkeit. Amen«. Als nächstes mußten wir den Text mit Kreide auf schartige Schieferplatten schreiben. Wer fertig war, fing einfach wieder von vorn an. Hatte man einen Fehler gemacht, spuckte man auf die Platte und wischte ihn mit dem Finger aus, so daß sich die Buchstaben früher oder später in einem grauen Nebel verloren. Nicht viele Erstkläßler lernten nach dieser Methode lesen, schreiben oder rechnen, aber das war nicht weiter schlimm, denn in der Church of England School von Hanmer ging es vor allem darum, den Schülern Gehorsam und Auswendiglernen beizubringen. Schon bald konnte man das Vaterunser und das Einmaleins selbstbewußt herunterleiern, mit der rituellen Betonung an den richtigen Stellen: »Und *zwölf* mal *zwölf* ist hundert*vier*undvierzig. *A*men.«

Nach einigen Jahren bei Miss Myra kam man zu ihrer Schwester, Miss Daisy, und danach in die größte Klasse, die des

Rektors Mr. Palmer. Er war ein Schreckgespenst, eine abwesende Gottheit. Missetäter aus den unteren Klassen wurden zu ihm und seinem Stock geschickt, und es war bekannt, daß sie sich unterwegs in die Hose machten. Auch seine eigene Klasse fürchtete ihn. Er pflegte sie von seiner Wohnung neben der Schule aus unsichtbar zu überwachen, und wenn der Lärm einen so ohrenbetäubenden Pegel erreichte, daß er sich gestört fühlte, kam er herüber und verhängte summarische Strafen.

Je höher die Klasse war, in die man ging, desto weniger Schulwissen wurde vermittelt und desto weniger wurde auch erwartet, daß man etwas lernte. Die älteren Mädchen hatten Stricken, Nähen und Weben, und im Winter saßen sie in der Pause plaudernd am Ofen, die Beine in der Hitze mit roten Adern marmoriert. Die großen Jungen hatten Werkunterricht und wurden außerdem dazu eingeteilt, die Asche aus dem Ofen zu schaufeln, die Kohleneimer zu füllen und den Garten umzugraben. Keiner der wohlhabenderen Bauern schickte seine Kinder auf die Schule von Hanmer. Sie war dazu da, Dienstboten und Knechte hervorzubringen, und nach wie vor wurde Analphabetismus von vornherein einkalkuliert und gehörte schon fast zum Lehrplan.

Nicht lange nach meiner Einschulung wurde dieses altehrwürdige konfessionelle System in seinen Grundfesten erschüttert, als einige der älteren Kinder über die Grenze auf eine Sekundarschule in Shropshire überwechselten. Das dünnte die Reihen aus und dämpfte den Radau in Mr. Palmers Klasse, auch wenn ihm noch genug widerspenstige, hoch aufgeschossene Kinder erhalten blieben, bis sie vierzehn waren und kraft Gesetzes abgehen durften. Die Ausleseprüfung abzulegen war etwas noch nie Dagewesenes und im übrigen auch schwieriger, als es hätte sein müssen, denn an den höheren Schulen der Nachbargrafschaften gab es ohnehin Quoten für Kinder von dort, wo Fuchs und Hase sich gute Nacht sagten, nämlich aus dem Bezirk Maelor. Als ich soweit war, mogelte Mr. Palmer mich gnädig durch: Wenn er bei seinen Aufsichtsrunden an meinem Pult vorbeigeschlendert kam, fuhr er mit seinem dikken Finger meine Rechenaufgaben entlang, zeigte vielsagend auf die eine oder andere und kreuzte im Weitergehen zwei Finger hinter dem Rücken. Dann rechnete ich die Aufgaben noch einmal durch.

Vielleicht erregte die Durchfallquote allmählich Verdacht. Die Welt veränderte sich, das Bildungswesen veränderte sich, und der Gedanke, daß die Schule den von vornherein festgelegten Platz der Schüler in der Gesellschaft widerspiegeln und sie mit fester Hand dorthin zurückführen sollte, wo sie herkamen, geriet selbst in Hanmer aus der Mode. Das nahm man jedoch ungern zur Kenntnis. Man hielt am Prinzip einer starren Klassengesellschaft fest, indem man die wenigen Kinder, deren Familien nicht ins Schema paßten, aussonderte und sie Hausaufgaben machen ließ. Für das Korrigieren allerdings fühlte sich Mr. Palmer nicht mehr zuständig. Er gab uns dreien Rechenaufgaben, deren Lösungen wir dann am nächsten Morgen in einer Ecke des Klassenzimmers vergleichen mußten. Waren alle drei – oder auch nur zwei von uns – zum selben Ergebnis gelangt, dann war es das richtige. Hatte aber, was häufig vorkam, jeder eine andere Lösung, entschwand die betreffende Division oder Bruchrechnung ins Reich des Unergründlichen. Meist war unser Ergebnis allenfalls ein guter Näherungswert.

So entwickelte ich eine erschreckend platonische Vorstellung von den Gesetzen der Arithmetik. Die richtige Lösung *mußte* existieren, aber in einem nebelhaften Empyreum. Beten (hundert*vier*undvierzig. *A*men) schien oft kein schlechterer Weg zum richtigen Resultat.

Rechnen war meine Crux. Die Mathematik gehörte nicht zu Großvaters Talenten; Zahlenspiele wurden bei uns nicht gemacht, denn sie waren eine Unterabteilung der Alterungsschäden und alles andere als lustig. Für die Spucke-und-Kreide-Prozedur war ich gewappnet – Wörter bereiteten mir keine Schwierigkeiten –, doch mit den Zahlen kämpfte ich genauso wie die anderen, weil Mr. Palmers Methode (die Methode der Schule) nicht vorsah, uns zu verraten, daß die erforderlichen Fertigkeiten *erlernbar* waren. Bestand jemand die Prüfung für das Stipendium, dann deshalb, so seine Theorie, weil er gar nicht erst in die Schule von Hanmer hätte gehen dürfen.

Einmal ließ Mr. Palmer seine Schüler in einer Reihe antreten, ging die Reihe entlang und sagte mit düsterer Genugtuung zu jedem einzelnen: »Du wirst einmal die Mistgabel schwingen, du wirst einmal die Mistgabel schwingen …«, nur das Hausaufgabentrio ließ er aus. Doch er irrte sich, wie sich später zeigte, denn als meine Hanmer-Generation herangewachsen war, gab es in der Landwirtschaft kaum noch Arbeit. Das arbeitsintensive System von Ackerbau und Viehzucht war zusammengebrochen, die Bauern hatten sich auf Maschinen umgestellt, und die Kinder, die Mr. Palmer in fast völliger Unkenntnis des Lesens, Schreibens und Rechnens gelassen hatte, mußten sich weiterbilden und fortgehen. Damals aber, Ende der vierziger Jahre, hielten wir Kinder Mr. Palmer für allwissend. Er herrschte über eine kleine Welt, in der Gehorsam, Ratlosigkeit, Angst und heimliche Aufsässigkeit an der Tagesordnung waren. Jedes Kind an der Schule von Hanmer war bestrebt, nur ja nicht aufzufallen, weder bei ihm noch bei Miss Myra oder Miss Daisy. Wir stellten uns dumm – die einzige Lektion, die alle lernten.

Wir müssen ein trauriger Verein gewesen sein: mürrisch, teilnahmslos, Erwachsenen gegenüber schüchtern oder kicherig, ein Haufen von Nasebohrern und Nägelkauern mit verschorften Knien, Warzen und ungeputzten Zähnen. Mit anderen Worten: Wir hatten eine gewisse Familienähnlichkeit. Biologisch war sie zum Teil auch ganz real, denn sieben oder acht Großfamilien stellten fast die halbe Schülerzahl. Diese Brüder und Schwestern, Vettern und Kusinen schubsten, schlugen und tyrannisierten einander gnadenlos, traten am Ende aber immer für ihr eigen Fleisch und (durch Inzest verdicktes, so ging das Gerücht) Blut ein. »Laß unsere Doreen in Ruhe!« Oder dergleichen.

Große Brüder oder (noch viel besser) große Schwestern zu haben – denn die großen Jungen hatten ihren eigenen Schulhof und ließen sich selten herbei einzugreifen – war in der ersten Klasse, so schien es, die Grundvoraussetzung fürs Überleben. Bei Licht besehen, waren diese ruppigen, schützenden Clans jedoch bereits im Aussterben begriffen. Nicht wenige Eltern waren zu der Erkenntnis gelangt, daß man der Armut unter anderem dadurch entgehen konnte, daß man weniger Kinder bekam, und ein scharfer Beobachter hätte in der Masse rüpelhafter, rotznasiger Bälger eine kleine Unterart besser gekleideter, zimperlicherer und eine Spur anständigerer Kinder ausmachen können. Die Mädchen trugen Haarspangen und neue Strickjacken, die Jungen waren »nesh« (das Hanmer-Wort für alles mögliche, von »sauber« über »verfroren« bis hin zu »feige«) und wurden unentwegt gepiesackt. Einzelkind zu sein – wie ich damals noch – war in der rauhen Wirklichkeit des Schulhofes bestenfalls ein zweischneidiges Schwert. Die Jungen, die »nesh« waren, verachtete ich, und das beruhte voll und ganz auf Gegenseitigkeit, denn ich war schmutzig und frühreif, und man hatte mich nie wie ein Kind behandelt. Ich wiederum wurde von den Clans verachtet, weil ich allein war, dem Anschein nach sauber und »hochnäsig«.

Der Schulhof war die Hölle: Brennessel, Zwicken, Schläge,

Fußtritte und fürchterliche Spiele. Ich höre noch das dicke, nasse Springseil auf den Boden klatschen. Zwei von den großen Mädchen schwangen es, und man mußte hindurchhüpfen, ohne sich darin zu verfangen. Mitzumachen war kaum weniger schrecklich als ausgeschlossen zu werden. Man sagt (zu Recht), die meisten Frauen vergessen die Schmerzen einer Entbindung wieder, und ich glaube, wir alle vergessen den Schmerz der ersten Schulzeit, das schiere Unvermögen, als würde man nie lernen, sein Terrain abzustecken. Es ist doppelt beschämend – beschämend, auch nur daran zurückzudenken, solches Mitleid zu empfinden für das eigene schorfige Ich im Fegefeuer der Kleinen.

Meine ersten Tage in der Schule waren von wilden Kämpfen auf dem Schulhof untermalt, regelrechten Duellen vor Zuschauern, mit dem einzigen Mädchen, das eigentlich meine Freundin hätte werden können. Jahre später wurde sie es auch, meine beste Freundin sogar, mit der ich händchenhaltend – so fest, daß es weh tat – und hysterisch kichernd herumlief. Noch aber war sie meine Todfeindin. Gail (sie hatte sogar wie ich einen komischen Namen) war ein knappes Jahr älter als ich. Sie hatte gelocktes Haar, grünbraune Augen, einen blassen, klaren, ins Oliv spielenden Teint, und ihre Haut spannte sich straff und glänzend über den Muskeln. Sie hätte unseren Krieg in jedem Fall gewonnen, weil sie körperlich so geschickt war, schon mit fünf Jahren. Hatte sie damals schon Ballettstunden? Jedenfalls wurde sie später Lehrerin für Sport und Modern Dance, und auch als wir schon dicke Freundinnen waren, gewann sie noch manchen Streit, indem sie mir das Handgelenk verdrehte. Sie war nicht nur besser im Grimassenschneiden, Haareziehen, Zwicken, Kratzen, überhaupt in jeglicher Form von Gewaltanwendung, sie war auch drahtig und graziös, und ich kam mir neben ihr vor wie eine Gliederpuppe.

Sobald sie mich vor aller Augen vernichtend geschlagen hatte, beachtete sie mich nicht mehr und hielt in ihrer Ecke hof. Trotzdem blieb sie in gewisser Weise eine Einzelgängerin.

Andere Mädchen bewunderten zwar ihre Locken, ihre Kleider mit den gesmokten Passen und ihre weißen, nie rutschenden Socken, aber sie durfte nach der Schule nicht draußen spielen, und alle wußten, daß sie abends stundenlang stillsitzen mußte, während ihre Großmutter ihr mit Lockenwicklern aus Stoffresten das Haar aufdrehte. Was sie jedoch am meisten von den anderen trennte – noch mehr als das Pfarrhaus mich –, war der Umstand, daß ihre Mutter geschieden war.

Angesichts der Tatsache, daß viele Kinder in Hanmer nicht wußten, wer ihr Vater war – oder zumindest wußten, daß es nicht der war, der es hätte sein sollen –, mag es seltsam erscheinen, daß eine Scheidung als soziale Sünde galt. Das Problem dabei war das Ungewohnte. Sich scheiden zu lassen war unüblich, es war neumodisch, und Gails Mutter erhob sich damit über ihren Stand. Wenn eine Lady Kenyon (die Kenyons waren die anderen Dorfgranden, weitaus reicher und mondäner als die Hanmers) sich scheiden ließ, dann war das angemessen aristokratisch, bei der Tochter des Tankstellenbesitzers aber lagen die Dinge anders. Wofür hielt sie sich? Man sah in ihr so etwas wie einen neuen Typ des gefallenen Mädchens.

Auch im Pfarrhaus sprach man mißbilligend von ihr, aber vor allem aus Neid: Gail und meine Mutter waren vor dem Krieg Freundinnen gewesen und hatten zusammen Hauptrollen in den Theaterstücken gespielt, die mein Großvater im Gemeindesaal aufführte, bevor er dem Suff und der Verbitterung anheimfiel. Meine Mutter – sie hieß Valma; auch einer von Grandpas romantischen Einfällen, aber ich habe nie erfahren, wie er darauf kam – und Gails Mutter, die Ivy hieß, waren Aschenputtel und Königssohn gewesen. Auf einem Foto stehen sie inmitten der Theatertruppe, zwei schlanke junge Frauen, den Arm um die Taille der anderen gelegt, das hoffnungsvolle Lippenstiftlächeln schwarz und verführerisch. Gails Mutter hatte sich trotz der Scheidung seit damals kaum verändert, nur noch dünner war sie geworden. Und sie war berufstätig: Sie fuhr das Dorftaxi. Meine Mutter dagegen führte dank einer

Kombination von Ehe, Armut und den absurden Ansprüchen ihrer Eltern eher das Leben eines Hausmütterchens. Das war es, was Grandma so in Rage brachte. Sie sagte, Ivy sehe aus wie die Olivia Oyl aus den Popeye-Cartoons oder wie eine Lakritzstange. Und sie sei ordinär. In Wirklichkeit muß Grandma die Scheidung für eine gute Sache gehalten haben – schließlich sah sie die Ehe insgeheim so: Der Mann legte sich nur deshalb eine Frau zu, um seinen Spaß mit ihr zu haben, also sollte er auch sein Leben lang *teuer dafür bezahlen*. Doch wenn sie sich zu diesem Thema äußerte, stimmte sie mit der öffentlichen Meinung im Dorf überein.

Selbst in den Pausenspielen, die zwischen Schubsen und Schlagen stattfanden, ging es um die unabänderliche Ordnung der Dinge. »Der Bauer will eine Frau«, skandierten wir, im Kreis an den Händen gefaßt – »He ho, he ho, der Bauer will eine Frau.« Und wenn die kleine Rotznase in der Mitte sich eine Braut ausgesucht hatte: »Die Frau will ein Kind ... Das Kind will einen Hund. He ho, he ho, das Kind will einen Hund.« Diese hündische Erweiterung der Kernfamilie stellte die Verbindung zur ganzen Artenvielfalt her, von oben bis unten, von Patriarch bis Welpe. Und dann der Höhepunkt: »Der Hund will einen Knochen.« Der Knochen, traditionell einer von den Kleinsten, wurde vom Bauern, der Frau, dem Kind und dem Hund kräftig herumgeschubst, in die Luft geworfen und wieder aufgefangen, während wir anderen triumphierend schrien: »Der Knochen – kann nicht stehen! He ho! He ho! Der Knochen – kann nicht STEHEN!« Der Knochen zu sein war kein reines Vergnügen, es war ebenso schmerzhaft wie aufregend, und so war ich nicht traurig darüber, daß ich nur selten drankam. Das Spiel glich wie alle unsere Spiele ein wenig diesen gruppentherapeutischen Übungen, bei denen man sich rücklings fallen lassen muß, um darauf vertrauen zu lernen, daß man aufgefangen wird. Gegenseitige Abhängigkeit: Bauer, Frau, Kind, Hund, Knochen – Symbol der großen Kette des Lebens. Und man konnte nicht abseits stehen. Gail und ich

und die weniger krassen Außenseiter – wir alle schmeichelten uns bei der Meute ein, jeder auf seine Art.

Mein großes Plus war der Friedhof. Mr. Downward, der Küster, drückte bei den Gräberhüpfspielen ein Auge zu, wenn ich daran beteiligt war, vorausgesetzt, wir trieben es nicht allzu bunt. Er schien den Friedhof als Erweiterung des Pfarrgartens zu betrachten, und tatsächlich war die Mauer zwischen beiden an einer Stelle so verfallen, daß die Grenze dort nur noch aus einem von Brennesseln überwucherten Backsteinhaufen bestand. Für mich galt »Unbefugtes Betreten verboten« nicht, und ich dehnte meine Immunität auf die »dreckigen« Kinder aus, die ich überreden konnte, nach der Schule oder samstags mit mir zu spielen. Besonders gefragt war ich, wenn am Samstag vormittag eine Trauung stattgefunden hatte. Wir alle sammelten Konfetti, dessen Bonbonfarben sich in unserer regenreichen Gegend jedoch nicht lange hielten. Man mußte die rosa Glöckchen, weißen Schleifchen und silbernen Hufeisen schnell auflesen, sonst lösten sie sich in nichts auf. Besonders begehrt war silbernes Konfetti; die billige Sorte aus Altpapier, oft nur Punkte mit kryptischen Wortfragmenten darauf, verschmähten wir. Einmal lagen Rosenblätter aus Seidenpapier auf dem Weg, jedes einzelne in einem von Creme ins Purpurrot spielenden Farbton; ehrfürchtig sammelten wir sie ein.

Noch besser waren Grabkränze, die man allerdings, bis sie auf den Komposthaufen in der Friedhofsecke geworfen wurden, nur anschauen konnte. Dann aber war es mit etwas Glück möglich, eine noch nicht verblühte Nelke, Lilie oder Chrysantheme zu bergen – Luxusblumen, die dem Goldlack, der Erika und den Bartnelken am Dorfrand haushoch überlegen waren. Wir bestaunten auch die Glas- und Porzellanimmortellen unter ihren Glasglocken, und manche Gräber sahen mit den Büschen, die darauf wuchsen, und dem kurzgeschorenen Gras beeindruckend ordentlich aus. Doch erst die Blumensträuße, die auf die Gräber gelegt wurden, versetzten uns in die Lage, wirklich an den Trauerspielen der Erwachsenen teilzunehmen. Nichts macht Kindern mehr Freude, als Dinge gerecht zu verteilen, und daß viele der Toten zu kurz kamen, war offensichtlich. Unsere Clique – fast ausschließlich Mädchen – machte sich daran, das zu ändern und die Blumen in Marmeladegläsern und Vasen, die wir an der Pumpe des Küsters mit Wasser füllten, neu zu verteilen, so daß jeder etwas bekam. Streng egalitär ging es dabei allerdings nicht zu. Bestimmte Gräber, vor allem das mit dem seelenvoll dreinblickenden kleinen Marmorengel – es war das Grab eines in den dreißiger Jahren gestorbenen Kindes –, bekamen immer die schönsten Sträuße ab.

Rückblickend könnte man in unseren pietätvollen, parteiischen Bemühungen einen schwachen Abglanz der Sozialpolitik der Nachkriegszeit sehen. Der Friedhof von Hanmer war ein Mikrokosmos der Ungleichheit. Keines der Kinder, die dort so geschäftig an der Pumpe herumplanschten und feierlich Narzissen und Nelken verteilten, hatte, wenn man so will, ein eigenes Grab. Die Toten ihrer Familien lagen zwar ebenfalls dort, aber ihre Gräber waren nicht gekennzeichnet, sie blieben auch auf dem Friedhof die Habenichtse. Natürlich hatte auch meine Familie keine Grabstätte, aber nur deshalb, weil wir noch nicht lange in Hanmer wohnten. Heute liegt meine Mutter dort unter ihrem Stein, neben meinen Großeltern. Ob wohl einer der Aufsteiger meiner Generation, der eine oder andere Ducket, Williams oder Briggs, in Grabimmobilien investiert hat? Damals, Ende der vierziger Jahre, bewohnten ihre Familienmitglieder nach ihrem Ableben anonyme kleine Grashügel, um die sich niemand kümmerte. Wir Kinder nahmen es, glaube ich, als selbstverständlich hin, daß das Leben nach dem Tod eine Frage der Gesellschaftsschicht war. Ich erinnere mich, daß wir viele Stunden vergeblich nach dem Eingang zur Gruft der Hanmers und der Kenyons suchten, in der Erwartung, dort auf echte Gespenster zu stoßen. Für uns stand fest, daß sie nur deshalb diese unterirdischen Wohnungen brauchten, weil sie irgendwie untot waren. Aber vielleicht war das nur eine meiner Theorien. Außerhalb des Schulhofs, auf kirchlichem Boden, warf ich mich zur Expertin für solch schaurige Themen auf und schaffte es auf diese Weise – an glücklichen Tagen –, mich akzeptiert zu fühlen, als Mitglied der Kinderwelt von Hanmer.

Für die Läuse gehörte ich jedenfalls dazu, das hatte mir der Schularzt bescheinigt. Ich wurde mit einer entsprechenden Mitteilung nach Hause geschickt, wie die meisten von uns (wenn auch nicht alle: Daß Läuse sauberes Haar bevorzugen, ist nichts weiter als ein Propagandatrick, um Angehörigen der Mittelschicht das Eingeständnis zu erleichtern), und Grandma sagte, wie nicht anders zu erwarten: Erstens, ich hätte sie mir bei diesen dreckigen Kindern geholt, und zweitens, es sei zwecklos, das empfohlene Wundermittel gegen Läuse anzuwenden, denn man müsse dafür zu viele Kessel Wasser kochen und ich würde mir sowieso gleich wieder welche einfangen. Und schon gar nicht könnten wir das Zeug im Dorf kaufen, denn da bekäme es jeder mit; wir müßten dazu extra woandershin fahren, wo uns niemand kenne. So verbreitete ich den Rest meiner Grundschulzeit hindurch die Läuse munter weiter. Und zu meinem größten Kummer auch im ersten Jahr auf dem Gymnasium – doch davon später. Fürs erste gehörte ich mehr oder weniger dazu.

Den Höhepunkt meiner Karriere als dreckiges Kind, den ich zu dieser Zeit erreichte, verdankte ich ebenfalls dem Schularzt. Ärztliche Untersuchungen waren für die meisten Familien in Hanmer etwas völlig Neues, und uns Kinder ermächtigten die Anfänge des Staatlichen Gesundheitsdienstes zu aufwendigen Doktorspielen, die im Gebüsch ganz hinten im Pfarrgarten stattfanden. Nirgendwo sonst war man so ungestört (keine andere Familie war so nachlässig), und solange die Doktormanie anhielt, war ich jedermanns Freundin.

Wir standen hinter einem Haselnußstrauch Schlange, die Unterhosen um die Knie, in der Hand »Papiere« aus Blättern, und rückten langsam vor, um uns von Kenny, Bill oder Derek unten herum untersuchen zu lassen. Nach eingehender Betrachtung und einer fragwürdigen Diagnose wurde immer dasselbe verschrieben: ein weiteres Blatt, das aufregenderweise auch ein Brennesselblatt hätte sein können, was aber nie der Fall war. Die Mädchen klebten es mit Spucke fest, die Jungen spießten es auf ihren Pimmel, und man mußte es wie einen Breiumschlag so lange wie möglich an sich behalten. Fast den ganzen Sommer über wurde diese illegale Sprechstunde abgehalten, bis sie uns zu langweilen begann; vielleicht wurde auch das Wetter schlecht. Nie wieder ergab sich eine so günstige Gelegenheit, andere Kinder auf mein Terrain zu locken.

Doch wenn ich an diese Zeit zurückdenke, bestimmen nicht solch berauschend verbotene Spiele die Atmosphäre, sondern andere, viel alltäglichere Erinnerungen – daran beispielsweise, wie wir, alle mit feuchten wollenen Teufelsmützen auf dem Kopf, an eisigen Wintertagen in einer Reihe standen und uns die Frostbeulen rieben, während wir darauf warteten, daß man uns in den Gemeindesaal hinüberführte, wo die obligatorische Schulspeisung – Walfleischeintopf – ausgeteilt wurde. Der Gedanke daran ruft eine Mischung aus Angst und Sehnsucht hervor, für mich der Inbegriff von Schule.

Nach und nach gewann die Angst die Oberhand. Ich wurde ein furchtsames, unbeholfenes, sprachloses Kind – qualvoll schüchtern. In meinem letzten Schuljahr in Hanmer versprach Mr. Palmer, mir jedesmal ein Sixpencestück zu geben, wenn er etwas zu mir sagen konnte, ohne daß ich zu weinen anfing. Ich glaube, ich bekam einen Shilling zusammen. Ich lebte mehr und mehr in Büchern. Sie waren Trost, Zuflucht, Sucht und Ausgleich für die Demütigungen, die der Kontakt zur Außenwelt mit sich brachte. Aber sie hatten genaugenommen nichts mit der Schule zu tun, nicht mit dieser Schule. In den Dingen, die ich lernen sollte – ordentlich, sauber, gewandt, gehorsam und pünktlich zu sein –, war ich eine absolute Niete. Meine Näharbeit verwandelte sich in einen schmuddeligen Lappen, so oft wurde sie wieder aufgetrennt, mein Strickzeug hatte Laufmaschen, ich konnte keine Zeile schreiben, ohne einen Tintenklecks zu machen. Als ich mit zehn die Prüfung für die höhere Schule schaffte, stand ich deshalb vor einem Rätsel und war überzeugt, es müsse sich um einen Irrtum handeln, den man früher oder später aufdecken werde.

Das geschah nicht und ist wohl bis heute nicht geschehen. Doch die Schule in Hanmer hat meine Vorstellungswelt geprägt. Einmal zum Beispiel, im Mathematikunterricht auf dem Gymnasium, brach ich wegen der Minuszahlen in Schluchzen aus. Minus eins ließ meine Welt einstürzen, ich konnte nicht mehr weiterleben, ich konnte es nicht verstehen. Das lag daran, so wurde mir unter dem Zureden eines belustigten (und leicht verwunderten) Lehrers klar, daß ich glaubte, Zahlen seien *Gegenstände*. Kohlköpfe, um genau zu sein. Bei Miss Myra hatten wir gelernt, uns beim Addieren und Subtrahieren mehr Kohlköpfe und weniger Kohlköpfe vorzustellen. Beim Kopfrechnen jonglierte ich stets mit imaginärem Gemüse. Und wenn ich mir minus eins vorstellen wollte, versuchte ich mir einen Antikohlkopf vorzustellen, einen Kohlkopf aus Antimaterie, so unbegreiflich wie ein alternatives Universum.

3

Grandma zu Hause

Hanmers hübscher kleiner See, die ansteigenden Wiesen rings um das Dorf und die von Rotdorn, Geißblatt und Wildrosen überwucherten Hecken an den Wegen hätten, was Grandma betraf, auch eine raffinierte Täuschung sein können. In ihren Augen machten sie die Ödnis des Landlebens kein bißchen erträglicher. Grandma lebte wie eine Gefangene, ein Flüchtling aus der Stadt, freiwillig eingekerkert hinter den Fenstergittern und -läden des Pfarrhauses. Keine meiner Schulfreundinnen durfte das Haus betreten. In den Pfarrgarten gelangte man durch den seitlichen Hof oder – so machten wir es – indem man über die Mauer kletterte. Das mußte heimlich geschehen, denn die anderen Kinder durften eigentlich gar nicht existieren, so wenig wie die malerische Kulisse mit dem See, den Bäumen und den Kühen. Meine Großeltern lebten unterdessen wie gewohnt weiter, voneinander getrennt, jeder in seiner eigenen Sphäre: Grandpa in Kirche, Kneipen und Büchern, Grandma in Träumen vom heimatlichen Südwales in parfümgeschwängerter Schlafzimmerluft, Träumen von Tonypandy im Rhondda-Tal – Namen, deren walisische Ds so weich ausgesprochen wurden, daß sie geradezu fremdländisch klangen.

Grandmas Walisisch war ein Singsang – träge, ölig, unversehens ins Drohende umschlagend. Das Asthma verlieh ihren Flüchen eine heisere Heftigkeit, und wenn sie lachte, verfiel sie in ein krampfartiges Keuchen und mußte zum Riechsalz greifen. Sie hatte ein Repertoire an kuriosen Sprüchen, über die sie jedesmal selbst lachen mußte. Fragte man sie nach der Uhrzeit, sagte sie beispielsweise: »Gerade hat's Elefant geschlagen!« und gackerte triumphierend los. Bei dem Wort »you« spitzte sie ihren kleinen Mund, wie um zu prüfen, ob ihr Gegenüber gut oder schlecht schmecke.

Sie hatte keine Zähne mehr und konnte eine schauerliche Grimasse schneiden, indem sie ihr künstliches Gebiß samt Zahnfleisch zu einem gefräßigen Grinsen aus dem Mund schob. Doch die Clownerie hatte einen sehr realen Hintergrund: Alles an Grandma war Gier. In den Jahren der Lebensmittelrationierung lechzte sie nach Süßem. Die Zuckerknappheit hat vermutlich die verheerenden Auswirkungen des Diabetes, die sie später peinigten, hinausgezögert, denn als es wieder genug gab, konnte sie einfach nicht widerstehen. Sie fühlte sich weich und ein wenig pulverig an, als wäre sie wie eine Biskuitrolle mit Puderzucker bestäubt. Sie hegte die vornehme Verachtung ihrer Generation für Sonnenbräune und Sommersprossen, und wegen ihrer nächtlichen Lebensweise war ihre Haut gespenstisch bleich. Und so, wie sie steif und fest behauptete, Wasser und Seife seien nichts für ihre zarte Haut, beharrte sie auch darauf, daß sie kein faseriges Fleisch und Gemüse kauen oder verdauen könne und deshalb von dünnen Butterbrotscheiben ohne Kruste leben müsse, wenn sie schon keine Obstkuchen und Biskuittörtchen bekomme. Zucker, Zimt und Mandelkern, sagte sie immer zu mir, daraus seien kleine Mädchen gemacht – und ich wußte, daß sie dabei an schöne braune Zimtsterne dachte. Durch ihr Kränkeln war sie gewissermaßen zum Kind gealtert: eine dicke Puppe, die auf winzigen geschwollenen Füßen dahintrippelte. Aber im Grunde war sie nie etwas anderes gewesen; sie lebte nach wie vor im Haus ihrer Mutter im Rhondda-Tal, zusammen mit ihrer Schwester Katie. Eine so mächtige Aura der Sehnsucht umgab diesen Ort, daß er eigentlich ein reines Phantasiegebilde hätte sein müssen, bestenfalls eine bloße Erinnerung. Aber dem war nicht so. Ihre Mutter war zwar tot, doch das Zuhause existierte noch.

In den Sommerferien fuhren wir immer dorthin, Grandma, meine Mutter und ich; Grandpa nahmen wir nicht mit. (»Ihn im eigenen Saft schmoren lassen«, so nannte sich das.) In unserer Familienmythologie war Südwales trotz der Bergwerke und Grubenarbeiter ein durch und durch weibliches Land. Ein weiblicher Ort, ein städtischer Ort, ein Ort, an dem sich das Leben ausschließlich im Haus abspielte. Aus all diesen Gründen war es, als tauchte man dort in eine Phantasiewelt ein – vor allem aber aus einem weiteren, ganz speziellen Grund: Grandmas Zuhause war ein Laden, und wir wohnten darüber, und wenn wir dort waren, verlor das Geld wie durch Zauberei seine Schrecken. Es war ein Leben vor dem Sündenfall, als wäre das Bezahlen mit Geld noch nicht erfunden. Brauchte man ein Kotelett oder Teegebäck, ging man einfach hinunter und nahm es sich, ohne auch nur die Straße überqueren zu müssen. Der Laden war ein autarkes Reich, eine Gemischtwarenhandlung, in der es beinahe alles gab, Blechtabletts und Orangen, Rinderhälften, Wurst und ein umfangreiches Sortiment Lyons-Gebäck. Als Kind hatte ich vollstes Verständnis für Grandmas Groll darüber, daß man sie überredet hatte, diese Insel der Seligen gegen das Pfarrhaus und die Alterungsschäden einzutauschen. Das Leben in den »Hereford Stores« – sie waren nach dem Geburtsort ihrer Mutter benannt – war ihr Ideal von Luxus und Vornehmheit, die Wurzel ihrer unerschütterlichen Überzeugung, etwas Besseres zu sein.

Ihr Begriff von Niveau war für südwalisische Verhältnisse bemerkenswert klar und präzise. Wer ein Geschäft besaß, in einem Ort, in dem fast jeder sein Geld unter Tage verdiente, gehörte in ihrer Jugend tatsächlich zu den feinen Leuten. Schon allein der Umstand, daß eine Frau *nicht arbeitete*, während alle anderen schuften mußten oder – schlimmer noch – arbeitslos waren, machte sie zur »Dame«. Was konnte vornehmer sein, als oben im ersten Stock dem Müßiggang zu frönen, Konfekt aus dem Laden zu knabbern und sich die Locken auszubürsten? Grandma und Katie verwandten wie früher Stunde

um Stunde darauf, sich zum Ausgehen fertig zu machen – für eine Fahrt nach Cardiff oder Pontypridd, in ein Café oder ins Kino –, die Welt ihrer Kindheit wiedererstehen zu lassen, die Zeit, bevor Männer und Geld Realität geworden waren.

Katie war Mitte Vierzig und hatte nie geheiratet. Auch sie war ziemlich mollig und ein wenig kurzatmig, doch ihr Haar war noch rot, sie hatte noch ihre eigenen Zähne, und ihr Lachen trillerte melodisch, so daß sie Grandmas Überzeugung, ohne Männer sei man besser dran, schon auf den ersten Blick zu bestätigen schien. Es gab auch einen schemenhaften Mann im Haus – Grandmas älteren Bruder Stan –, aber der zählte nicht, denn er hatte (nach einer flotten, vielversprechenden Jugend, wie es hieß) einen gigantischen Zusammenbruch erlitten und sich nie wieder ganz davon erholt. Jetzt, mit Mitte Fünfzig, war er eine spindeldürre, verlotterte Gestalt mit verschwommenem, seltsam in die Ferne gerichtetem Blick, was daran lag, daß er sich darauf versteifte, die Brille seiner Mutter zu benutzen, anstatt sich eine eigene zuzulegen. Stan trübte kaum das Flair von Parfüm, Tagescreme und Talkumpuder, aus dem die Hereford Stores für mich bestanden. Wie ein Geist glitt er durch die Räume. Es gab auch noch zwei andere Brüder, doch die waren vor langer Zeit weggezogen und galten als Ausgestoßene. Der ältere, Tom, kümmerte sich um die Fleischereiabteilung des Geschäfts. Er war in Ungnade gefallen, weil seine Haushälterin zugleich seine kaum verheimlichte Geliebte war und er folglich derselben nichtswürdigen Männersekte angehörte wie Grandpa. Und von Danny redete man in der Vergangenheitsform, als sei er gestorben, denn er hatte die Frechheit besessen, in einem anderen Tal ein eigenes Geschäft zu gründen. So blieb der Zauberkreis süßer, abgestandener Träume ungestört, oben am Ende der ausgetretenen Treppe über dem alten Laden, dessen Front über zwei Häuser reichte und über dessen Tür der Name der Familie – »Thomas« – verblaßte.

Das Haus war überheizt, mit hochwertiger, pechschwarz glänzender Kohle, von Bergleuten, die sie als Deputat erhielten, gegen Lebensmittel eingetauscht. Ein großer alter Herd stand in der Küche, die topographisch hinter dem Laden im Erdgeschoß lag, bildlich gesprochen aber im ersten Stock. Hier war wie beim Hutmacher aus *Alice im Wunderland* eine immerwährende Teegesellschaft im Gange, von früh bis spät und täglich außer sonntags, wenn Katie mit großem Zeremoniell und hochrotem Gesicht einen (von Tom ausgewählten) Braten zubereitete. Den Rest der Woche ernährten wir uns von Grandmas bevorzugter Kost: Butterbrot, getoastete Teekuchen, Buttergebäck, Biskuitkuchen und dergleichen, dazu Dosenobst und Kondensmilch. Es verstand sich von selbst, daß Kochen, Putzen und Geschirrspülen einem »Dienstbolzen« oblagen, einer »skivvy« – laut *Oxford English Dictionary* ein Mädchen für alles (meist *pejorativ*), erster Beleg 1902, ein typisches Grandma-Wort also; 1902 war sie zehn –, aber wenn man nun einmal keine hatte, versuchte man, mit möglichst wenig Geschirr auszukommen, indem man beispielsweise den ganzen Tag dieselbe Tasse benutzte, die man nur hin und wieder flüchtig ausspülte. Diese südwalisischen Sitten erklärten zu einem guten Teil den Schmutz im Pfarrhaus: Es wäre in den Hereford Stores sehr schwierig gewesen, einigermaßen regelmäßig und gründlich

Wäsche, Geschirr oder sich selbst zu waschen, denn die Wasserhähne waren größtenteils eingerostet und befanden sich in unbenutzten Nebengebäuden, und Dienstbolzen, die einst das Wasser für die Waschschüsseln in die Schlafzimmer hinaufgetragen hatten, gab es nicht mehr. Trotzdem waren wir im Rhondda-Tal nie so schandbar schmuddelig wie in Hanmer. Und die Hausarbeit, im Pfarrhaus eine nie endende Plackerei für meine Mutter, unterblieb für gewöhnlich, was aber niemanden groß störte.

Hanmer engte uns ein und drohte unsere heimliche Verwahrlosung ans Licht zu bringen, in Tonypandy dagegen schienen sich die Nachbarn in den steilen, holprigen Straßen nicht für die Eigentümlichkeiten der Hereford Stores zu interessieren. Katie und Stan schwatzten mit den Kunden und schufen dadurch eine Art Isolierung, einen Schutzwall aus Geplauder, hinter dem sie unangefochten ihrer Überspanntheit frönen konnten. Ansonsten pflegten sie keinen gesellschaftlichen Umgang mehr, und da sie sich mit ihren Verwandten zerstritten hatten, lebten sie, wie es ihnen gefiel. Das hatte etwas Wohltuendes und sogar Aufregendes in einer Zeit, da Reklame und Frauenzeitschriften mit solch boshafter und konformistischer Bestimmtheit vorschrieben, wie man zu sein hatte. Man sollte innerlich zusammenzucken beim Anblick der Persilreklame: ein Junge, dessen Kopf herumfährt, als ein anderer Junge – der mit dem persilweißen Hemd – an ihm vorbeistolziert. »Persil wäscht weißer – *und man sieht es*!« Die Sauberkeitskonkurrenz. Es gab natürlich Seifenpulver in den Hereford Stores, und die Bergarbeiterfrauen schrubbten auf ihren Waschbrettern fleißig drauflos und wetteiferten um die weißesten Spitzenvorhänge, Zierdeckchen und Sesselschoner (in dieser Luft ein nie endender Kampf), doch Grandma und Katie hatten dafür nur Verachtung übrig. Sie waren Ketzerinnen, sie hielten sich nicht an die Gebote. Wenn die Gesellschaft sie nicht mit Dienstbolzen versorgte, würden sie den Teufel tun und sich im Haushalt abschuften.

Meine Mutter aber saß zwischen zwei Stühlen. Sie hatte einerseits die Geringschätzung für Hausarbeit geerbt, war aber andererseits von der Vorstellung durchdrungen, Hausarbeit sei heilige Frauenpflicht. Und so wischte sie Staub, fegte, schrubbte und bügelte, aber sie tat es voll Selbstverachtung und – was es noch viel schlimmer machte – ohne die leiseste Ahnung, wie sie es anstellen sollte. Alle Hausarbeit ist vergeblich, da sie immer wieder von neuem anfällt. Im Pfarrhaus war das noch offenkundiger, denn wenn meine arme Mutter »fertig« war, sah es nicht einmal für kurze Zeit wirklich sauber aus. Beim Aufwischen verteilte sie den Schmutz nur – *und man sah es*! Dieses teuflische Syndrom war in Südwales auf wundersame Weise außer Kraft gesetzt, und um so mehr hatte man dort das Gefühl, die Realität zu schwänzen. *Alle* waren hier wieder Kinder, nicht nur Grandma, die es wohl ohnehin war, sondern auch meine Mutter.

Die Schubladen im ersten Stock enthielten parfümierte Taschentücher, falsche Perlen, bestickte Bänder, bunte Knöpfe, Spitzenreste, Lavendelkissen, gefärbte Federn. Man hortete. Grandmas besondere Liebe galt allem, was aus Perlmutt war. Der Regenbogenschimmer dieses Materials war für sie der Inbegriff des Schönen, und schon das Wort hatte in diesem Haus einen besonderen Glanz. Ihr Vater hatte so gut wie keinen Eindruck hinterlassen, die Mutter aber wurde täglich als Muster an Anmut, Liebenswürdigkeit und Kultiviertheit beschworen. Wenn Grandma und Katie sich feinmachten und seufzend in den Spiegel schauten, suchten sie darin das Gesicht ihrer Mutter. Und wenn sie nach ihrer Rückkehr die knisternden Korsetts aufhakten, die engen Schuhe abstreiften und eine weitere Kanne Tee kochten, bemutterten sie sich, so wie sie es getan hätte. Sie muß ihre Töchter maßlos verwöhnt haben, denn schon der bloße Gedanke an sie machte die beiden froh und zufrieden, obwohl nichts, was sie von ihr erzählten – so wenig wie ihr ziemlich ausdrucksloses Gesicht auf den Fotografien –, ihr Charakter verlieh. Außer ihrem Haar. Über ihr Haar gerieten sie ins Schwärmen: naturgelockt, nicht blond, nicht rot, nicht kupferfarben, sondern *golden*. »Wie eine Königin«, seufzten sie, ganz als sei sie eine Märchenprinzessin gewesen, imstande, Gold und Edelsteine aus ihrem Haar zu spinnen. Jedesmal, wenn sie von ihr sprachen, fielen früher oder später die Worte »wie eine Königin«, eine Wendung, die zum Symbol ihres geheimnisvollen Zaubers wurde.

Die Hereford Stores waren vollgestopft mit Andenken. In Pralinenschachteln wurden Hunderte von Ansichtskarten verwahrt: hochglänzend, geprägt, in unnatürlich schönen Farben schimmernd. Eine aus der Zeit des Ersten Weltkriegs (Katies Jugendblüte), die ich besonders eingehend studierte, zeigte einen gutaussehenden Offizier in den Armen einer hübschen Krankenschwester, an seinem Kopfverband ein kleiner scharlachroter Fleck, im Hintergrund Rauchwolken, ein dezenter Hinweis auf eine ferne Schlacht. Alle diese Bilder waren durch die Assoziationen, die sie weckten, geheiligt. Sie gehörten der Welt eingemotteter Hoffnungen an, jenem gespenstischen Wunderland kitschiger Unschuld, wo in einem nicht mehr vorstellbaren Winkel der Zeit ein jugendlicher Grandpa eine noch jüngere Grandma kennengelernt und geheiratet und das Tor zur Hölle geöffnet hatte.

Wie war es dazu gekommen? Wie war es möglich gewesen, daß er sich in ein Mädchen fast ohne Verstand verliebte, dessen Äußerungen sich mehr oder weniger auf Flüche und Gurrlaute beschränkten? Ein Mädchen, das sich nicht im mindesten für Literatur, Musik, Malerei oder sonst etwas außer Pfefferminzcreme und Rüschenblusen interessierte? Und warum nahm sie einen dürren Hungerleider von Hilfspfarrer, der seinen Weg erst noch machen mußte? Einen klugen, leidenschaftlichen, begabten Mann, wenn man an ihn glaubte, einen Bildungsprotz, Wüstling, Snob, Schmierenkomödianten und anderes mehr, wenn man es nicht tat. Ihre beiderseitigen Träume und Bedürfnisse müssen sie blind gemacht haben. Ihm hatte es vermutlich ihr damals noch nicht schwabbeliger Zuckergußleib angetan, ihr das angenehme Gefühl, umworben, das Prestige, geheiratet zu werden. Die Empörung, mit der sie von der ganzen unerfreulichen Angelegenheit sprach, läßt darauf schließen, daß sie in völliger Unkenntnis der technischen Einzelheiten des Geschlechtsverkehrs und des Kinderkriegens heiratete und das alles abscheulich fand.

Für ihn (so ist anzunehmen) war die Entdeckung, daß sie kaum des Lesens und Schreibens kundig und eine rechte Banausin war, weniger traumatisch. Ein hübsches, hohlköpfiges Mädchen zu heiraten war schließlich das Übliche, und daran hat sich seither nichts geändert, auch wenn die Partner sich heute vorher besser kennenlernen. Hilda Thomas und Thomas James Meredith-Morris können sich damals, im sittsamen Jahr 1916, nicht sehr gut gekannt haben; in dieser Hinsicht waren sie nun einmal Kinder ihrer Zeit. Doch ihre Ehe war mehr als ein ganz normaler Fall häuslicher Entfremdung, und das lag daran, daß Grandma nicht bereit war, sich in ihr Schicksal zu ergeben. Sie war und blieb wütend, an jedem Tag ihres Lebens, und sie war sich ihrer Sache so sicher – man hatte sie so nachhaltig verwöhnt –, daß sie immun war gegen den gesellschaftlichen Druck, die Propaganda, die bei den meisten Frauen bewirkte, daß sie sich mit der Rolle der Ehefrau zufriedengaben. Sex, stolze Armut, die Pflichten der Mutterschaft, ganz zu schweigen von den Aufgaben der Pfarrgehilfin – das alles lehnte Grandma in Bausch und Bogen ab. In ihren Augen waren es üble Beleidigungen, teuflische männliche Machenschaften mit dem Ziel, sie zu demütigen. Als Grandpa sich dem Suff und anderen Frauen ergab (er hätte es vielleicht in jedem Fall getan, sie aber lieferte ihm damit, daß sie den heimischen Herd des Pfarrhauses zu einem so ungastlichen Ort machte, eine Art Rechtfertigung dafür), kannte ihr Abscheu vor ihm keine Grenzen mehr. Er hatte sie mit unlauteren Mitteln dazu gebracht, ihr wahres Zuhause, ihre Kindheit, den Laden, in dem man für nichts zu bezahlen brauchte, die immerwährende Teegesellschaft zu verlassen. Es war, als hätte er Sex und Schmerzen, Mangel und Preisgegebensein geradezu erfunden. Sie stellte patriarchlisches Denken auf den Kopf: Für sie *war* er der liebe Gott. Denn das alles dachte er sich nur aus, um sie zu quälen *und ohne daß er sich auf eine höhere Macht berufen hätte*. In Grandmas Weltbild gab es keinen Allmächtigen, der die Verantwortung trug und ihn entschuldigt hätte. Sie war eine eingefleischte Heidin, ihre Sakramente waren getoasteter Teekuchen und eine Tasse Tee, ihr Rosenkranz war aus dem Haar ihrer Mutter geflochten. Und so strafte sie das Leben, das er ihr bot, seine schäbige, boshafte männliche Erfindung, mit Verachtung und spann sich in den Kokon ihrer Erinnerungen ein. Ihre Besuche in den Hereford Stores waren die Rettungsleine, die sie mit der Vergangenheit verband.

Doch mit dem Laden ging es bergab. Schritt für Schritt hatten sich die Geschwister vom Goldstandard ihrer Mutter entfernt. Toms Fleischereiabteilung schien zwar noch halbwegs stabil – die Fleischrationierung hatte sie über Wasser gehalten oder zumindest ihren Niedergang verschleiert –, aber sobald man sich von seiner nach Talg und Sägemehl riechenden Theke abwandte und in Katies und Stans Reich blickte (in dem ein scharfer Geruch nach Tabak, Käse und Schmierseife hing), sah man, daß das Geschäft alles andere als gut ging. Die Kunden, die älteren zumindest, kamen zwar noch, aus Gewohnheit und weil sie ihre Einkaufstaschen nicht den Hügel hinaufschleppen konnten, aber sie kauften kleinste, durch Armut ebenso wie durch die Lebensmittelmarken rationierte Mengen. Als ich größer wurde und das Jahr 1950 näher rückte, ging es mit der Wirtschaft allmählich wieder aufwärts, aber die Hereford Stores blieben auf der Strecke, ihrem Schicksal überlassen, immer leerer und verstaubter. Sobald ich gut genug Geld zählen konnte, durfte ich Kaufladen spielen und aus einer offenen Packung an der Kasse Woodbine-Zigaretten ohne Filter verkaufen, jeweils ein oder zwei Stück. Meine Kunden waren gebeugte Männer mit chronischer Bronchitis und große Jungen von dreizehn oder vierzehn Jahren, die rätselhafterweise nicht zur Schule gingen. Männer, die Arbeit hatten, und ihre Frauen kauften woanders ein und kamen nur manchmal nach Geschäftsschluß, weil jeder wußte, daß Katie und Stan keinen Nachzügler abwiesen. Die Hereford Stores gehörten zu jenen Läden, die außerhalb der Öffnungszeiten kaum weniger Kundschaft haben als innerhalb. Nichtsnutzige Typen rüttelten zu jeder Tages- und Nachtzeit an der Tür und wollten ein paar Zigaretten oder einen halben Laib Brot. Und natürlich auch jene knapper werdende Ware, auf die Kate und Stan sich zunehmend spezialisierten: gepumptes Geld.

Katie gewährte Kredit mit einer Mischung aus Empörung, Resignation und Mitleid und ließ sich dann seufzend und mit mißbilligendem Zungenschnalzen wieder am warmen Küchenherd nieder, um über die späten Kunden zu klatschen. (»Die haben wieder den Jimmy hergeschickt, das arme Kerlchen, eine Frechheit ist das.«) Doch Stan hatte ungleich raffiniertere Methoden, die er während der Weltwirtschaftskrise entwickelt hatte. Eigentlich sollten sie geheim bleiben – ein Wunsch, der seiner larvierten Geistesgestörtheit entsprang –, aber er war so stolz auf sein System, daß er mich eines Tages in die Lagerräume und den Speicher mitnahm, um es mir vorzuführen. Das Lager befand sich in einem separaten Gebäude, einem scheunenartigen Holzhaus mit fehlenden Bodenbrettern und wackligen Treppen. Seifenschachteln und Kerzen waren dort gestapelt, Blechtabletts und Jutematten und ganz oben, vor Feuchtigkeit geschützt, Kartons mit Zigaretten – nichts Ungewöhnliches auf den ersten Blick. Erst wenn man sich an diesen ganz normalen Dingen vorbeigezwängt hatte, gelangte man in Stans Fundgrube.

Hoch aufgeschichtet, glitzernd und verstaubt lagerten dort geschwungene Metallgeweihe und Stacheln und Fasern aus Draht, die sich bei näherem Hinsehen als Teile von Fahrrädern entpuppten – Lenkstangen, Räder, da und dort eine Gabel oder ein Sattel. Auch kleinere Räder waren da, jeweils vier Kinderwagenräder, und sogar einige komplette Kinderwagen, gefährlich übereinandergeschoben wie nach einem Unfall. Besonders stolz aber war Stan auf die Säcke, die er aus Angst vor Dieben im Obergeschoß verwahrte, wo die Löcher im Boden als Fallen fungierten. Sie enthielten Elfenbein: konfiszierte Klaviertasten, für Stan (zusammen mit seinen anderen Trophäen) offenbar ein geschickt angehäuftes Vermögen, aller Reichtum der Welt, beinahe jedenfalls, unermeßliche Schätze auf kleinstem Raum.

Er hatte seinen Schuldnern ihre unentbehrlichsten Besitztümer – ihre Mobilität und ihre Musik – als Sicherheiten abverlangt. Die Pfänder wurden nie eingelöst, aber das störte Stan nicht im geringsten. Er war von seinem System so begeistert, als hätte er eine eigene Währung erfunden und sei darin heimlicher Millionär. Er hielt das Elfenbein und die Räder in Ehren und betrachtete das Lager als eine Art Tresor. Es war sein Pendant zu den Duftkissen- und Perlensammlungen seiner Schwestern. Sie rümpften die Nase über seine unerklärliche Vorliebe für diesen Krempel, ich aber begriff, glaube ich, schon als Kind irgendwie – denn ich liebte die Kinderwagen und Fahrräder und war fasziniert und beeindruckt von den geraubten Zähnen all der Klaviere –, daß dieses Lager nur ein weiterer Anbau am Phantasiegebäude der Hereford Stores war. Die Geschwister (Metzger Tom ausgenommen) hatten mehr oder weniger vergessen, daß ein Laden dazu da war, Waren gegen Geld zu tauschen; seine wahre Zweckbestimmung war die eines Schreins der Vergangenheit. Mutters emotionale Großzügigkeit hatte sie alle drei zu zwanghaften Sammlern gemacht.

Die bankrotte Idylle währte nach dem Krieg noch fast zehn Jahre. Und selbst als Katie doch noch heiratete und erschrekkend kurz danach an einem Schlaganfall starb – womit sie sämtliche Mythen über die Männer bestätigte –, sicherten die Hereford Stores Onkel Bill, dem unehrbaren Bruder meiner Mutter, noch einen bescheidenen Lebensunterhalt; er teilte Stans schattenhafte Existenz, bis er – irgendwann um 1960 – wegen Hehlerei verknackt wurde. Zum letztenmal wurde das

GESCHLOSSEN-Schild an die Tür gehängt, und diesmal war das Wort ernst gemeint.

Ihre Besuche in Südwales ergänzte Grandma durch andere Genüsse einer Traumwelt. Hamstern konnte sie überall, und obwohl Shrewsbury und Chester in ihren Augen nicht im entferntesten an Cardiff heranreichten, fand sie in den Straßen doch das alte Gefühl der Geborgenheit wieder, und die Cafés und Kinos schirmten sie ab gegen das feindselige Rauschen der Bäume und den heranwehenden Mistgestank. Diese Ausflüge waren reine Frauensache, verbunden mit stundenlangem Zurechtmachen und der anschließenden Fahrt zum Bahnhof mit dem lästernden Grandpa, manchmal auch einer Taxifahrt, bis sie endlich im belebenden Mief einer Nachmittagsvorstellung im Gaumont oder im Majestic versinken konnte. Die Plüschsitze, die verlöschenden Lichter, das Glitzern des girlandengeschmückten, langsam sich hebenden Vorhangs und die Pralinenschachtel waren fast so wichtig wie der Film selbst. Aber sie liebte alles am Kino und gab sich vorbehaltlos der Illusion hin. Der Begriff Fiktion existierte für sie nicht, ein neuer Ava-Gardner-Film war nur der aktuellste Bericht darüber, was die mannstolle Ava inzwischen so getrieben hatte. Daß sich Kostüm, Name und Schauplatz geändert hatten, war nichts als dürftige Tarnung und konnte Grandma keinen Augenblick täuschen. Sie war dabei, als Joan Fontaine, obwohl eine kühle Blondine, sich in Harry Belafonte verliebte, und konnte (wie sie sagte) Joan nie wieder trauen. Bei Grace Kelly hielt sie argwöhnisch Ausschau nach Anzeichen ähnlicher Neigungen, und als Grace diesen Itaker heiratete, sah sie sich mehr oder weniger bestätigt. (Sie selbst rührte nicht einmal dunkle Schokolade an, und sonnengebräunte Leute verdächtigte sie, Negerblut in den Adern zu haben.) Als das Fernsehen in unser Leben trat, wurde sie süchtig nach Seifenopern, besonders nach *Emergency Ward 10*, einer Krankenhaus-Serie, die ihr Tag für Tag das Leben rettete. Mit der Zeit wurde die Flimmerkiste zu ihrem Babysitter, zum letzten, immer wieder umgestellten Ersatz für ihre

Mutter. Ich behandelte sie damals schon mit Verachtung, sah in ihr ein vergreistes Kleinkind; in Wahrheit aber machte sie mir große Angst, denn sie verkörperte die Möglichkeit, daß man niemals erwachsen wurde.

In Südwales kam einmal eine Freundin von Katie zu Besuch, und ich mußte, zwischen Katie und Grandma eingezwängt, auf einem Unterbett schlafen. Dieses vage Gefühl, tiefer und tiefer hinab in ein Nest aus Federn, Rüschen und Fleisch zu sinken, wurde für mich zum Symbol des Rhondda-Tals. Grenzenloser Rückfall drohte dort: lockte und drohte. Es tat wohl – wie hätte es anders sein können –, in den weich umhüllenden Schoß der Hereford Stores heimzukehren, und doch war ich jedesmal froh, wenn wir wieder abfuhren. Je größer ich wurde, desto kleiner wurde Grandma, und manchmal schien sie fast kugelförmig. Sie und Katie bildeten einen exklusiven Club, in dem nicht einmal meine Mutter Vollmitglied war. Ich selbst stand dem Allerheiligsten noch ferner, weil ich mich nicht an meine Urgroßmutter erinnern konnte und die Lobeshymnen auf sie einfach glauben mußte.

Es gab noch andere walisische Stimmen, auf die ich hätte hören können. Hin und wieder kamen zu meiner großen Verwunderung Leute in den Laden, die meiner Mutter zu meinen Lesekünsten gratulierten und voll Stolz erzählten, daß ihre Enkelkinder »vorankämen« und die höhere Schule besuchten. Wie in allen Bergbaugebieten begeisterten sich die Menschen in Tonypandy für Bildung, ganz im Gegensatz zu den rückständigen Leuten von Hanmer. Die Zukunft war für sie etwas Reales, etwas Gutes, und auch wer – wie schon der Vater – unter Tage arbeitete, gab deswegen das Lesen, Nachdenken, Debattieren und Politisieren nicht auf; viele bildeten sich damals noch durch Selbstunterricht weiter. Ich aber setzte den Ort mit der Atmosphäre der Hereford Stores gleich, und die Fahrt in den Süden kam mir vor wie eine Zeitreise. Im Rhondda-Tal wußte ich nicht mehr, wer ich war, und ich brauchte es auch nicht zu wissen. Es war, als wäre ich noch nicht geboren.

Grandma bewahrte Papiertüten in Papiertüten in Papiertüten auf ... Jahre später, als sie starb und meine Mutter und ich den Inhalt der Koffer sichteten, die den Bodensatz ihres lebenslangen Hamsterns enthielten, stießen wir auf ein Geheimdepot von Briefen meines Großvaters, verschnürt mit dem unvermeidlichen rosa Band. Er hatte sie verfaßt, als er ihr den Hof machte, und sie waren gespickt mit Gedichtzitaten, sentimentalen Floskeln und großartigen Plänen. Peinlichst berührt sahen wir sie durch und kamen dann überein, sie zu verbrennen (wie oft habe ich mir später gewünscht, wir hätten es nicht getan), weil sie uns als der beschämende Beweis der beiderseitigen Unaufrichtigkeit dieser Heirat erschienen. Im selben Koffer fanden wir auch Geld, zusammengefaltete Scheine, geschickt zwischen den Fotos einer aufgedonnerten Katie, den wachsartigen Seifenstücken und den für den Fall neuerlicher Rationierung gehorteten Zuckerbrocken verteilt. Und dieses Geld schlug ein anderes Kapitel von Grandmas Geschichte auf. Woher hatte sie es? Und wie war sie in den Besitz jener beträchtlichen Summe – an die fünfhundert Pfund – gelangt, die sie bei der National Savings Bank auf meinen Namen (damit mein Vater sie nicht erben konnte, wie sie mir einmal sagte) angehäuft hatte? Damals machte ich mir nicht groß Gedanken darüber und tat die Theorien, die in der Familie kursierten, als Märchen ab. Doch Grandmas Gepflogenheit, die Grenze zwischen Phantasie und Wirklichkeit zu verwischen, und ihre Fähigkeit, mich in die Vergangenheit hinabzuziehen, haben sie um viele Jahre überlebt.

Was das Geld anbelangt: Kürzlich fragte ich meinen Vater, ob an einigen besonders krassen Geschichten, an die ich mich im Zusammenhang mit meinen Großeltern erinnere, etwas Wahres sei. Was hatte es damit auf sich, daß es hieß, Grandma habe Grandpa jahrelang erpreßt, sie habe gedroht, dem Bischof sein Tagebuch zu zeigen, wenn er nicht jedes Quartal einen Teil seiner Bezüge an sie abtrete? Doch, ja, sagte mein Vater, das stimme tatsächlich. Aber woher weißt du das? fragte ich ihn. Ganz einfach, erwiderte er, ich habe die Tagebücher aufgehoben, zwei davon jedenfalls. (Grandma hatte auch sie in einem der Koffer aufbewahrt, aber meine Mutter hatte nie etwas davon verlauten lassen.) Nach einigem Zureden rückte mein Vater sie heraus: zwei billige rötliche Taschenkalender der Jahre 1933 und 1934, beide bei John Walker & Co., Farringdon House, Warwick Lane, EC_4 erschienen, vollgeschrieben in winziger Schrift, in wöchentlichen Abständen mit bunten Marken verziert, die Grandpa eingeklebt hatte, um den Kirchenkalender zu kennzeichnen. Dadurch blieb noch weniger Platz für die kompromittierenden Details seines täglichen Lebens, aber er brachte immer noch genug davon unter.

4

Der Sündenfall

Es besteht kein Zweifel, daß Grandma Großvaters Tagebücher der Jahre 1933 und 1934 als Beweise gegen ihn aufbewahrte. Denn in dem von 1933 finden sich einige bissige Randbemerkungen in ihrer Schrift – *Hier fängt der Spaß an* (Freitag, 25. August), und genau eine Woche später *Die Liebe beginnt (Idiot)*. Hätte Grandpa das Geld nicht herausgerückt, dann hätte sie die belastenden Dokumente zum Bischof getragen, mit Skandal und Scheidung gedroht und ihn noch um seine kärgliche Pfründe gebracht.

Als ich die Tagebücher las, war es ein wenig, als würde ich die Anfänge meiner Welt belauschen. 1933 war das Jahr, in dem die Großeltern von Südwales nach Hanmer kamen. So also war das Hanmer, in dem ich aufwuchs, entstanden – so erhielt das Leben im Pfarrhaus seinen mittelalterlichen Anstrich, so entfernten wir uns von einem wohlanständigen Leben, so verlor das Geld allmählich seinen Sinn, und so geriet mein Großvater in die für ihn so bezeichnende Rolle des theatralischen Märtyrers. 1933 war, wie er nicht zu vermerken versäumte, die neunzehnhundertste Wiederkehr der Passion Christi: »Dies ist das Jahr der Kreuzigung A.D. 0–33, 1900–1933. Ein Heiliges Jahr.« Er selbst war nicht dreiunddreißig, sondern einundvierzig und – bevor man ihm diese ausgedehnte Landpfarrei im Norden anbot – voll Sorge, seine Laufbahn in der Church of Wales könnte zu einem beschämenden Stillstand gekommen sein. Er war seit zwölf Jahren am selben Ort. »Jetzt ist der Winter vorbei«, schreibt er am Abend des 8. April, einem Samstag, als er eine Art spirituelle Inventur macht, bei der er bereits in seinen Sonntagsstil verfällt, »und ich bin immer noch an St. Cynon. O Herr, gib mir doch endlich eine kleine Chance. Dein Wille geschehe.« Doch Pencoed, die südwalisische Pfarrei, auf die er spekulierte, wird schon am darauffolgenden Donnerstag anderweitig vergeben, und tags darauf, am Karfreitag, macht er das Beste aus seinem Kummer, indem er zum Thema »Wer wälzt uns den Stein von des Grabes Tür ...?« predigt.

Erst im weiteren Verlauf der Osterwoche erfährt er das volle Ausmaß seiner Demütigung – zumindest vertraut er es erst jetzt dem Tagebuch an: »Sie haben mich tatsächlich übergangen und einen jungen Kerl genommen, der erst seit 1924 ordiniert ist. Jetzt ist alles aus. Keine Hoffnung und keine Chance.«

Aber er hat fatalerweise mit der Hoffnungslosigkeit leben gelernt. Er vertrödelt seine Zeit und verdrängt den Groll über die Zurückweisung. Die Lektüre des kompromittierenden Büchleins erschütterte mich deshalb, weil die erste Hälfte – mit Ausnahme der wenigen verzweifelten Aufschreie – der Bericht eines vor sich hin werkelnden, geradezu grotesk domestizierten Mannes war. Der Sünder, den ich erwartet hatte, war des Hochmuts, der Wollust und der spirituellen Verzweiflung schuldig, nicht nur der Faulheit und Unfähigkeit. Es war das Tagebuch eines Niemands. Ich war nahe daran, die Seiten von Januar bis Juni herauszureißen, nur damit Grandpas Aura einer mittelalterlichen Figur erhalten blieb. Aber im Grunde sollten wir dem ruhig ins Auge sehen – der schrecklichen Erkenntnis, daß Antihelden, wenn sie gerade nicht die Gebote brechen, ihre Tabakspfeife ausbessern und Radio hören.

Es war ihm »ganz schön schlecht« gegangen (dieses Mittelschicht-Oxymoron!) in den letzten Monaten in Südwales. Als Geistlicher der Church of Wales konnte man es sich leisten, so gut wie nichts zu tun; höhererseits nahm niemand davon Notiz, ein Pfarrer war schließlich ein Gentleman. Ganz anders wäre es bei den Nonkonformisten gewesen, bei denen weit mehr demonstrativ fromme, tätige Nähe zur Gemeinde gefragt war. Doch Grandpa konnte seine Depression zu Hause hätscheln. Morgens schlief er lange, und wenn er auftauchte, kränkte er sich über das Wetter – »Eine Zumutung ist das, an einem derart eiskalten Morgen aufstehen zu müssen« – und machte im Arbeitszimmer Feuer. Er versuchte es zumindest. Oft ging erwartungsgemäß etwas schief: »Ruß kam in Schwaden herunter und hat es wieder erstickt«, schreibt er noch am 6. Mai. »Bin mit meiner Predigt den ganzen Tag keinen Schritt weitergekommen. Am Nachmittag ein Flugzeug ...« Es sieht ihm gar nicht ähnlich, daß er überhaupt wahrnimmt, was draußen passiert, so sehr geht ihm seine Umgebung (die Pfarrei, sein Gefängnis) auf die Nerven. Vielleicht durchbrach das Flugzeug seinen Schutzwall deshalb, weil es den himmlischen Regionen des Wetters angehörte. Er beherrscht die Rhetorik des Barometers: Eisregen quittiert er mit Vermenschlichung der Natur, Sonnenschein mit Ironie, Schnee bringt alles zu einem erfreulichen Stillstand.

Das Flugzeug war außerdem etwas *Neues* und etwas Technisches, so wie das Radio, nach dem er süchtig war. Das Ohr am Lautsprecher, begibt er sich selbst in den Äther und hält Zwiesprache mit der weiten Welt, so vertraut, als befände sie sich in seinem Kopf. »Zahnschmerzen«, lautet ein Eintrag, »Erdbeben in Japan.« In Deutschland kommt Hitler an die Macht (30. Januar), Roosevelts Vereidigung wird übertragen (4. März). Grandpa registriert die Fakten, kommentiert sie aber nicht; ihn interessieren mehr die Qualität des Kurzwellenempfangs, die Stellung der Antenne und ob er einen Pye-Empfänger oder einen Murphy kaufen soll. Er testet beide, zwängt kleine Zeichnungen der zur Wahl stehenden Geräte auf die Seite, und nach genüßlichem Zaudern wirft er 17 Pfund und 17 Shilling für den Pye zum Fenster hinaus.

Das ist eine horrende Summe, fast drei Viertel eines Monatsgehalts (er bekam 73 Pfund 4 Shilling 4 Pence pro Quartal), aber es muß sein, denn durch das Hören und Knöpfedrehen münzt er Untätigkeit und Langeweile in Betriebsamkeit um. Er geht kaum unter die Leute, auch nicht in den Geschäften Gottes. Er schwänzt die Kirchenversammlungen (»habe keinerlei Verlangen mehr, die Geistlichkeit von Rhondda zu sehen, das sind solche Pöstchenjäger«) und vermerkt pedantisch und nicht ohne grimmige Genugtuung den schwach besuchten Gottesdienst bei schlechtem Wetter: »Bin zur H[eiligen] K[ommunion] aufgestanden. Kein Mensch bei der HK.« Das Radio dagegen ist ein zuverlässiger Freund. »Habe den ganzen Nachmittag an meinem alten Empfänger herumgedreht«, schreibt er fast glücklich, lange nachdem er den besseren Pye erworben hat. Vermutlich verschaffte ihm das Brummen und Knacken und kosmische Pfeifen der Interferenzen fast ebensoviel eigenbrötlerische Zerstreuung wie die Sendungen selbst. Er liest natürlich auch, genauso rastlos, am liebsten Sciencefiction. Am 17. Januar beispielsweise ist das »Rundfunkprogramm sterbenslangweilig. Habe Conan Doyles *Die verlorene Welt* angefangen und in einem Zug durchgelesen.« Er ist ein versierter Phantasiereisender. Um sich seinen Amtspflichten zu entziehen, geht er im März sogar so weit, eine plötzliche Dienstreise vorzuschützen, und macht ein paar Tage blau – »Habe den ganzen Tag Jules Vernes *Reise zum Mittelpunkt der Erde* gelesen ...« An seinem regulären freien Abend saß er im Arbeitszimmer und beobachtete die Leute, die zur Kirche gingen.

Und er nebelte sich ein. Er rauchte Pfeife. Theoretisch zumindest. In der Praxis dachte er sich besondere Rituale aus, um diese Gewohnheit komplizierter und befriedigender-weil-unbefriedigend zu machen. Mit Pfeifenreinigern und Auskratzern zu hantieren genügte ihm nicht, teils weil er nach Zigaretten gierte – obwohl sie einen »alten Schmerz« in der Brust wachriefen –, teils weil es ihm weh tat, das Mundstück zwischen die schmerzenden Zähne zu klemmen. Jedenfalls spielt er nicht bloß mit Pfeifenaccessoires herum, er geht noch weiter. Als Parodie eines Bastlers *schnitzt* er: »Habe meine Pfeife kürzer gemacht – die Peterson – und sie dabei ruiniert«, lautet ein lakonischer Eintrag im Januar. Bekümmerte ihn das? Wohl kaum – allerdings weiß man nicht, ob er zu diesem Zeitpunkt schon auf den Pfeifentrick verfallen war. Ist ihm klar, was er in Wirklichkeit will – die Pfeife (aus Versehen natürlich) kaputtmachen, damit sie ihren wahren Zweck erfüllt und ihm einen Vorwand liefert, zur Zigarette zurückzukehren? Im Februar ersteht er eine neue Peterson (»Nr. II«), und am Samstag, dem 22. April, experimentiert er erneut und liefert dafür die perfekte Rationalisierung: »Nach dem Essen habe ich aus meiner Peterson-Pfeife eine Zigarettenspitze gemacht. Die ganze Pfeife ist zu schwer für meine Zähne.« Und im Mai: »Rauche immer noch Zigaretten, werde aber wohl zur Pfeife zurückkehren müssen.« Schon am nächsten Tag kauft er sich eine namenlose Pfeife, legt sie jedoch voll Abscheu sofort wieder weg – »raucht sich miserabel. Billige Pfeifen taugen nichts.« Am 15. Mai kauft er sich wieder eine Peterson, »eine tulpenförmige Peterson Nr. 3« diesmal, und schafft es, sie binnen kürzester Zeit ebenfalls zu zerstören: »Samstag, 27. Mai. Habe meine Peterson-Pfeife kaputtgemacht. Muß wohl bei der Zigarettenspitze bleiben.« Am Montag vermeldet er stolz, daß er »jetzt eine Zigarettenspitze aus der Peterson gemacht« hat. An einem der folgenden Tage geht er los und kauft eine neue »leichte« Pfeife (3. Juni), die er zwei Tage später ebenfalls in eine Zigarettenspitze umwandelt. Am 9. Juni kauft er eine Peterson Nr. 33 …

Mit zunehmender Frustration dreht sich das Rad seiner destruktiven Basteleien immer schneller, und das Rauchen wird zu einer weiteren Scheinbeschäftigung. Sein Gemütsleben ist in ständiger Bewegung – er ist ganz in sich selbst vertieft und zugleich von sich abgestoßen, und das Herumwerkeln wechselt ab mit Sinnlosigkeitsgefühlen. »Habe den ganzen Tag vertrödelt, war schlecht gelaunt und habe mich elend gefühlt« (März). »Einen sinnlosen Tag im Arbeitszimmer verbracht« (April). Obwohl er ständig zu Hause ist und mit seinem knochigen Hinterteil die Stühle abnutzt, existiert seine Familie kaum für ihn – *mit Ausnahme meiner Mutter*. Und das war die zweite

Überraschung im südwalisischen Teil des Tagebuchs von 1933: Seine heranwachsende Tochter Valma (sie wird am 14. März fünfzehn) hat einen Platz im Gehäuse seiner Einsamkeit. Er erteilt ihr seit einem Jahr zu Hause Unterricht (wie er im Mai berichtet), und wie das Radio, die Bücher und die Pfeifen belebt ihre Gegenwart plötzlich das Haus. »Vormittags und nachmittags Valma abgehört. Zur Teezeit war Latein dran.« »Den ganzen Nachmittag zu Hause geblieben und Valma unterrichtet.« Er stellt Lehrpläne für sie auf und läßt sie Prüfungen ablegen. Sie ist seine Verbindung zur Außenwelt, in mehr als einer Hinsicht, denn sie macht auch Besorgungen für ihn und bringt seine Briefe zur Post.

Meine Mutter gibt auch den Brief auf, in dem er sich um die Pfründe Pencoed bewirbt, nachdem er aus Angst vor einer Abfuhr (die er ja dann auch bekam) tagelang überlegt hat, ob er sich damit nicht eine Blöße gibt. Valma ist sein Garant für eine mögliche Zukunft. Das überraschte mich um so mehr, als sie mich immer hatte glauben lassen, sie habe ihm nie nahegestanden, habe nie eine verschworene Lerngemeinschaft mit ihm gehabt wie ich als Kind. Aus den Erzählungen meiner Mutter waren die Latein- und die Klavierstunden (sie war musikalisch im Gegensatz zu mir) spurlos getilgt. Warum? Warum hatte sie sich auf die Seite meiner Großmutter geschlagen, und wann? Was später in Hanmer geschah, erklärt, fürchte ich, sehr genau, warum. Über seinen Sohn Billy äußert sich Grandpa kalt und distanziert; er nimmt nur dann von ihm Notiz, wenn der Junge die Schule schwänzt und dafür die gebührende Tracht Prügel bekommt. Und schon jetzt können meine Großmutter und er sich (gelinde gesagt) nicht mehr ausstehen. Sie muß sehr krank gewesen sein in diesem klirrend kalten Winter 1932–33, denn am Mittwoch, dem 5. April, notiert er in seinem Tagebuch: »Hilda war zum erstenmal seit Weihnachten wieder draußen.« Wenn er sie überhaupt erwähnt, dann nur, um ihre Abwesenheit zu registrieren. Und sie ist oft weg, sobald es ihr bessergeht, und läßt ihn im eigenen Saft schmoren. Auch im

Tagebuch brodelt es: »Es ist einfach ungerecht. Ich glaube, in dieser Diözese sitzen eine Menge Idioten in höheren Ämtern ... Ich bete, daß dies mein letztes Ostern an St. Cynon ist.«

Und plötzlich, als er am wenigsten damit rechnete, wurden seine Gebete erhört. Nur noch wenige Wochen, und sein Ehrgeiz und seine Tatkraft sollten wiederaufleben. Am 13. Juni weicht der lange Winter seines Mißvergnügens endlich dem Frühling – »Nun ist der Tag der Hoffnung doch noch angebrochen. Der Bischof hat mir geschrieben, er bittet mich wegen der Pfründe HANMER und TALLARN GREEN zu sich.« Und zur Feier des Tages bricht er die grüne Tinte an. Dann geht alles ganz schnell. Am 25. Juni fährt er mit dem Zug in den Norden, besichtigt zwei Tage später das Pfarrhaus (»ein hübsches altes Haus, aber ich sehe mich nicht darin«) und sagt am 3. Juli zu, so daß er am Freitag, dem 28. Juli, in der *Church Times* die Bekanntmachung seiner Ernennung lesen kann, die dadurch erst real wird – »O Herr, endlich werden meine Wünsche wahr ...« –, und wenige Wochen später fängt, wie wir wissen, der Spaß an.

Alles ist plötzlich in Bewegung, die alten Fixpunkte seiner Depression bleiben im Rhondda-Tal zurück – desgleichen seine Frau, sein Sohn und auch Valma, vorläufig jedenfalls, denn das Pfarrhaus in Hanmer muß erst ein wenig aufgemöbelt werden; außerdem brauchen die drei Zeit zum Packen. Er ist allein in diesem neuen Ort (»ein schönes Fleckchen Erde«), wo ihn kein Mensch kennt. Mobilität. So etwas wie Freiheit. Er muß sein Amt sofort antreten, denn der seit langem kränkelnde alte Kanonikus hat sich endlich geschlagen gegeben und das Feld geräumt. Es sind drei Meilen von der einen Kirche zur anderen, über holprige, gewundene, mit Kuhfladen bedeckte Landstraßen. Er schafft sich ein Fahrrad an, schiebt es die sanften Hügel hinauf (Berge gibt es hier nicht) und rollt auf der anderen Seite im Freilauf wieder hinunter. In seinem Tagebuch fädelt er die Kette der neuen Ortsnamen auf – Bangor-on-Dee, Wrexham, Ellesmere, Horseman's Green, Eglwys Cross, Bronington, Bettisfield, Whitchurch – und umreißt einen Bezirk, in dem sein Weg immer häufiger den von Schwester Burgess kreuzt, der Gemeindeschwester, die natürlich auch ein Rad hat …

Ironischerweise ist er wenige Tage zuvor noch ganz auf Einsamkeit und Langeweile eingestellt. »In Hanmer ist es sehr ruhig«, notiert er bedenklich, »sehr … Die Zeit wird mir hier ein bißchen lang.« Dann kommt das Fahrrad. Es sind glühendheiße Augusttage, die Kinder baden im See, so wie wir zwanzig Jahre später (nur daß es 1933 ausschließlich Jungen sind), und noch am selben Tag berichtet er von seiner ersten gemeinsamen Fahrt mit der Schwester (*Hier fängt der Spaß an*). Ein junger Mann ist ertrunken, und beide werden in amtlicher Eigenschaft an den See gerufen. Das ist der Beginn einer tragischen Nebenhandlung, die noch monatelang im Hintergrund rumort: Der ertrunkene Jack ist Mollys junger Ehemann, die völlig gebrochene Molly kommt als Dienstmädchen ins Pfarrhaus, sie verliert den Verstand, Schwester Burgess versucht, sie im Armenhaus unterzubringen, und so weiter. Zunächst aber ist Jacks Tod das große Ereignis, das die Gefühle aufwühlt. Es dringt durch die schwüle Luft und macht jede Illusion von ländlicher Idylle zunichte. Die Leiche taucht drei Tage lang nicht auf, und ganz Hanmer hält Wache. Man steht in erhitzten Grüppchen beisammen, unterhält sich leise und blickt auf die unschuldige Wasserfläche hinaus, die sich nur kräuselt, wenn ein Fisch nach einer Fliege schnappt. Jack war ein guter Schwimmer, und das gibt seinem Tod etwas Mysteriöses: Es müssen Schlingpflanzen gewesen sein oder ein Krampf oder eine kalte Strömung, denn manchmal – auch zwanzig Jahre später noch – strich einem in der warmen Brühe unter den Seerosen plötzlich eine eisige Strömung um die Beine, genau dort, wo der Grund steil abfiel.

Auch Großvater verlor zusehends den Boden unter den Füßen, aber er war im siebten Himmel und merkte erst, als seine Familie nachkam, wie weit er gegangen war. Er verlor

den Boden unter den Füßen, aber er war *in seinem Element.* Er und Schwester Burgess, im Tagebuch jetzt nur noch MB, radeln ins Paradies, an jedem Tag der Woche, einschließlich Sonntag. Von Mückenschwärmen verfolgt, tragen sie ihre Räder von der Straße weg durch ein Viehgatter, um sich hinter der Hecke zwischen Malven, Wilden Möhren und mit Blütenstaub bepuderten Brennesseln zu umarmen und durchzukneten. Vielleicht breiten sie seine tabakduftende schwarze Soutane auf dem Boden aus, zum Schutz vor Ameisen und den von Holzäpfeln betrunkenen Grabwespen. Wahrscheinlicher ist jedoch, daß sie ihre Tracht anbehalten und den Körper des anderen stückchenweise erkunden. Grandpa ist schmal und drahtig, MB im gestärkten blauen Leinen kompakt, aber noch nicht füllig, muskulös durch die viele Bewegung, die Arme von Seife und Sonne rosa-weiß gesprenkelt. Sie hat Hebammenhände. Seine Finger sind tintenfleckig und krümmen sich zärtlich, um den üppigen Busen, an dem ihre Uhr tickt, zu umschließen. Es ist fast immer Nachmittag, offiziell sind sie zu Tee, Erdbeermarmelade und Früchtebrot unterwegs – und das sind sie auch, aber ja. Kühe schauen ohne Neugier zu und drücken sich an ihnen vorbei zum Gatter; bald werden sie zum Melken heimwärts trotten. Die beiden ringen einander nieder und ruhen dann eine Weile aus, lauschen mit halbem Ohr auf das Rinnsal im Graben jenseits der Hecke, wo die Pflicht ruft. Nur ist der Ruf wegen der Krähen und Ringeltauben kaum zu hören.

Ich stelle mir vor, wie sie im voraus ihr privates Erntedankfest feiern, jenen Festtag im Kirchenkalender, der, wie Grandpa sehen wird, die Menschen an diesem gottlosen Ort noch am ehesten berührt. »Wir pflügen und wir stro-heuen / Den guten Samen auf das Land.« Betrieben sie so Empfängnisverhütung – durch Koitus interruptus, der die Sünde des Ehebruchs noch schlimmer macht? Der verbotene Luxus der *Lust um ihrer selbst willen* muß ihre Liebesakte gewürzt haben. Vielleicht wandte MB auch einen Schwamm oder spermizide Spülungen an. Eine Krankenschwester mußte sich in diesen Dingen auskennen; ohnehin hatten Krankenschwestern durch ihren intimen Umgang mit den Körpern anderer die konventionelle Aura weiblicher Unschuld – ihre kollektive *moralische* Jungfräulichkeit – eingebüßt. Sie verabreichten Klistiere und putzten Kranke ab, sie wuschen Tote, bahrten sie auf und verschlossen ihre Körperöffnungen. Sie halfen anderen Frauen, ihre Kinder zur Welt zu bringen. Zugleich war eine Krankenschwester, da sie nicht heiraten und trotzdem weiter ihren Beruf ausüben konnte, fast so etwas wie eine Nonne – eine Nonne in einer schlüpfrigen Geschichte.

Krankenschwestern weckten die Phantasie. Und Pfarrer der Church of England, die heiraten durften und es auch taten, ebenfalls, wenn auch aus etwas anderen Gründen. Grandpa hatte den schamanistischen Nimbus, der mit der magischen Fähigkeit, Brot und Wein zu verwandeln, einhergeht, und dazu noch rechtmäßigen Zugang zu den intimen *spirituellen* Regionen der Menschen. Er waltete seines Amtes aus der Distanz – in der Kirche –, aber auch von nahem, bei den Leuten zu Hause. Er sprach mit Frauen und mit den Alten und Kranken, und zwar tagsüber, wenn andere (richtige) Männer bei der Arbeit waren. Ein anglikanischer Pfarrer war nach landläufiger Vorstellung eine Art Eunuch. In Wirklichkeit aber wußten alle, daß er keineswegs Enthaltsamkeit übte, daher auch die augenzwinkernden Anspielungen auf die lockeren Sitten der Geistlichkeit. Vielleicht liegt es deshalb so nahe, sich diese Liebesaffäre als Hogarthsche Szene zügelloser Fleischeslust vorzustellen. Der Triumph des Fleisches über den Geist. Eine Allegorie der Heuchelei. Die, von denen man mehr Tugend erwarten durfte, rammelten sich durch den Hochsommer, kein bißchen reiner als die Bauern, denen sie Hygiene und Tugend predigten.

Späht man als Voyeur durch die dichte Brombeerhecke in die Vergangenheit, erkennt man kaum mehr als ihre Silhouetten, in archetypischen Stellungen. Aber warum sie nicht aus Arcimboldos Obst und Gemüse neu erschaffen, was eine weniger moralisierende Verwandlung ist? O Herr, endlich werden meine Wünsche wahr, in Gestalt von Apfelbacken, Krautlocken und einem Pflaumenmund.

Am 31. August hält Grandpa einen Moment inne und zieht dankbar Bilanz: »Ein wunderschöner Monat geht zu Ende. Der Herr sei gepriesen.« Einige Tage später sieht er mögliche »Komplikationen« mit MB voraus, noch aber ist er glücklich und gesteht sich ein, daß es ihm gutgeht: »Ich muß das Leben nehmen, wie es ist, und aus allem das Beste machen«, schreibt er, ganz wie ein frommer Stoiker angesichts der Freuden, die der Herr gnädig auf ihn herabregnen läßt.

Er kehrt für kurze Zeit nach Südwales zurück, wo Hilda und die Kinder in den Hereford Stores auf gepackten Koffern sitzen. Während seines Aufenthalts wirft er hie und da einen verstohlenen Blick auf seine verhaßte alte Pfarrei – »habe einen Spaziergang über den Coronation Hill gemacht, von dem aus man die Kirche von Ynyscynon sieht« – und reist dann allein wieder in den Norden. MB holt ihn in Wrexham ab. Dann, am 13. September, TRIFFT DIE FAMILIE IN HANMER EIN, in Großbuchstaben. Hilda hat ihre geliebte Schwester Katie mitgebracht, die ihr behilflich sein und den Schock der Trennung vom Rhondda-Tal mildern soll, was aber nicht verhindert, daß sie, kaum steigt ihr die Landluft in die Nase, »kreuzunglücklich« ist. »Sie fühlt sich furchtbar elend heute abend«, vertraut Grandpa dem Tagebuch an. Am nächsten Tag geht es ihr nicht besser (»todunglücklich«), und am übernächsten schickt er sie und die Kinder zum Einkaufen ins sechs Meilen entfernte Whitchurch, die nächstgelegene Stadt – mit dem gleichen Ergebnis: »Hilda wieder elend.« Am Samstag zieht er Bilanz und stellt fest, daß sein geheimes Wohlgefühl ein wenig nachläßt: »Fühle mich wieder nicht besonders. Das liegt an der Belastung durch den Umzug und an Hildas gedrückter Stimmung.« Er scheint der widersinnigen Ansicht zu sein, sie müsse die Umwälzung in seinem Gefühlsleben begrüßen, seine Euphorie teilen. »Ich muß die Last aller anderen tragen und meine eigene dazu.«

Grandma wußte natürlich noch nichts von MB. Sobald er auf dem Fahrrad die Seitenwege der Gemeinde unsicher machte, verschwand er von ihrer geistigen Landkarte. Und ohnehin war MB aus Hildas Sicht nur eine aus einer ganzen Riege ortsansässiger Damen, die den neuen Pfarrer während seiner ersten einsamen Wochen entzückt vereinnahmt hatten. Allen voran die verwitwete Lady Kenyon, die (wie sich herausstellt) das eigentliche Oberhaupt der Gemeinde war und die namengebenden Hanmers an Stand wie Reichtum weit in den Schatten stellte. Das Tagebuch berichtet, daß er häufig in ihrem Wagen herumchauffiert und regelmäßig zum Tee oder zu einem Essen zu zweit nach Gredington, dem Herrensitz der Kenyons, eingeladen wurde. Dann waren da noch Miss Crewe, die Rektorin der Dorfschule, und ihre Freundin Miss Kitchin, die Inhaberin der Bäckerei, die nebenbei in der Kirche die Orgel spielte. Auch Miss Crewe besaß ein Auto, das von Miss Kitchin gefahren wurde, und die beiden nahmen ihn mit nach Chester, Shrewsbury, Oswestry und so weiter und luden ihn ebenfalls zum Tee ein. Für die feinen alleinstehenden Damen der Gemeinde scheint er ein Geschenk des Himmels gewesen zu sein. Vermutlich merkten diese neuen Freundinnen schnell, daß er und Hilda sich auseinandergelebt hatten. Hilda war nicht gesund genug und hatte weder Lust noch die gesellschaftlichen Voraussetzungen, um die Rolle der Pfarrersfrau zu übernehmen. Und aufgrund dieses traurigen Umstandes muß Grandpa den Damen und insbesondere MB erst recht verfügbar erschienen sein.

MB machte kurz nach der Ankunft der Familie einen Besuch und begleitete Hilda »zum erstenmal« (wie das Tagebuch – möglicherweise ironisch – berichtet) in die Kirche. Statt sich abzukühlen, wird die Affäre noch heftiger: »War in Tallarn Green ... habe mich mit MB getroffen. Ein wunderschöner Tag« (19. September). Grandpa hält sich kaum jemals in seinem neuen Pfarrhaus auf. Oft geht er zum Abendessen oder auf ein Kartenspiel zu den Watsons, den Ladenbesitzern, bei denen er sich nach seiner Ankunft im Dorf eingemietet hatte. Auch MB schaut häufig dort vorbei. Es dauert nicht lange, und die Watsons sind in das Geheimnis eingeweiht. Als der Herbst kommt, hält ihn sein Doppelleben aufs schönste in Atem. Selbst seine Amtspflichten versprechen Kurzweil: »War bei der Versammlung im Gemeindesaal wegen des Kulturprogramms ... Es wird einiges zu tun geben in Hanmer.« Manchmal ist das Tempo allerdings schwer durchzuhalten, denn am Samstag, dem 7. Oktober, greift er auf seinen alten Trick zurück und versteckt sich im Arbeitszimmer, während er offiziell unterwegs ist. »Habe beschlossen, den ganzen Tag weg zu sein; möchte einmal meine Ruhe haben.«

Es ist ein Tag, an dem die Uhren rückwärts gehen. Er hält inne, um nachzudenken, und erstmals kommen ihm Zweifel. Hat man ihn nicht doch abgeschoben? »Dank sei Dir, o Herr, daß Du meine Gebete um Versetzung von Llwynypia erhört hast. Aber ich wäre lieber auf eine andere Pfarrstelle in Südwales gekommen als hierher in den Norden.« Oder vielleicht ist er doch nicht so verliebt, wie er geglaubt hat, denn der Eintrag endet kryptisch: »Mein Herz ist im Süden.« Doch schon am nächsten Tag geht er nach der Abendandacht wieder zu den Watsons, wo er MB trifft und »bis spät« bleibt. Zum Erntedankfest eine Woche später ist die Kirche erfreulicherweise »gesteckt voll«, und er kann sich auf seinen Lorbeeren ausruhen, denn MB fährt ein paar Tage in Urlaub. Und dann, aus heiterem Himmel, gerade als er zur Ruhe kommt, trifft ihn ein Schicksalsschlag, der ihm das Vehikel seiner Freiheit entreißt.

Mit anderen Worten: Er hatte einen Radunfall. Auf der schnellen Fahrt zwischen zwei Gottesdiensten über die dunklen Sträßchen stürzte er – »Knorpelriß am Bein. Wurde zum Bauern Pritchards gebracht. Dr. McColl hat das Bein versorgt und mich nach Hause gefahren«, notiert er mit zusammengebissenen Zähnen: lahmgelegt, festgenagelt, im Pfarrhaus gefangen. Erst nach und nach wird ihm das bewußt. Am Mittwoch ist das Bein »noch kein bißchen besser«, am Donnerstag sagt ihm der Arzt, daß er am Sonntag seinen Pflichten nicht wird nachkommen können. Die Sache wird ernst. Lady Kenyon schickt Krücken, und MB, die nun einmal die Gemeindeschwester ist, findet ihn bei ihrer Rückkehr in der ungewohnten Position des Patienten vor – flach auf dem Rücken.

Sie weiß, was zu tun ist. Unter dem Schutz ihrer beruflichen Neutralität eilt sie geschäftig ins Pfarrhaus, und von da an finden die Rendezvous *in seinem Schlafzimmer* statt. Am 1. November bleibt sie bis Mitternacht. »Bin sehr müde«, notiert er vor dem Einschlafen. MB ist zärtlich besorgt. Sie schenkt ihm eine Pfeife mit Lippenbiß-Mundstück samt Tabak und bringt ihm einen Spazierstock, »damit ich hinauskomme«. Viel Zeit oder Energie, um aus dem Haus zu humpeln, scheint sie ihm allerdings nicht zu lassen. Im Tagebuch ist nur noch von ihren Hausbesuchen die Rede. Nach ungefähr zehn Tagen – der Umfang der Intensivpflege muß allmählich etwas übertrieben gewirkt haben – taucht ein magisches Wort auf: Massage. Das Bein ist auf dem Wege der Besserung, benötigt aber täglich Massagen. Was für ein Glück, könnte man denken, daß er bei MB in so kompetenten Händen ist. Der Unfall erweist sich im nachhinein als ein Segen, jetzt, da es draußen scheußlich ist und die Nacht früh hereinbricht.

Liest man jedoch zwischen den Zeilen – die allmählich etwas monoton werden: Massagen und immer wieder Massagen –, genießt er die ins Haus verlegte Sünde nicht uneingeschränkt. In einem Eintrag vom 16. November beispielsweise findet sich ein interessanter Lapsus: »Am Vormittag kam die Schwester (MB) und hat mich schon wieder massiert.« Am achtzehnten ist er »ziemlich deprimiert ... bin froh, wenn mein Bein wieder soweit ist, daß ich hier herauskomme.« Am dreiundzwanzigsten führt die Massage zu einem »langen, ernsten Gespräch mit MB, den ganzen Vormittag«. Am fünfundzwanzigsten ist sein Ton gereizt: »*Muß* mich heute nachmittag massieren lassen.« Nicht nur die Nacht bricht herein. Vielleicht ist er geradezu erleichtert, als ihm Grandma, bis dahin (vermutlich) durch heimwehschwere Träume vom Rhondda-Tal abgelenkt, am 27. November endlich auf die Schliche kommt.

Es gibt einen Riesenkrach. »Hilda tobt.« Keine Massagen mehr von MB. Er geht zum Chiropraktiker in Church Stretton, und bald ist das Bein kuriert. Nicht so der Schmerz der Leidenschaft. Es kommt zu weiteren langen, ernsten Gesprächen (»eine schreckliche Situation für MB«) und weiteren Krächen mit Hilda – »sehr schmerzlich in dieser ländlichen Stille«. Er ist wie betäubt und vermißt plötzlich das Hintergrundgeräusch des Verkehrs, den Lärm in Südwales. Aber er ist wieder auf den Beinen, und erfreulicherweise regnet es nur so Einladungen, darunter eine zu den Hanmers nach Bettisfield Park, zu einem späten Abendessen (das einen »Mordskater« am nächsten Morgen nach sich zieht). Er hält sich, so gut es geht, vom Pfarrhaus fern und trifft sich mit MB bei den Watsons, wie vor dem Unfall. Natürlich hat sich einiges geändert, die befürchteten Komplikationen sind eingetreten. Am 9. Dezember schwört er MB einen Sündereid auf die Bibel und verspricht ihr, seiner Untreue treu zu bleiben. Dichter Nebel hüllt Hanmer ein, und er sitzt mehrere Tage zu Hause fest. »Mußte in endloser Trübsal und Langeweile in der Küche hocken«, schreibt er am 19. Dezember. Selbst wenn er es schafft, bis in die frühen Morgenstunden wegzubleiben, ist Grandma – die bereits unter Schlaflosigkeit leidet – durchaus imstande, bis Tagesanbruch zu wüten: »Habe wieder eine grauenvolle Nacht mit Hilda hinter mir. War die ganze Nacht auf, in tiefem Elend über das alles.« Grimmig vermerkt er, daß die Watsons den Tierarzt gerufen haben, um ihren Hund von *seinem* Elend zu erlösen. Nicht daß er ein Tierfreund gewesen wäre; offensichtlich beneidete er den Hund.

Das Elend war jedoch von völlig anderer Art als die dumpfe Niedergeschlagenheit von einst. Es war ein *mythisches* Elend, das den Festtagen eine geheime Bedeutung verlieh: »Nun hat also das aufregendste aller Weihnachtsfeste begonnen.« Er war voller Energie, fasziniert vom Schauspiel seines Lebens. »Wie wird das alles enden?« fragte er sich, die Hände um die Stuhlkante geschlossen. Es gab zweifellos Momente, in denen er sich wünschte, MB loszusein. Sie war zu einer Verpflichtung geworden, einer weiteren Last. Und doch verkörperte sie noch immer die Lockung des Abenteuers. Am 27. Dezember schickte er ihr eine »Verzichterklärung« – »Das ist das Ende«. Doch schon am nächsten Abend, als er in die Kirche hinüberging, um seine Gewänder zu holen, folgte MB ihm und machte ihm »eine Szene ... eine jammervolle Nacht voller flehentlicher Bitten. Ich weiß mir keinen Rat mehr. Eine unmögliche Situation. Hilda hat wieder Wutanfälle wegen MB. Nimmt das denn nie ein Ende? Bin gar nicht erst ins Bett ...« Als das Jahr und damit das Tagebuch zu Ende geht, liebäugelt er mit einer Trennung, gleichzeitig aber auch mit dem Gegenteil, und er verspürt den Wunsch nach weiteren Verwicklungen. Zum Abschluß des Jahres 1933 hält er sich alle Möglichkeiten offen: »So endet ein für mich höchst denkwürdiges Jahr. Ich bin an eine schöne Kirche auf dem Land versetzt worden, wie ich es mir gewünscht habe, und ich habe hier viele sehr liebenswerte Menschen kennengelernt. Aber ich fürchte, die Arbeit wächst mir über den Kopf. Ich habe auch MB kennengelernt, und hier liegt das große Fragezeichen für die Zukunft. Was wird sie bringen?? Das weiß Gott allein, denn all dies war Sein Ratschluß. So lege ich denn die Zukunft in Gottes Hand.« MB war also Gottes Idee.

Doch es gab noch andere Projekte. Im neuen Jahr mußte sich privates Schauspiel den Platz im Tagebuch mit öffentlichem teilen. Der Kulturausschuß der Gemeinde, der im Herbst erstmals zusammengetreten war, hatte sich eine richtige Theateraufführung vorgenommen, Grandpas erstes Laienspiel in Hanmer – und mit einemmal ist die ganze Welt eine Bühne. Am Neujahrstag läuft er sich mit einer eigenen »Nummer« im Rahmen eines sehr amateurhaften Amateurkonzerts im Gemeindesaal warm, einem Monolog als »Fagin in der Todeszelle«. Bei der Aufführung aber ist er – größtenteils hinter den Kulissen – die treibende Kraft: Er stellt das Orchester zusammen, er leitet die Proben, er malt das Bühnenbild. Die Tagebucheinträge bekommen etwas Unwirkliches, wenn man an das Drama des realen Lebens denkt, vor dem er flieht. Mit Stoffballen und Farbdosen bewaffnet, steigt er aus den Krächen und Szenen empor, um Szenen aus einer anderen Welt zu erschaffen, dem unschuldigen, archetypischen Land *Aschenputtels*. »Habe heute gleich nach dem Aufstehen mit dem Bühnenbild angefangen. Habe mit der Waldlichtung begonnen und bin bis 16.30 gut vorangekommen ... saß im Arbeitszimmer und habe mir eine Dekoration für die Küche ausgedacht ... Dekoration 1 heute vormittag fertiggestellt. Habe sie am Nachmittag zum Trocknen aufgehängt.«

Er ist trefflich von der rauhen Wirklichkeit abgeschirmt. Alles wird ihm zum *Theater*, oder, anders gesagt, er nimmt nichts mehr ernst. Er beschließt, sein Leben zu vereinfachen und eine moralische Entscheidung zu treffen – »Ich muß zu einem Entschluß kommen« –, aber in Wirklichkeit schwelgt er in den Komplikationen der Unentschlossenheit: »Das ist also das Ende, oder ist es der Anfang einer neuen Lebensphase?« Die private Handlung spitzt sich zu – Mrs. Watson spricht mit ihm über MB, MB und Hilda geraten sich höchstpersönlich in die

Haare … Im Dorf blüht der Klatsch, aber Grandpa setzt sich großartig über alles hinweg. Er und MB treffen sich jetzt in der Kirche, im geheiligten Bezirk Gottes. Doch nicht die emotionale Logik des Ehebruchs bestimmt das Geschehen, sondern die Arbeit an der Aufführung. Das Theater geht vor – auf »ein langes, ernstes Gespräch mit MB« folgt »eine gute Probe«. Er hat die letzte Dekoration für die Ballsaalszene fertig (1. Februar) und hängt jetzt die ganze Sequenz der Bühnenbilder auf, um die Kulissen dann an Ort und Stelle im Gemeindesaal zu malen. »Hatte tagsüber Streit mit Hilda«, notiert er am 3. Februar. »Bin anschließend in den Saal und habe weitergemalt. MB hat mir eine Tasse Tee gebracht.« Er gerät in Zeitnot, denn bis zur ersten Nachmittagsvorstellung sind es nur noch vier Tage, aber die Arbeit macht ihm Freude. Endlich kann er tun, wozu er sich berufen fühlt – der fleißige Magier zaubert für die Menge.

Allmählich wird er zu dem Grandpa, den ich in Erinnerung habe – nur daß er erst noch erfahren muß, wie schmerzlich es ist, *wirklich* ertappt zu werden. Die Aufführung war ein Triumph. Im Abendanzug dirigierte er das Orchester, Sir Edward Hanmer lobte ihn auf offener Bühne, desgleichen – nach der

letzten Vorstellung – Lady Kenyon. Noch kreidete ihm niemand seine Sünden an. Gemessen am größeren Zauber *Aschenputtels*, war MB offenbar nur ein Kavaliersdelikt. Es scheint sogar, als habe es für die Leute irgendwie dazugehört. Er hatte eine Liebesaffäre mit der Gemeinde. Kein Wunder, daß er sich plötzlich einsam und verlassen fühlte, als der Vorhang fiel. Sein Leben war so kompliziert wie eh und je, er selbst aber empfand es als banal. Die Zeit werde ihm lang, schrieb er – die gleichen Worte, die er gebraucht hatte, bevor er MB kennenlernte. Er war ruhelos, konnte es kaum erwarten, sich der nächsten Phase seines Schicksals zu stellen. Diesmal war meine Mutter eine der handelnden Personen (im ersten Stück hatte sie keine Hauptrolle gespielt, und er hatte sich auch nicht mehr viel um sie gekümmert), und diesmal nahm die Sache ein böses Ende. Und er stellte die Weichen für die Zukunft.

5

Der zweite Sündenfall

Die Ruhe in Hanmer machte Grandpa nervös, wann immer er sein Tempo so weit drosselte, daß sie ihm ins Bewußtsein drang. Dann hörte er die Zeit verstreichen. Die Depression lag auf der Lauer, und die Aussicht auf ein interessanteres Leben, *ein seinen Fähigkeiten angemessenes Leben*, löste sich auf wie eine Fata Morgana. Das mag der Grund gewesen sein, weshalb ihn das Kulissenmalen so beglückte. Er konnte die Illusion einer Perspektive erzeugen, ohne sich irgendwo hinstellen zu müssen, um zu überprüfen, ob sie stimmte (meist breitete er den Stoff zum Malen auf dem Boden einer Dachkammer aus), und dieser Trick war eine Variante des moralischen Tricks, mit dem er sich ständig selbst überlisten mußte. Doch mit dem moralischen oder, genauer gesagt, dem Stimmungstrick war es nicht so einfach. Das Stück, das er in jenem ersten Winter in Hanmer auf die Bühne brachte, verschaffte ihm eine Kostprobe zügelloser Freiheit, und dennoch stürzte ihn gerade sein Erfolg in postkoitale Melancholie: »Es ist heute abend sehr ruhig im Dorf nach all dem Trubel dieser Woche. Was für eine Woche!«

Die Affäre mit MB hatte sich ähnlich paradox und enttäuschend entwickelt. MB war inzwischen nicht nur Gegenstand endlosen Hilda-Gezeters, sondern auch eine Art Zweitfrau, Teil des Inventars seiner Frustration. So kam es ihm erschreckend gelegen, daß das Dorf – oder zumindest dessen tonangebende Bewohner wie Lady Kenyon – geneigt schien, MB die Schuld an dem Skandal zu geben. Wenn er sich ihrer entledigte, würde man ihn ungeschoren lassen. Und er war (aus den falschen Gründen) bereit, das Richtige zu tun. Kurzum, er benahm sich MB gegenüber wie ein ausgemachter Schuft.

Man munkelte, sie habe einen neuen Liebhaber, und er hätte es nur zu gern geglaubt. »Vielleicht tut sich da ein Ausweg auf – hoffentlich bald.« Aber nichts geschah, und nach einer weiteren »furchtbaren Woche« voller Gezänk zog er an einem kalten Samstag abend Mitte Februar voll Selbstmitleid Bilanz: »Ich hoffe zu Gott, daß jetzt endlich Schluß ist. Hanmer hat mir viel Unglück gebracht. Habe meine Gedanken für morgen geordnet, aber H. hört und hört nicht auf ... Ich finde wirklich, man tut MB bitter unrecht – sie hat doch nur gesagt, daß sie große Stücke auf mich hält.« Er ist der Leidtragende, bedrängt von Hilda und dem Dorfklatsch. Doch in seiner Großmut denkt er auch an die arme MB, auch sie ein Opfer, und das nur, weil sie ihm zugetan ist ... Er fürchtet den Skandal, aber noch mehr den Verlust seiner Selbstachtung. Er kennt wenig Skrupel, wenn es gilt, sich seine hohe Meinung von sich selbst zu bewahren – beispielsweise scheut er sich nicht, MB (jetzt, da er nichts mehr von ihr wissen will) andeutungsweise vorzuwerfen, daß er sich »einsam« fühlt, womit er sexuell ausgehungert meint, nach der Überfülle des Herbstes. Andererseits wäre er nicht einsam, wenn er ihr nie begegnet wäre. Wie dem auch sei: Die Geschichte war völlig verfahren, und das war das Kreuz, das Grandpa zu tragen hatte.

So war es nur recht und billig, dass die Sache Gottes in Hanmer schlechter vertreten wurde als zuvor. Grandpas Leistungen auf der Kanzel litten darunter, daß er ohne MB auskommen mußte. »Diese Einsamkeit setzt mir zu. Ich kann nicht mehr so predigen wie früher.« An dem Sonntag, an dem er das schrieb (25. Februar), war der Gottesdienst gut besucht, aber seine Predigt war »hundsmiserabel«. »Ich muß mich am Riemen reißen, wenn ich die Bagage bei der Stange halten will«, fügt er patzig hinzu. Er fürchtet, seine Ausstrahlung zu verlieren. MB demoralisiert ihn ebenso wie Hilda, sie ist ein Alp, der seine

Eigenliebe ruiniert, sein Selbstbewußtsein untergräbt und ihm *die Tour vermasselt*. Doch im Gegensatz zu Hilda kann man sie loswerden.

Die Sache zieht sich peinvoll in die Länge, und mehr als einmal gewinnt die »Einsamkeit« die Oberhand über seine Entschlossenheit. Aber er hält durch, und ganz allmählich beginnt er MB zu hassen – was angesichts seines Verhaltens auf Gegenseitigkeit beruhen könnte. Das Ende der Affäre hat eine traurige Nebenhandlung: Die arme Molly kommt darin vor, deren junger Ehemann in den heißen Augusttagen, die den Pfarrer und die Krankenschwester zusammengeführt haben, ertrunken ist. Molly hatte Hilda zeitweise im Haus geholfen, doch am 26. August erlitt sie einen Zusammenbruch und trank Petroleum, und MB kümmerte sich um sie. Am nächsten Tag, so berichtet Grandpa im Tagebuch, »wendet MB sich plötzlich gegen sie. Molly kommt nach Wrexham ins Armenhaus und wird möglicherweise wegen versuchten Selbstmords vor Gericht gestellt.« Tags darauf spricht Hilda mit dem Inspektor, und »Molly darf wieder zu uns. Aber sie muß so schnell wie möglich aus Hanmer weg ...« Es sieht ganz so aus, als sei Molly zu einer Schachfigur geworden. Das Pfarrhaus dürfte ohnehin kein sehr geeigneter Zufluchtsort für eine junge Frau gewesen sein, die um ihren Liebsten trauert, und jetzt nützen Hilda und MB Mollys bedauernswerte Lage auch noch aus, um sich gegenseitig kleinzukriegen. Plötzlich war Hilda in Grandpas Tagebuch wieder ein Mensch, so erfreut war er, einen Beweis für MBs Anmaßung, Herzlosigkeit und sogar Sadismus zu bekommen. Sein Resümee der unglückseligen Geschichte (Molly war schon vergessen) lautete: »Inzwischen verabscheue ich MB regelrecht.« Dennoch wurde es Juni, bis sie endgültig Schluß machten. Das gab ihm Gelegenheit, noch eins draufzusetzen, indem er ihr zum Geburtstag im Mai einen Brief mit der Anrede »Liebe Gemeindeschwester« schrieb, von anderen subtilen Grausamkeiten ganz zu schweigen.

Keiner von beiden hätte aus Kummer Petroleum getrunken, soviel ist gewiß. Nur Angehörige der niederen Schichten träumten so naiv vom großen Vergessen, nur sie konnte man einfach entfernen. Grandpa und MB dagegen lebten weiter in Hanmer, an ihr Amt gebunden, voller Haß aufeinander und auf Hilda, die sie beide haßte. Auch dieser Aspekt des Lebens auf dem Lande ist heute, da eine Mittelschicht-Diaspora grundbesitzender Vaganten die ländlichen Regionen bevölkert, verlorengegangen: Die ganz spezielle Qual, mit solch realen Geistern der eigenen Vergangenheit leben zu müssen. Das ist das Tragikomische an der Geschichte von Grandpa und MB – für eine Tragödie sind sie zu anpassungsfähig, für eine Komödie zu abscheulich. In Shakespeares Tragikomödie *Maß für Maß* benennt ein unbeholfener Moralist namens Ellbogen, der klüger ist, als er ahnt, die härteste und unentrinnbarste aller lebenslangen Freiheitsstrafen: »Du siehst jetzt, du übler Schuft, was über dich gekommen ist. Du sollst jetzt fortfahren, du Halunke, du sollst fortfahren.« So erging es auch den beiden. Hätte der Herr ihr Treiben verfolgt, er hätte MB, Hilda und Grandpa zu keiner angemesseneren Buße verurteilen können als zum Weiterleben in Hanmer.

MB war unverwüstlich; Ende der fünfziger Jahre, mit Mitte Fünfzig, ging sie noch immer ihrer Arbeit nach. Ich erinnere mich sehr gut an sie. Sie war manchmal ein wenig außer Puste, wenn sie ihr Rad bergauf geschoben hatte, ihre rosigen Wangen zeigten bei genauem Hinsehen geplatzte Äderchen, und ihre Locken waren weiß, aber sie war gesund und munter und aus einem Guß, jeder stramme Zoll die Gemeindeschwester. Ich erinnere mich deshalb so genau, weil Schwester Burgess nach Grandpas Tod, als Grandma das Pfarrhaus räumen mußte und zu uns zog, jeden Tag kam, um eine Urinprobe zu untersuchen (man wußte bei Grandma nie, ob sie sich nicht doch mit Zucker vollstopfte) und ihr Insulin zu spritzen. Grandma konnte es nicht selbst tun, denn inzwischen hatte sie auch noch die Parkinsonsche Krankheit und zitterte zu stark, und meine Mutter war zu zimperlich. So kamen Hilda und MB täglich wieder zusammen. MB sterilisierte dann eine lange Nadel (es gab damals noch keine Einwegspritzen, und Grandma behauptete steif und fest, MB nehme immer eine besonders stumpfe Nadel für sie), rieb Grandmas schwabbeligen Arm energisch mit medizinischem Alkohol ab und stieß die grausame Spitze hinein. Wenn sie wieder weg war, beschwerte sich Grandma, wie »grob« sie sei, aber von einer so *gewöhnlichen* (damals ein sehr starker Ausdruck) Person sei ja nichts anderes zu erwarten. Das Ritual war natürlich deshalb so faszinierend, weil *jeder wußte* – sogar ich wußte es –, daß Schwester Burgess früher Grandpas Freundin gewesen war und daß sie und Grandma sich deswegen haßten.

Wovon ich, bis ich das Tagebuch las, nichts gewußt hatte – weil es in der dörflichen Überlieferung nicht vorkam –, das war Grandpas nächstes amouröses Abenteuer, eines, das man ihm ernstlich übelnehmen sollte. Kann es sein, daß der Klatsch als

kommunale Kunstform das Inakzeptable ausklammert, statt es bloßzulegen? Verglichen mit MB, war Marjorie (kurz Marj) jedenfalls ein in höchstem Maße verdrängter und unrealer Geist. Trotzdem konnte man sich, als ich nach ihr fragte, sehr gut an sie erinnern. Marj war die frischgebackene beste Freundin meiner Mutter Valma. Valma, in jenem Frühjahr 1934 gerade sechzehn geworden, ging noch zur Schule, und Marj war ein oder zwei Jahre älter als sie. Sie war von der Schule abgegangen und wußte nichts mit sich anzufangen, während sie auf einen Ausbildungsplatz als Krankenschwester wartete. Sie war so oft im Pfarrhaus, daß sie schon fast dort wohnte, denn sie hatte kein richtiges Zuhause. Ihre unverheirateten Tanten, die beiden Misses Griffith, Lehrerinnen an der Schule von Hanmer, hatten die uneheliche Tochter ihrer Schwester bei sich aufgenommen. Marjories Stellung in der Dorfgemeinschaft war unklar, und sie war moralisch gefährdet (weil elternlos), ein junger Mensch, dem sich der Pfarrer väterlich hätte zuwenden müssen. Seine Affäre mit ihr war nicht einfach nur flegelhaft, sie war Sünde im Quadrat. Oder eher in Potenz, denn er benutzte seine eigene Tochter als eine Art Köder und als Tarnung.

Vielleicht war er auch nicht ganz so berechnend. Doch nachdem Valma monatelang aus dem Tagebuch verschwunden war, tauchte sie in jenem Frühjahr plötzlich wieder auf. Im Januar hatte er sie auf die höhere Mädchenschule in Whitchurch geschickt (vor dem Krieg eine Privatschule), und er hatte ihr ein Kleid für ihren ersten Ball gekauft, den Lady Kenyon in Gredington gab. Das fiel in die Zeit, als er sich auf so unschöne Weise MBs entledigte, die Zeit seiner post-theatralischen Melancholie, und vielleicht war er mit einemmal bezaubert von der jungen Frau, zu der seine Tochter herangewachsen war (ein lebendes Aschenputtel?), als er mit ihrer Freundin Marj zu flirten begann und Schlimmeres. Paradoxerweise wirkt das Ganze harmloser – oder zumindest spontaner –, wenn man eine Prise Inzest hinzugibt. Er war jetzt rettungslos verliebt in die Jugend, in das, was sein könnte, in das flüchtige Gefühl von Leichtigkeit und Freiheit und in die unbestimmte Zukunft, die vor ihm lag. Es war seine eigene Jugend, nach der er die Hand ausstreckte: »Ich wünschte, ich wäre frei von allen Verpflichtungen und könnte gehen, wohin ich will«, schrieb er am 3. März. Er holte sein Fahrrad hervor und ölte es für den Frühling, und er erwähnte, daß ihm die Zeit lang werde ... Er wollte das Gefühl haben, das ganze Leben liege noch vor ihm. Und da war Valma, schlank, hübsch, in allem noch am Anfang. Und neben ihr Marj, etwas älter und auch wissender, hungrig nach Aufmerksamkeit, ein Mädchen, das eine Vaterfigur förmlich einforderte. Dem Tagebuch zufolge war Marj die treibende Kraft. Am 21. April fuhren Valma und Hilda nach Chester, und Marj nutzte ihre Abwesenheit, um sich in Szene zu setzen: »Marj hat den ganzen Tag Unruhe im Haus verbreitet ... Ich weiß nicht, was ich von ihr halten soll.« Aber er wußte es sehr wohl, denn er fügt melodramatisch hinzu: »Muß nach diesem Eintrag meine Schrift ändern.« Dieser Entschluß entbehrt ein wenig der Logik. Wäre es ihm wirklich um Geheimhaltung zu tun gewesen, hätte er rückwärts geschrieben oder verschlüsselt oder mit unsichtbarer Tinte. Doch es geht um die Geste – er ist eben stets Schauspieler, mein Großvater, sogar wenn er mit sich selbst spricht. Seine Handschrift bleibt, wie sie ist.

Er war noch dabei, sich aus der Beziehung mit MB zu lösen, und hatte wohl vorerst noch keine neuen Missetaten zu berichten. Oberflächlich betrachtet begann er ein *neues* neues Leben. Er stürzte sich in die Gartenarbeit, mähte den Rasen und walzte ihn, bis er wieder eben genug zum Bowlsspielen war. Seit Molly weg war, machte er auch die Hausarbeit: Am 11. Mai »habe ich Flur und Küche geschrubbt«, und eine Woche später »das Arbeitszimmer und alle Zimmer unten saubergemacht«, während Val und Marj vergnügt nach Ellesmere radelten. (Hilda beteiligte sich nicht an diesen niederen Arbeiten; sie hatte nur noch das Kino im Sinn.) Trotz der Plackerei macht er auch Phasen tödlicher Langeweile durch – »Vom Nichtstun erschöpft zu Bett«, lautet ein Eintrag Anfang Juni.

Bis zu dem sinnlosen Herumwerkeln von früher scheint es nur ein kleiner Schritt.

Er registriert Vals und Marjs Kommen und Gehen wie ein verdrießlicher Voyeur und schafft es kaum jemals, sie auf ihren Radtouren zu begleiten. Er wäre Marj wohl nie nähergekommen, hätte ihm nicht eine boshafte Vorsehung einen Kuppler beschert, in Gestalt des Hilfsgeistlichen, um den er seit Monaten nachgesucht hatte. Der junge Mann, Percy Davies mit Namen, traf im Juni ein. Anfangs war Grandpa mürrisch und mißtrauisch – »ein schrecklicher Snob, finde ich. Ein normaler Mensch wäre mir lieber gewesen ...«. Doch sein Ton änderte sich fast schlagartig, denn Percy Davies (oder PSD) war ein zuvorkommender, umgänglicher junger Mann, und was das Beste war: Er hatte ein Motorrad. Zwei Tage nach seiner Ankunft fährt Grandpa auf dem Sozius mit, und das Leben kommt wieder in Schwung. PSD ist gerade erst ordiniert worden, aber er versteht es, die Gemeinde in seinen Bann zu ziehen, und entschädigt Grandpa für die lange Wartezeit. Ein seltenes Lob wird ihm zuteil: »Der Kurat ist jetzt seit einer Woche hier, und die Woche ist recht schnell vergangen.« Bald gehört er praktisch zur Familie – wie Marj und wie Grandmas mollige jüngere Schwester mit dem melodischen Lachen, die reizende Katie.

Diese Familie aber ist in ihrem Bestand gefährdet, brüchig und führerlos, denn niemand will die Elternrolle spielen. Der Part der Ehefrau und Mutter erfüllte Grandma mit Abscheu, schon bevor Grandpa sie durch sein Verhältnis mit dieser gewöhnlichen Krankenschwester darin bestätigte. Grandpa gibt sich alle Mühe, den Schein zu wahren (könnte man meinen), indem er die Küche schrubbt und im Salon abstaubt – was freilich in den dreißiger Jahren schockierend unkonventionell war, alles andere als männlich oder schicklich. Keiner im Pfarrhaus rechnet sich in jenem Sommer 1934 zur älteren Generation; es ist eine Großfamilie, in der niemand darauf achtet, daß Sitte und Anstand gewahrt bleiben. Das alte Haus ist wie eine Zentrifuge, die ihre Bewohner in alle Himmelsrichtungen schleudert, in ständig wechselnden Kombinationen, nach Wrexham, Chester, Shrewsbury, Llangollen.

Es ist die Zeit der Gartenfeste und der Fahrten ans Meer: Die Glöckner, die Sonntagsschule, der Kirchenchor, die Frauenvereinigung – alle machen ihre Ausflüge nach Rhyl oder New Brighton. Am letzten Tag im Juli steigt der ganze Pfarrhausclan mit dem Chor von Tallarn Green in den Bus nach Rhyl: »Wir sind eine richtige kleine Gesellschaft – *ego*, Val, Katie, Hilda, Billy, Marj und PSD« (sogar Hilda schließt sich einer »Gesellschaft« an). Man vergnügt sich auf dem Jahrmarkt. Als sich im August Grandpas Amtsantritt in Hanmer jährt, klingt es, als würde er immer noch Achterbahn fahren: »Vor einem Jahr bin ich in diese Gemeinde gekommen. Alles in allem bin ich sehr glücklich hier, aber es hat auch Trauriges gegeben. PSD ist ein guter Freund. MB ist eine große Enttäuschung, eine Frau ohne alle Grundsätze. Es war eine glückliche Woche, und ich finde, es ist uns recht gut gegangen ...« Die schlimme Marj klatscht über die Promiskuität ihrer Rivalin, und ohnehin kann er die lästige Wahrheit über seine Affäre mit MB jetzt getrost beiseite schieben, denn er denkt nur noch an die Zukunft. Es war, wie sich gezeigt hat, eine Beziehung, die *keine Zukunft* hatte, und das genügt, um MB rückblickend zu verdammen. Unterdessen läßt er sich bei jeder Gelegenheit auf dem Sozius des Kuraten mitnehmen und zieht prächtige Auspuffwolken hinter sich her.

Die Tage bleiben heiß, und allmählich zeichnet sich in den scheinbar beliebigen Ausflügen der Pfarrhausgesellschaft ein Muster ab. Es gibt da eine phantomhafte Vierergruppe (mal sieht man sie, mal wieder nicht), zwei Paare, die im Endeffekt nie gemeinsam unterwegs sind, einander aber spiegelbildlich gleichen. PSD nimmt Valma auf dem Motorrad mit, *ego* und Marj bleiben allein zurück. Diesmal hat Grandpa wenigstens so viel Anstand, nicht Gottes Ratschluß zu bemühen. Praktisch zum erstenmal zeigt er sich sogar bewußt aufsässig und fordert den großen Himmelspolizisten heraus, ihn zu bestrafen. Am 6. August: »Val und der Kurat mit dem Motorrad unterwegs. Marj im Arbeitszimmer auf meinem Schoß. So also endet dieser Tag. Was soll's!« Kein Blitz schlägt ein. Auf den ersten Blick sind sie nur eine harmlose, fröhliche Gesellschaft. Er übersteht sogar einen Urlaub in Südwales mit Hilda, Katie und den Kindern, aber ohne Marj und PSD. Doch Katie bleibt im Rhondda-Tal zurück, um wieder im Geschäft zu arbeiten, und nach und nach schwindet die festliche Sommerstimmung. Im September treffen Grandpa und MB in kühler amtlicher Funktion am Sterbebett eines Gemeindemitglieds zusammen, in seinen Augen ein poetisches Symbol für die Vergänglichkeit der Leidenschaft. – »All das ist nun zu Ende.« Aber nur, was MB anbelangt, denn er fügt verschmitzt hinzu: »Die Zeit vergeht sogar auf dem Land wie im Flug.« Kinobesuche mit PSDs Motorrad (im Oktober Marlene Dietrich in *Die scharlachrote Kaiserin*) erhalten die Illusion ebenso aufrecht wie heimliche Rendezvous mit Marj im Schutz von Valmas Ausflügen mit dem jungen Geistlichen: »PSD mit Val nach Wrexham ins Kino« (23. November). »Und so vergeht der Tag wie im Flug.« Tage mit Flügeln sind die Chiffre für Zärtlichkeiten mit Marj.

Nicht einmal seine Tarnung war übermäßig reputierlich. »Flott« wäre wohl noch die freundlichste Bezeichnung dafür gewesen, wie das Leben im Pfarrhaus nach außen hin wirkte. Doch da man sich in Hanmer befand, wo Grandpas Affäre mit MB bekannt war, argwöhnten die Leute das Schlimmste und begannen sich zurückzuziehen. Selbst Lady Kenyon, obwohl zu vornehm, um Ansteckung zu befürchten, ließ Grandpa fallen. Sie machte sich zwar noch die Mühe und drängte Marj, Hanmer endlich zu verlassen und ihre Schwesternausbildung anzufangen, aber die Einladungen nach Gredington wurden seltener. Ein Zyniker könnte sagen, die Marj-Affäre sei ein Affront für die reiferen Reize gewesen und habe damit die Damen von Hanmer vollends vergrämt. Doch es muß auch ehrliche Empörung gegeben haben, besonders darüber, wie unbekümmert er seine Tochter ermunterte, ihren Ruf zu ruinieren. Schon allein, daß er die Grenzen zwischen Generationen und Klassen niederriß (Marj war zwar keine achtbare Person, aber auch keine wirkliche Außenseiterin), war moralisch unsauber und muß einen Hautgout von Dekadenz gehabt haben, von der sexuellen Seite ganz zu schweigen. Und in gewisser Weise spielte auch Hilda das Spiel mit, denn sie entzog sich ihren Pflichten als Ehefrau und Mutter. Die nächtelangen Kräche, die jetzt wieder anfingen, würzten das Hexengebräu der Bosheit. So leuchtet es ein, daß nach und nach – ausgesprochen und unausgesprochen – ein Sperrgürtel um das Pfarrhaus gelegt wurde und es zu einem moralischen Slum verkam.

Aber was spielte sich *drinnen* ab? Wann merkte Valma, was ihr Vater und Marj trieben? Wann begriff sie, daß auch über sie geredet wurde? Was wußte sie überhaupt von Sex, der für ihre Mutter doch etwas so Abstoßendes war? Von MB muß sie gewußt haben, aber das hatte sie ihrem Vater offenbar nicht entfremdet. Anders war es bei der Affäre mit Marj, denn diesmal war er (wie mir jetzt klar wird) nicht so sehr Hilda untreu, als vielmehr ihr selbst – er betrog sie mit ihrer Freundin, er benutzte sie, brachte sie in Verlegenheit, machte sie zum Sexobjekt, noch ehe sie ihre eigenen Bedürfnisse richtig wahrgenommen hatte … Sie muß brennende Scham empfunden haben, zumal wenn sie eifersüchtig auf Marj war, was nicht unwahrscheinlich ist, wenn man bedenkt, welche Rolle sie in Südwales in Grandpas Leben gespielt hatte.

Und es gab noch einen anderen schmählichen Verrat. Grandpa schien vergessen zu haben, daß sie ein gescheites Mädchen war, und verlor in seiner hektischen Besessenheit von der Jugend als solcher jegliches Interesse an ihrem Verstand und ihrem Charakter. Ob er Marjs jungem Leben Schaden zugefügt hat, sei dahingestellt (anscheinend ging sie rechtzeitig zu ihrer Schwesternausbildung weg und kam später nur noch gelegentlich nach Hanmer, wenn es ihr gerade einfiel), im Gefühlsleben seiner Tochter aber hinterließ er tiefe Wunden. Sie verlor all die erwartungsvolle Zuversicht, die man bei dem strahlend jungfräulichen Mädchen von 1934 ahnt. Sie wurde übermäßig streng in allem, was den Körper und seine Bedürfnisse anbelangte, und es grenzt in meinen Augen an ein Wunder, daß sie es über sich brachte, für meinen Vater eine Ausnahme zu machen, zu heiraten und sich fortzupflanzen. Sie war schüchtern, ängstlich, sie vergaß fast alles, was sie bei Grandpa oder in der Schule gelernt hatte, sie hielt sich für unfähig und dem Leben nicht gewachsen, und sie entschuldigte sich noch dafür. Über Intimitäten jeglicher Art redete sie nicht – und daher weiß ich, daß ihre »flotte« Jugend, dem Dorfklatsch zum Trotz, ganz und gar unschuldig war, denn sie erzählte später recht offen von Percy Davies und seinem Motorrad und von der unbeschwerten Zeit vor dem Krieg. Dann wurde der schwarze Vorhang in ihrem Kopf wieder geschlossen, und sie zog sich von neuem in sich selbst zurück.

Ihr Rückzug ging jedoch nicht schlagartig vonstatten, und er war auch nie ganz vollständig. In einem Winkel ihrer Persönlichkeit blieb sie immer die Tochter ihres Vaters, sein Mädchen. Im wirklichen Leben wurden sie füreinander zu Fremden, in der magischen Welt des Unwirklichen aber – des Theaters – hatten sie einiges gemeinsam. In den Jahren zwischen Marj und dem Krieg spielte Valma Hauptrollen in *Aladin und die Wunderlampe*, *Dick Whittington* und Grandpas zweitem *Aschenputtel*. Sie nahm auch weiter Gesangsunterricht, und solange Grandpa in Hanmer Pfarrer war, blieb sie im Kirchenchor und sang bei Festgottesdiensten Solopartien. Die Lieder aus den Theaterstücken summte sie, als ich klein war und sie wieder in der Asche lag, noch immer vor sich hin. An eines erinnere ich mich noch gut: »Wer sie jetzt wohl küßt (was sich, glaube ich, auf ›Wer jetzt wohl bei ihr ist‹ reimte) / Wer im Arm sie hält / Wer ihr gefällt / Ihr Lügen erzählt ...« Wenn sie sang und spielte, war meine Mutter der Mensch, der sie hätte werden können – strahlend, souverän, bezaubernd, oft witzig, extravertiert. Als ich älter wurde, fand ich ihre Metamorphosen in den Aufführungen der Frauenvereinigung und des Theatervereins unsagbar peinlich. Die Kluft zwischen den beiden Seiten ihrer Persönlichkeit war so tief, daß mir ganz übel davon wurde. Irgendwie brachte ich ihr Bühnen-Ich überhaupt nicht mit Grandpa in Verbindung, so unerbittlich lehnte sie ihn ab. Doch gerade in diesem *erlaubten* Spiel wirkte sein Einfluß fort.

Nicht viel mehr blieb auch von seinen eigenen Freiheitsträumen übrig. Zwar kam er mit seinen Fehltritten ungestraft davon, aber Hanmer wurde zur lebenslänglichen Strafe. »Du siehst jetzt, du übler Schuft, was über dich gekommen ist. Du sollst jetzt fortfahren ...« Er stand erlaubtermaßen auf der Bühne, es war sein »Fach«, und er blieb für immer auf diese Rolle festgelegt. Er ertrug sich, indem er die Ironie seiner Lage genoß, über seine brachliegenden Talente sinnierte und in dramatischen Predigten das Beste aus seiner Hoffnungslosigkeit machte. Er legte sich bewußt etwas von der Aura der Untoten zu. Die Schürzenjägerei wurde zu einem Gewohnheitslaster – er glaubte nicht mehr daran, daß Sex eine Art Passierschein in eine andere Zukunft sei, und scheint sich dem Typ verständnisvolle alte Jungfer mit überschüssigen Liebesgefühlen zugewandt zu haben. Und er legte sich eine weitere schlechte Angewohnheit zu: den Suff. Schon 1934 macht er dem Tagebuch zufolge das Fox and Goose zu seinem zweiten Zuhause und erledigt dort seine Korrespondenz. Er fängt wieder an, Zigarettenspitzen zu schnitzen, und befestigt die Radioantenne am höchsten Ast des Apfelbaums. An einem tieferen Ast hing die Schaukel, auf der ich die Tage verträumte.

Viel später, nach seinem Tod, lautete der schlimmste Vorwurf meiner Mutter an meine Adresse: »Du bist genau wie dein Großvater.« Ich war in der Pubertät, und eigentlich meinte sie damit (brachte es aber nicht über die Lippen), daß ich mannstoll sei, sexbesessen. Ich nahm es als ein großes Kompliment. Das war natürlich nur Wasser auf ihre Mühlen, denn Grandpas Stolz auf seine Abscheulichkeit war ein hervorstechender Charakterzug von ihm. Weshalb hätte er die Tagebücher sonst wohl geschrieben? *Für wen* schreibt er? Die Antwort lautet: für sich selbst. Er rechtfertigt sich. Nicht nur mit Ausreden, sondern auch damit, daß er den Dingen *Realität verleiht*. Schreibt man sie nieder, erlöst man das Leben aus den Niederungen der Belanglosigkeit, die (wie er zweifellos glaubte) schlimmer ist als die Sünde.

Seine Geheimnisse gleichen denen einer Bühnenfigur, die einen Monolog spricht und »nicht weiß«, daß sie ein Publikum hat. Grandpa schrieb in gewisser Weise immer für Grandma, so unangenehme Folgen es auch haben konnte, daß sie die »Beweise« schwarz auf weiß in Händen hielt. Und er schrieb für mich, streckte seine dürre Hand über die Jahre aus. Am 27. Oktober 1934 beispielsweise heißt es plötzlich: »Heute hat mich wieder die alte Lust zu schreiben gepackt. Ob ich's versuche? Ich verlerne es ganz, wenn soviel anderes zu tun ist, und viel Anregung habe ich hier auch nicht gerade.« Und am 8. Dezember: »Ich fasse noch einmal den Entschluß, mich auf Journalismus und Literatur zu verlegen. Ich glaube, jetzt könnte ich es zu etwas bringen. Marjories Spott [seine Unterstreichung] bestärkt mich nur darin.« Marjorie muß hohngelacht haben, wenn er erklärte, er wolle fortgehen und ein neues Leben anfangen. Und es wurde auch nichts aus dieser freiberuflichen Existenz. Aber hier stehen nun seine Worte, zu guter Letzt doch noch gedruckt.

Ein paar Geheimnisse hat er bis heute bewahrt. Als ich mich durch das dichtgedrängte Gekrakel zum Ende des Jahres 1934 vorarbeitete und er wieder mit seiner Pfeife herumzubasteln und Radio zu hören begann, machten mich eine vage Ahnung und eine noch vagere Erinnerung stutzig. Was da stand, klang wie ganz zu Anfang – Achtung, Langeweile und dazu (immerhin) Theateraufführungen und Kräche, die es in seinen letzten Monaten in Südwales nicht gegeben hatte. Und doch … Ich nahm mir noch einmal das Tagebuch von 1933 vor, und da – im September, zu Beginn der Affäre mit der Gemeindeschwester –

fand ich den Ursprung meiner beunruhigenden Erinnerung. Der Eintrag war kaum leserlich, und ich hatte ihn deshalb nicht abgeschrieben, aber bei genauer Überprüfung lautete er: »MB und ich um 14.00 los. Fahren bis Bangor ... Wieder das ewige Dreieck.« *Wieder?* Ich rätsele an dem Wort herum und mag es nicht glauben. Aber da steht es. Also hatte er es schon einmal getan? Saß er deshalb in St. Cynon fest? Höchstwahrscheinlich, meinte mein Vater, als ich ihn danach fragte. Meine Mutter hatte erzählt, man habe in Südwales von einer anderen Frau gemunkelt, vielleicht sogar von einem Kind, aber mehr hat sie nie sagen wollen. Sie wollte es auch gar nicht wissen ... Dem alten Teufel war alles zuzutrauen.

6

Der Tod

Er zerrieb dürre Blätter zwischen den Handflächen und mischte sie mit Tabak, und wenn er seine Pfeife anzündete, roch es wie ein Gartenfeuer im Herbst. Es war nach seinem ersten Schlaganfall – ich war damals sieben oder acht –, und er hätte das Rauchen einschränken müssen, doch statt dessen streckte er sein kärgliches Quantum und nährte sein Laster so ziemlich mit allem, was brannte. Am Stock konnte er noch laufen, aber seine ganze linke Seite war steif, und sein zynischer Gesichtsausdruck hatte sich ohne sein Zutun noch verstärkt. Er sprach auch ein wenig undeutlich. Er wußte, daß er nicht mehr lange zu leben hatte, und vielleicht kümmerte ihn das wirklich so wenig, wie er behauptete – nicht weil er so fromm und gottergeben gewesen wäre, sondern weil er wütend war. »Zum Teufel damit!« sagte er trotzig. Er war noch keine Sechzig, tat aber seit langem so, als stünde er mit dem Tod auf vertrautem Fuß. Vor seiner Krankheit hatte er sogar wie der Sensenmann ausgesehen, wenn er in seiner Soutane im Garten stand und den buckligen Rasen mähte. Einige der Buckel waren eingewachsene Bowlskugeln, rissig, mit Wasser vollgesogen, Spielzeug von vor dem Krieg.

Alles um uns herum verrottete – ein trügerisch friedliches Bild. Grandpa und Grandma waren so sehr verheiratet, daß sie einander durch ihre bloße Existenz beleidigten, und die Vorstellung, ihr die Genugtuung zu verschaffen und als erster abzutreten, muß ihm verhaßt gewesen sein. Grandma ihrerseits hatte große Angst vor dem Tod, und so konnte er ihr eins auswischen, indem er ihn als eine Erlösung pries. Er hatte diese Tour jahrelang geübt. Manchmal wurden die Toten der Gemeinde für die Nacht vor der Beerdigung in der Kirche aufgebahrt, und er wachte bei ihnen. Er finde ihre Gesellschaft unterhaltsamer als die seiner Frau, verkündete er. Oft machte er – oder auch Onkel Bill – grausige Anspielungen auf das Knarren und Gurgeln, das Leichen von sich geben. Onkel Bill, der jüngere Bruder meiner Mutter – er war aus Protest gegen Grandpa zum Kommunismus konvertiert –, war militanter Materialist, doch unter dem Deckmantel seines sozialistischen Realismus schwelgte er oft in solch makabren Einzelheiten.

Als sie nach Hanmer kamen, hatte es nicht so ausgesehen, als würde sie ihn überleben. Wenn ich an einige der Tagebucheinträge zurückdenke, könnte ich nicht beschwören, daß er nicht geradezu hoffte, Gott möge sie zu sich nehmen. Er gab Ihm sogar einen entsprechenden Wink: »Was wird die Zukunft bringen? Das weiß Gott allein, denn alles war Sein Ratschluß. So lege ich denn die Zukunft in Gottes Hand.« Angesichts dieser Worte und des Eids, den er MB auf die Bibel schwor, könnte man glauben, er hätte einen Notplan für den traurigen Fall von Grandmas Ableben gehabt. Die Beziehung zu MB verlor zwar bald ihren Reiz, aber das mochte – zumindest teilweise – wiederum daran liegen, daß ihm der Herr den Gefallen nicht tat und ihm den Fluchtweg in ein Leben als ehrbarer Witwer versperrte. MB hatte gewissermaßen nicht mehr den Segen der Vorsehung und war für eine bloße Liebelei in jeder Hinsicht zu gewichtig.

Wahrscheinlich war es der Umzug nach Hanmer, der Hilda davor bewahrte, an Bronchitis oder Asthma zu sterben. Dem Tagebuch zufolge war sie jetzt in wesentlich besserer Verfassung als im rußigen, feuchten, industrialisierten Südwales. Die Folge war, daß sich das häusliche Machtgleichgewicht zu ihren Gunsten verschob. Sobald sich die Tagebücher in ihrem Besitz befanden, genehmigte sie sich eine geheime Do-it-yourself-

Scheidung inklusive Unterhalt. Grandpa mußte für den Haushalt und alle sonstigen Kosten der Familie aufkommen und ihr außerdem jedes Quartal eine Extrasumme zahlen, die sie auf die Seite legte. Angesichts seiner eigenen Prioritäten (Tabak, Alkohol, Frauen, einfach nur aus dem Haus kommen) war es kein Wunder, daß die Lebensmittelrechnungen nicht bezahlt wurden und unsere Unterwäsche zerschlissen war. Die Anschreibkrisen führten zu neuen Krächen, und nach und nach brodelte die Wut wie ein Vulkan unter der Oberfläche.

»Gottes Wege sind unerforschlich« – in der Tat (Lied Nummer 373 im Gesangbuch, zu singen »in schwerer Zeit«). Grandpa muß zu dem Schluß gekommen sein, daß der Herr ein Spaßvogel sei. Er fiel zwar nicht vom Glauben ab, aber sein Glaube nahm ein etwas kränkliches Aussehen an, nikotingelb und von Bitterkeit gezeichnet. Lied 373 empfiehlt uns, guten Mutes zu sein, weil sich hinter Gottes Stirnrunzeln oft ein Lächeln verbirgt, und leitet daraus die Moral ab, daß man nicht glauben soll, man könne Seine Pläne ergründen. Grandpas Heimsuchungen waren subtiler und folgten dem umgekehrten Prinzip – das Lächeln, hinter dem sich ein Stirnrunzeln verbirgt –, aber sie liefen auf dasselbe hinaus. Man hatte ihn abgeschoben, er war jetzt von Berufs wegen enttäuscht und konnte aus tiefster Überzeugung bestätigen, daß die Versprechen der Welt nichts galten.

Seine Predigten waren theatralisch, seine Ausdrucksweise war wohlüberlegt und dennoch gewagt, so als hätte er nichts zu verlieren. Seine Vergangenheit folgte ihm wie ein langer, faszinierender Schatten. Weltlicher Mißerfolg war auf der Kanzel ein Vorzug. Dort verlieh ihm sein Enttäuschtsein spirituelle Größe. Ich sah es damals natürlich nicht mit den Augen der Gemeinde: Ich saß im Chorgestühl und war ein wenig mit in die Darbietung einbezogen. Er spielte dieselbe Rolle wie sonst auch, und so blieb ich, während die anderen Darsteller nach Hause und in die Wirklichkeit zurückkehrten, weiter in seinem Bann. Daß ich hinter die Kulissen durfte, zerstörte die Illusion keineswegs, ganz im Gegenteil. Die modrig riechende Sakristei, in der wir unsere Gewänder an- und ablegten, in der er in einem besonderen Schrank den Wein verwahrte und in der die Orgelbälge keuchten, war ein Paradies für mich. Wir hatten den Schlüssel zur Seitentür der Kirche und kamen und gingen, wie es uns beliebte. Ich schob die weißen Karten mit den schwarzen Zahlen in den Holzrahmen, die Liednummern für den nächsten Gottesdienst, und er schüttelte den Kopf über den Schweinestall, den der Chor hinterlassen hatte – Gottesdienstprogramme, halb aufgelutschte Pfefferminzbonbons und Victory-V-Pastillen unter den Pulten –, genehmigte sich einen Schluck und hielt Zwiesprache mit sich selbst.

All das verlieh dem Gottesdienst zusätzlichen Reiz. Der Höhepunkt aber kam in der Predigt, wenn er sich zu einem feierlichen Ton aufschwang, eine Hand um den Rand der Kanzel schloß und die andere in der zeitlosen Pose des Redners erhob. Ich habe seine Gesten als sehr kraftvoll in Erinnerung, und im Tagebuch finde ich das indirekt bestätigt, denn nach einer seiner *anderen* Nummern, dem Monolog des »Fagin in der Todeszelle«, schreibt er am nächsten Morgen, daß ihm »vom Spielen« der Arm weh tut. Notizen zu seinen Predigten enthalten die Tagebücher nicht, nur Listen seiner Themen (im Herbst 1934 »Das Bildnis des Dorian Gray«, »Hoffart«, »Die Moral des Hiob«). Ausführlichere Aufzeichnungen machte er in kleinen roten Heften, von denen eines erhalten geblieben ist. Dieses Relikt ist nicht von Grandma aufbewahrt worden; es fand sich zusammen mit den Büchern, Pfeifen und Spazierstöcken in seinem Nachlaß. Es ist eine bunte Mischung von Entwürfen, Einfällen und Skripten, zum Teil noch aus den Jahren vor seiner Versetzung nach Hanmer, vermittelt aber durchaus einen Eindruck von seinem Predigtstil.

Am besten war er, wenn es um andere Welten ging, und zwar nicht nur um Himmel und Hölle: Seine Lieblingsautoren waren Shakespeare und die metaphysischen Dichter Scott, Dickens, Wilde, Wells, Conan Doyle und Jules Verne. Aber er hatte auch ein erstaunliches Repertoire an derben Anekdoten. Eine Notiz unter der Überschrift »Der Berg und das Tal« (Ekstase vs. Besonnenheit) lautete beispielsweise:

> Illustr.: Marta und Maria
> Bauer auf die Frage, welche ihm lieber wäre
> Marta vor dem Essen
> Maria nach dem Essen

Auch eine bissige politische Fabel findet sich da – undatiert, aber zweifellos auf südwalisische Bolschewismus-Ängste gemünzt:

> Illustr.: Thomas Paines Werk *Die Rechte des Menschen* erregte solchen Anstoß, daß die Regierung den Verkauf streng verbot. Ein alter Buchhändler in Glamorganshire, der unter dem dringenden Verdacht stand, mit den Radikalen zu sympathisieren, merkte eines Tages, daß er von Spitzeln der Regierung beobachtet wurde. Er band ein Buch in braunes Papier ein, schrieb »Die Rechte des Menschen« auf den Rücken und stellte es in sein kleines Schaufenster. Die Spitzel kauften es prompt zu einem weit überhöhten Preis, schlugen es eilig auf und mußten

enttäuscht feststellen, daß es eine Ausgabe der Bibel war. Der alte Waliser war ein schlauer Fuchs; aber er war noch mehr – er war ein wahrer Prophet ...

Es machte Grandpa Spaß, sich auf unterschiedliche Situationen einzustellen, und er pickte wie eine Dohle nach markanten Wendungen, um sie für später aufzuheben. Es gibt eine Sammlung berühmter letzter Worte, die – wie er schreibt – oft entlarvend sind; recht unfair stellt er Lord Palmerston (»Wo bleiben die Depeschen aus Belgien?«) und Chesterton (»Bietet dem Herrn einen Stuhl an«) neben Jesus – »Vater, vergib ihnen, denn sie wissen nicht, was sie tun«. Selbst sein Humor war eher schwarz.

Die meisten Notizen sind zu mehreren Versionen einer »Predigt zur Karwoche« erhalten, die das Thema Schande und Todesqual des Judas behandelt. Man kann verfolgen, wie Grandpa sie aus recht gemäßigten Anfängen weiterentwickelt: »Ehrgeizig ... Aber sein Ehrgeiz war ganz und gar diesseitig ... nicht Reue, sondern schlechtes Gewissen ... Ein Eisblock.« Nach und nach gewinnt Judas' Charakter an Tiefe, und sein Schicksal wird mehrdeutig. Die dreißig Silberlinge, für die er Jesus verriet, entsprechen in heutiger Währung nur etwa vier Pfund, Gewinnstreben als Motiv scheidet also aus; und die Tatsache, daß keine Tränen flossen, hat etwas »schrecklich Bedeutsames«, denn selbst Judas wäre vielleicht errettet worden, wenn er wahrhaft bereut hätte. Und dann, in der letzten Version, wird Judas vollends zur tragischen und paradoxen Figur:

> Eine ketzerische Sekte erfand die Geschichte, Judas habe gewußt, daß Jesus nach dem Willen des Vaters und des Sohnes den Tod durch einen Akt des Verrats erleiden sollte, damit die Welt frei sei, und er habe betrübt die ewige Schande auf sich genommen. Wenn es so wäre, dann würde ihm gewissermaßen ebensoviel Ehre gebühren wie Jesus.

Diese originelle Auslegung war natürlich falsch: In Wirklichkeit wollte Judas Jesus zwingen, sich zum König zu erklären, und dann den Lohn für seinen Weitblick einheimsen, in Gestalt eines hohen Amtes in der neuen Regierung. Als er sah, wie sehr er sich geirrt hatte, nahm er sich aus Selbstmitleid und Enttäuschung das Leben. Keine Tränen, aber »vielleicht mischte sich in seine Todesqual ... die vage Vorstellung, er könne in der Welt der Toten, hinter dem Schleier, vor seinen Gott treten und seine Schuld bekennen«. Hat Judas sich umgebracht, um mit Jesus wiedervereint zu werden? Wohl kaum ... Nachdem Grandpa die Saat seiner eigenen Beinahe-Ketzerei ausgesät hat, kehrt er mit der Metapher vom Herzen aus Eis, das nicht schmelzen kann, wieder in den Schoß der Kirche zurück – »Man kann einen Eisblock im Mörser in tausend Stücke zerstoßen, es bleibt dennoch Eis ... Ein Mensch mag versuchen, Zerknirschung zu empfinden ... Er möge zu Jesus kommen. Die Sonne Seiner Gerechtigkeit wird über ihm scheinen.«

Das eigentliche Mysterium ist die Gnade Gottes. Doch es bleibt reichlich Raum für wilde Spekulationen. Grandpa hatte viel für die barocken Einfälle der Dichter des siebzehnten Jahrhunderts übrig, die damals wieder in Mode kamen. Sein Favorit scheint der fromme, aber hintergründige George Herbert gewesen zu sein, dessen Gedicht »Der Altar« er in voller Länge abgeschrieben hat, und zwar so, daß es auf der Seite die Form eines Altars annimmt. »Einen zerbrochenen Altar, Dein Diener, o Herr, Dir setzt / Aus einem Herzen gemacht, mit heißen Tränen benetzt ...« Daß Herbert sich als einfacher Mann gab, als schlichter Landpfarrer, dabei aber ein tiefsinniger Ironiker war, muß Grandpa stark angesprochen haben. Mich faszinierte es jedenfalls. Herbert nahm in einer Arbeit, die ich in den sechziger Jahren zum Thema »Gedichte über Dichtung im siebzehnten Jahrhundert« schrieb, breiten Raum ein. Erst später, als ich die Stellen wiedererkannte, die Grandpa ausgesucht hatte, merkte ich mit leichtem Schaudern, daß ich genau diese Zitate analysiert hatte. Ich muß sie unbewußt für künftigen

Gebrauch gespeichert haben. Heute kann ich sie ihm nicht mehr in den Mund legen, denn ich kann seine Stimme nicht mehr hören, sosehr ich mein Gedächtnis auch anstrenge. Sein Bild dagegen habe ich jederzeit sofort vor Augen, hager und angespannt, bemüht zu überzeugen.

So stand er da, als ihn sein erster Schlaganfall traf – auf der Kanzel, mitten in der Predigt. Zwei Bässe aus der hinteren Reihe des Chors hoben ihn auf, und aus irgendeinem Grund trugen sie ihn nicht in die Sakristei, sondern den Mittelgang hinunter und durch die Tür im hölzernen Lettner in den Glockenturm. Der Rest des Chors folgte, und dann standen wir alle um ihn herum und warteten auf den Arzt, sehr lange, wie es uns schien, obwohl einer der beiden Drs. McColl in der Kirche gewesen sein muß.

Grandpa lag im gleißenden Sonnenlicht, das durch die hohen Fenster hereinströmte, den Kopf auf abgewetzte Kniepolster gebettet. So dunkel und muffig es in der Sakristei war, so hell war es hier. Die nackte Holzdecke, durch deren Öffnungen die Glockenseile herabhingen, war mehr als sechs Meter hoch. An den Wänden hingen verrostete Teile von Rüstungen aus dem Bürgerkrieg, die Mr. Downwards Vorgänger auf dem Friedhof ausgegraben hatten. Die Hanmers waren Royalisten, und Cromwells Soldaten hatten ihre Pferde in der Kirche untergestellt und zum Beweis Trensen, Sporen und Panzerhandschuhe mit fehlenden Fingern zurückgelassen. Von diesen brüchigen Relikten abgesehen, war der Glockenturm kahl, sauber und offen, und Grandpa wirkte in dem schattenlosen Licht schrecklich deplaziert. Eine ganze Weile war es still. Dann beugte sich der Arzt mit dem Stethoskop über ihn, und wir wurden hinausgeschickt. Als ich ihn wiedersah, saß er in seinem Arbeitszimmer im Sessel, dem Tod von der Schippe gesprungen, in schwärzester Laune.

Er war wieder der alte, und das bestärkte mich in meiner Überzeugung, daß er unsterblich sei. Kinder glauben oft, daß die Erwachsenen ewig leben – meine Generation um so mehr, als der Krieg einen gewaltsamen Tod durch Bomben und Gewehre, zu einer so geläufigen Vorstellung gemacht hatte, daß normales Sterben in den Hintergrund gerückt war. Grandpa war von seinem Wesen und seinem Beruf her dem Tod ohnehin nahe, und so beunruhigte es mich nicht weiter, daß er ihm einen weiteren Schritt näher gekommen war. Er wurde knochiger und boshafter. Mit der Röstgabel in der Hand saß er am Küchenfeuer und schaute zu, wie das Brot braun wurde. Oder er plante einen Festschmaus und legte Kartoffeln in die Asche, und eine Stunde später riß er das Feuer auseinander, um nach ihnen zu sehen, und schlug die Kohle mit dem Schürhaken in kleine Stücke. Von Besuchern schnorrte er verbotenen Tabak. Irgendwie gelang es ihm immer, sich in eine Rauchwolke zu hüllen, die ihm Hilda vom Leib hielt und den allgemeinen Schmutz noch vermehrte. Er behauptete sogar, er putze sich die Zähne mit Ruß, weil Ruß körnig sei, und darauf komme es schließlich an. Aber er hatte kaum noch eigene Zähne (und die waren verfärbt), so daß schwer zu sagen war, ob es etwas nützte. Jetzt, da er ans Haus gefesselt war, verschmolz er für mich schlichtweg mit seinem Mythos.

Für mich mußte er so bleiben, wie er war, damit ich weiter das Pfarrerskind spielen konnte. Selbst wenn ich ungezogen war und Grandma mich zur Strafe in den grausigen Keller sperrte, war das weniger bedrohlich als die Rückkehr meines Vaters vom Militär und die Geburt meines Bruders, als ich sechs war. Meine eigentliche Familie war von ganz anderer Art als ich: Meine Eltern legten – ein wenig wie die Schule – Wert auf Ordnung und Gehorsam, auf Dinge, die nicht zu meinen Stärken zählten. Mein Anspruch, etwas Besonderes zu sein, gründete sich auf Bücher, die Kirche und meinen Fundus an Gruselgeschichten – Grandpas Gaben, alle verbunden mit den dunklen Bezirken des Pfarrhauses und der Sakristei und mit dem sattsam bekannten Gefühl der Unzufriedenheit und Entbehrung, das auch Grandma erfüllte. Und so klammerte ich mich angesichts seines Verfalls an mein Bild von ihm und ergriff insgeheim für ihn Partei, wenn ich auf der Treppe mit anhörte, wie mein Vater sich in die Auseinandersetzungen über unbezahlte Rechnungen und Alterungsschäden einmischte und sich darüber beklagte, wie chaotisch und liederlich es im Pfarrhaus zugehe.

Und nicht nur in Gelddingen war nichts so, wie es sein sollte. Meine Großeltern verkörperten Anarchie jeglicher Art. Grandma war gewissermaßen ein Zerrbild der neuen Hausfrauentugenden (zu sehr Frau, um zu waschen und zu putzen) und Grandpa alles andere als ein richtiger Mann, trotz seiner Schürzenjägerei. Was ihn anziehend machte, war vermutlich sein geheimes Einvernehmen mit Frauen, zumindest mit den ambitionierten, denen, die nichts mit sich anzufangen wußten. Daß er nicht außer Haus arbeitete, nicht einmal in einem Büro, und daß er unbeirrbar in seiner Phantasiewelt lebte, faszinierte seine altjüngferlichen Fans ebenso wie mich. Das bißchen Autorität, das er hatte, war gekünstelt und fragwürdig. So richtete die moralische Aufrüstung der Nachkriegszeit, die jedermann dazu vergatterte, normal zu sein und Haltung anzunehmen, im Pfarrhaus wenig aus. Immerhin aber zogen meine Eltern um, in ein neues Gemeindewohnhaus ein Stück dorfauswärts, ein Haus für die Musterfamilie aus der Werbung der fünfziger Jahre: Der Mann arbeitet, die Frau macht den Haushalt, die Kinder (zwei, ein Junge und ein Mädchen) sind sportlich, sauber und kontaktfreudig. Ich mußte mit, aber die Umwälzung vollzog sich im Zeitlupentempo. Wir zogen ratenweise um. Jeden Tag nach der Schule schaute ich im Pfarrhaus vorbei, und wir gingen nach wie vor zu jeder Tages- und Nachtzeit in die Kirche. In dem neuen, offenen Wohnraum wohnte ich noch nicht.

Durch das Pfarrhaus war ich auf eine Vorliebe für dunkle Ecken und auf Respektlosigkeit programmiert. Ich verstand es, mich hinter Büchern zu verschanzen. Bei Bedarf konnte ich mir aus irgendwelchen Fetzen bedruckten Papiers, die ich gerade fand, ein Nest bauen. Ich las alles, bunt durcheinander –

Rupert Bear, Captain Blood, Tarzan, Alice im Wunderland, die Jahrbücher aus Valmas und Billys Schulzeit, in denen mit Schnur zusammengebundene Doppeldecker vorkamen, Schulmädchenintrigen, die durch Bubiköpfe und Trägerröcke noch aufregender wurden, und Spiele wie Lacrosse. Edgar Rice Burroughs läßt Tarzan im Dschungel ganz allein lesen lernen: Tarzan stößt auf das Lager seiner toten Eltern, wo er neben ihren blanken Gebeinen einige halb vermoderte Bücher entdeckt. Anfangs hält er die schwarzen Buchstaben für Insekten und versucht, sie vom Papier zu klauben und zu essen, doch schließlich begreift er. Er kann dann zwar lesen und schreiben, aber sprechen kann er nicht. In ganz ähnlicher Lage befand ich mich; auch meine Ausdrucksweise wurde mit den Jahren immer unbeholfener, und ich konnte Tarzan gut verstehen. Ich hatte zwar nicht ohne Hilfe Lesen und Schreiben gelernt, doch nachdem Grandpa mir das Lesen beigebracht hatte, durfte ich mit den Büchern tun und lassen, was ich wollte. Das Lesen hatte nichts Ehrerbietiges an sich, und es war auch nicht das einzige, was man in diesem Papierwald anfangen konnte. Grandpa erlaubte mir sogar Verbotenes. Einmal, als ich mich langweilte – ich war fünf –, zeigte er mir, wie man mit der großen Schere umgeht, und ich schnitt die Frauen aus dem Oxendales-Katalog in ihren langen New-Look-Röcken und pompösen Hüten aus – manche zerschnitt ich auch. Das führte, als meine Mutter und Grandma nach Hause kamen, zu einem denkwürdigen Donnerwetter. Mit scharfen Gegenständen zu spielen war natürlich strengstens verboten, und obendrein hatte Grandpa mich angestiftet, ausgerechnet die Objekte ihrer Träume zu verstümmeln.

Wäre er länger am Leben geblieben, hätten wir uns mit Sicherheit voneinander entfernt. Er hätte genug von mir bekommen, und ich hätte den Glauben an ihn verloren. Aber er starb und entschwand listigerweise ins Dunkel, und seine Faszination blieb intakt. Der zweite Schlaganfall 1952 warf ihn nieder. Er lag in dem hinteren kleinen Wohnzimmer im Koma, der

Arzt kam, trank Whisky und ging wieder, Besucher wurden abgewiesen, und im Haus wurde nur noch geflüstert.

Grandma, unerbittlich bis zum Schluß, bestand darauf, daß der Sterbende zur Seite gehoben wurde, damit sie das Bettzeug wechseln konnte, sonst werde er noch die gute Matratze ruinieren, denn zum Ende hin war er inkontinent. Für sie hatte sich nichts geändert, er war ihr so widerwärtig wie eh und je, und vielleicht machte er das alles ja mit Absicht. Der Tod konnte die beiden nicht noch mehr scheiden, als das Leben es schon getan hatte – doch das bedeutete nicht, daß sein Sterben sie von ihrer Empörung und ihrem Groll erlöste. Sie war die einzige, die meine ungläubige Verzweiflung linderte, denn sie benahm sich so, als sei er noch am Leben. Als Onkel Billy – der fanatische Realist – das merkte, meinte er, ich müsse mit eigenen Augen sehen, daß der Tod endgültig sei, und damit basta. Gegen den Protest meiner Mutter und ungeachtet meiner Gegenwehr, zerrte er mich ins Zimmer, damit ich der Leiche einen Abschiedskuß gab. Grandpa lag noch in seiner schwarzen Soutane auf dem Bett, die Hände über der eingesunkenen Brust gekreuzt, das Kinn mit einem großen weißen, auf dem Kopf verknoteten Taschentuch hochgebunden wie bei Marleys Geist in Dickens' *Weihnachtslied*. Er war der erste Tote, den ich sah, und es sollte für lange Zeit auch der letzte sein, und wenn es Billy wirklich darum gegangen war, die geheimnisvolle Aura zu zerstören, die Grandpa für mich umgab, dann war es ihm nicht gelungen. Diese letzte Szene, die Grandpas Wesen so sehr entsprach, machte seine Apotheose vollkommen.

In der Schule platzte ich mit der Geschichte von unserer makabren letzten Begegnung heraus – mit beschämenden Folgen. Am Tag der Beerdigung, bei der ich nicht dabeisein durfte, sollte die ganze Klasse in ehrerbietigem Schweigen stillsitzen, doch statt dessen tuschelten wir miteinander und mußten uns das Kichern verbeißen. Die Kirchenglocke läutete scheinbar direkt über uns (die Schule lag neben der Kirche), und wir hatten uns in eine überdrehte Gruselstimmung hineingesteigert. Vielleicht war er ja gar nicht richtig tot. Alle erschauerten, als Nerys Jones, meine bleiche Banknachbarin, meinte, die Glocke werde ihn bestimmt aufwecken. Er werde sich im Sarg kerzengerade aufsetzen, das Kinn hochgebunden, als hätte er Zahnschmerzen, und der versammelten Gemeinde einen Riesenschreck einjagen. Wir bogen uns vor Lachen bei dieser Vorstellung und weckten damit den Rektor aus seinen Träumereien. Er hatte in letzter Minute in die Kirche hinübereilen wollen, nahm sich nun aber noch die Zeit, Nerys eine so gewaltige Standpauke zu halten, daß sie in Tränen ausbrach. Mich konnte er pietätshalber nicht zur Rechenschaft ziehen, und so wurde Nerys zum Sündenbock, die arme, die an einer Herzschwäche infolge eines rheumatischen Fiebers, das sie als Kind durchgemacht hatte, in jungen Jahren starb. Doch obwohl Mr. Palmer mich nicht bestrafte, mußte auch ich bitterlich weinen. Mein schlechtes Benehmen gehörte wohl zu dem privaten Ritual, mit dem ich Grandpa im Geiste begrub, wo er – mein mißmutiger Mentor – natürlich weiterlebte. Er hatte mir das Gefühl gegeben, eine innere Topographie zu haben, eine Art Pfarrhaus-Seele, und er hatte mich zum Lesen gebracht. Jahrelang sah er mir noch bei jedem Buch, das ich las, über die Schulter.

Im Land der Lebenden blies uns ohne ihn ein eisiger Wind entgegen. Wir verloren augenblicklich jedes Ansehen. Daß wir keine materiellen Ansprüche auf Achtbarkeit erheben konnten, war offensichtlich – Grandpa hatte weder Geld noch Eigentum hinterlassen –, und der moralische Anspruch war natürlich längst dahin. Die Kirche drängte Grandma, das Pfarrhaus zu räumen, um Platz für den nächsten Amtsinhaber zu schaffen, und so wurden die verstaubten Besitztümer, die sich in zwanzig Jahren angesammelt hatten, hinaus ans Licht geschafft: Das gute Tafelservice, soweit es die Tellerwurfzeiten überlebt hatte, Sessel mit zerschlissener Polsterung und Brandflecken, verblichene Vorhänge, mottenzerfressene Teppiche und Berge alter Zeitungen. Das Mobiliar wurde größtenteils eingelagert, das Klavier und die Bücher in das Gemeindewohnhaus meiner

Eltern gezwängt, wo sie verlegen und deplaziert wirkten und die Enge noch drangvoller machten.

Und nach erbitterten Auseinandersetzungen wurde auch Grandma hineingezwängt. Sie hatte insgeheim geplant, zu ihrer Schwester Katie nach Südwales und in das verlorene Paradies der Hereford Stores zurückzukehren, doch zur Überraschung aller sagte ihr Bruder Stan mit dem Mut der Verzweiflung nein. Der Wurm krümmte sich. Er werde sich nicht von seinen Schwestern erdrücken lassen, und ohnehin könne der Laden Hilda nicht ernähren (das stimmte natürlich, aber er konnte auch Katie und Stan nicht ernähren). Und so zog Grandma zähneknirschend zu meinen Eltern. Es muß wie ein böser Traum gewesen sein – kaum waren meine Eltern der vergifteten Atmosphäre des Pfarrhauses entronnen, wurden sie wieder von ihr eingeholt, in Gestalt dieser kleinen, dicken, übellaunigen, nach Cold Cream und Mottenkugeln riechenden Hexe. Grandma machte natürlich das Schicksal und meine Eltern für ihre Enttäuschung verantwortlich und hörte nie auf, sich über die Unbequemlichkeit ihres Quartiers zu beklagen – zu Kinos und Geschäften war es nun noch weiter (sofern das überhaupt möglich war). Das offene Gemeindeland ringsum, wo die Kühe auf dem Weg zur Weide über die uneingezäunten Gartenparzellen trotteten, war für sie Hanmer hoch zwei, und sie verachtete es aus tiefstem Herzen.

Es war grauenvoll, mit ihr zusammenzuleben, gleichzeitig aber war sie ein Bindeglied zur verlorenen Vergangenheit. Einmal, als sie noch im Pfarrhaus Habseligkeiten sortierte – alles schien dort immer dünner und schließlich durchsichtig zu werden, so als löste sich ein Bann –, erzählte sie mir eine Geschichte, die ihre ganze Hexenhaftigkeit zum Ausdruck brachte. Als ich nach der Schule vorbeikam, hatte sie vor sich hin gemurmelt und keuchend gelacht, und es war offensichtlich, daß sie eine Bosheit loswerden wollte. Nach einem Griff zum Riechsalz kam sie damit heraus. Als sie am Morgen wie gewohnt zu Bett gehen wollte, war ihr auf der Treppe ein Gespenst begegnet: Grandpa, wie üblich gerade aufgestanden. Ich erschauerte und war tief beeindruckt – im Gegensatz zu Grandma. In ihrer üblichen Phantasielosigkeit (die in solchen Momenten etwas geradezu Surreales hatte) hielt sie das Ganze für einen der albernen Streiche, die er sich nie hatte verkneifen können. »Wenn der alte Mistkerl denkt, er kann mir damit einen Schreck einjagen«, keuchte sie triumphierend, »dann ist er schief gewickelt.« Und sie machte sich wieder daran, Papiertüten in Papiertüten zu packen und zweifellos da und dort eine unrechtmäßig erworbene Pfundnote einzuschmuggeln. Und ich ging, mit Stoff zum Nachdenken – »schief gewickelt«–, und hortete die Geschichten.

ZWEITER TEIL

7

Im Gemeindewohnhaus

Der Gartenweg – ein Betonstreifen – war noch kaum getrocknet, als wir in unser nagelneues Gemeindewohnhaus einzogen, und es dauerte noch Monate, bis der Strom angeschlossen wurde, obwohl die Kabel längst verlegt waren und die Schalter schon warteten. Helles Licht und gerade Linien waren Zeichen der Zeit. Hanmer holte auf. Daß es überhaupt Häuser gab, die nicht den Hanmers oder den Kenyons (oder der Kirche) gehörten, war schon an sich ein Aufbruch in neue Zeiten. Diese Doppelhäuser im Besitz der Gemeinde, Anfang der fünfziger Jahre auf der planierten Kuppe einer windigen Anhöhe eine halbe Meile außerhalb des Dorfes erbaut, rissen ein quadratisches Loch in die soziale Landkarte. Die Adresse klang geheimnisvoll – »The Arowry« (wir wohnten in Nummer vier), abgeleitet von »Yr Orwedd«, dem walisischen Namen eines mittelalterlichen Lehensgutes in Hanmer. Dabei hatte der jetzige Sir Edward dem Bezirksrat ein ganz normales, von Gestrüpp bewachsenes Stück Land mit einem verfallenen schwarz-weißen Häuschen darauf verkauft, das man kurzerhand abriß, um Platz für ein Dutzend Familien zu schaffen, die nicht in den Bauernhöfen und Gesindewohnungen des Dorfes untergebracht werden konnten.

Bis dahin hatte in Hanmer mehr oder weniger der Beruf bestimmt, wo man wohnte, und die meisten Berufe gingen von einer Generation auf die nächste über. Mein Großvater hatte das Pfarrhaus keine zwanzig Jahre in Anspruch genommen, und jetzt gehörten wir zu den neuen Leuten. Die Mieter der Gemeindewohnungen waren sozial mobil – nach oben in den meisten Fällen, wenn auch nicht in unserem. Wir alle fühlten uns fehl am Platz, irgendwie nicht ansässig. Einige der Männer waren selbständige Maurer, Zimmerleute oder Schreiner, andere arbeiteten in Betrieben außerhalb von Hanmer, und einer, ein ehemaliger Soldat, war Wachmann im neuen Gewerbegebiet von Wrexham. Sie waren Dorfbewohner, die aber nicht in der Landwirtschaft arbeiteten, und befanden sich somit in einem Schwebezustand speziell Hanmerscher Prägung. Und wir ebenfalls.

Für mich war der Verlust des Pfarrhauses und meines kleinen Anteils an Grandpas fragwürdigem Prestige eine Katastrophe. Zum Ausgleich wurde ich nun ein richtiges Landkind, eine Einheimische, die in quatschenden Gummistiefeln über Wiesen und Wege wanderte. Die meisten Arowry-Familien hatten nagelneue Kinder, viel jünger als ich, und so schloß ich mich morgens der dahinzockelnden Schar echter Hanmerianer an, die auf einem holprigen Sträßchen namens Striggy Lane zur Schule pilgerten. Sie trödelten, stapften durch schlammige Gräben, robbten wie Kommandotrupps durch das Dickicht der steilen Böschungen – der Schulweg konnte gar nicht lang und gewunden genug sein. Man bewegte sich gewissermaßen in lärmendem Schweigen vorwärts, schnaufend, rufend und pfeifend. Bei Kälte schaute man seinen Atemwölkchen nach.

Niemand redete viel. Zwei schmächtige, wilde Mädchen, Zwillinge, hatten eine Geheimsprache erfunden und blieben ansonsten stumm. Es waren Briggs-Kinder – die Briggs' wohnten oben in Mere Head, »am Ende der Welt«, wie Grandma und meine Mutter sagten. Sie waren zahlreich, mager, grobknochig und abgerissen und gingen manchmal ohne Strümpfe. Grandma wußte etwas von ihnen zu berichten. Sie habe einmal einem der Briggs-Jungen einen sehr schönen Pullover geschenkt, und tags darauf sei das dürre Familienoberhaupt selbst ganz ungeniert darin herumstolziert. Irgend etwas an dieser

Geschichte konnte nicht stimmen. Weshalb hätte sie einen guten Pullover weggeben sollen, da unsere eigenen doch verfilzt und mottenzerfressen waren? Ich sah die Dinge stets nüchtern. Heute weiß ich, daß sich da eine dicke Frau über einen dünnen kleinen Mann lustig machte (wie auf den Juxpostkarten vom Meer), nicht ohne eine versteckte Anspielung auf den komischen Kontrast zwischen seiner anstößigen Potenz und seinem Äußeren. Vordergründig ging es ihr natürlich darum, unseren Anspruch auf Achtbarkeit zu bekräftigen, die von Tag zu Tag mehr abbröckelte.

Wie ein jugendlicher Vagabund kannte ich mich aus mit Büschen, unter denen man bei Regen nicht naß wurde, und Bauersfrauen, bei denen man eine Tasse Tee oder heiße Fleischbrühe bekam. Wann immer ich konnte, ging ich aus dem Haus, denn ich wollte mich in The Arowry 4 partout nicht heimisch fühlen. Es war mir zu eng dort. Nicht nur, weil das Haus kleiner war und Grandma uns bedrängte. Es war ein Fall von emotionaler Klaustrophobie. In einer richtigen Familie zu leben hat für mich etwas Beklemmendes, das unweigerlich meine schlechtesten Eigenschaften hervorruft, und das fing damals an. Als kleines Kind hatte ich meine Eltern nie als Einheit erlebt. Nach der Demobilisierung meines Vaters waren sie Untermieter im Pfarrhaus geworden, und ihr Schlafzimmer unterm Dach war der einzige Raum, in dem sie für sich sein konnten. Daß ich irgendwie zu ihnen gehörte, war mir unter der geteilten Herrschaft meiner Großeltern verborgen geblieben. Es erschien mir seltsam und unfair, daß ein Mann und seine Frau sich zusammentaten, *gemeinsame Sache machten*. (Ob das der Grund ist, weshalb sich so viele nach der Großfamilie zurücksehnen? Nicht weil man dort mehr, sondern weil man weniger elterliche Zuwendung erfährt? Die Geburt meines Bruders Clive und der Umzug in das nagelneue Haus nicht lange danach ordneten die häusliche Welt neu. Clive war das Produkt der Wiedervereinigung meiner Eltern und ihres gemeinsamen ehelichen Lebens. Und ich konnte nach Belieben draußen herumstromern, weil sich ihre Aufmerksamkeit weitgehend auf das Drinnen und auf ihn richtete.

Wahrscheinlich standen Eifersucht und zu hoch hängende Trauben hinter meiner Verwandlung in einen Wildfang (sie wollten mich nicht, also wollte ich sie auch nicht), aber damals kam mir das nicht so vor. Jungen galten als etwas Besseres, das wußte ich. Grandma allerdings hielt alles Männliche generell für einen Irrtum, und eine Zeitlang sah es so aus, als würden die Ereignisse ihr auf grausame Weise recht geben. Mein kleiner Bruder beanspruchte die Aufmerksamkeit unserer Eltern vor allem deshalb so stark, weil er ständig krank war, gerade so, als hätte bei seiner Taufe eine böse Fee gelauert und ihn mit einem Fluch belegt. Männliche Babys sind anfälliger: 1949, kurz nach seiner Geburt, erkrankte Clive an Wundrose, als nächstes wurde er, noch ehe er sprechen gelernt hatte, mit einer äußerst schmerzhaften Darmverschlingung in höchster Eile ins Krankenhaus gebracht, und dann, mit zweieinhalb, bekam er Kinderlähmung.

Das war ein Schreckenswort. Es beschwor Bilder von Menschen herauf, die in einer eisernen Lunge steckten wie in einem Sarg; nur der Kopf schaute heraus, und sie blickten tapfer in die Wochenschaukamera. Zumindest stellte man sich vor, daß man für den Rest seines Lebens Metallschienen an einem verkümmerten Bein tragen mußte. »Wie man es auch nennt«, heißt es im *Science News Letter* (1955), den das *Oxford English Dictionary* zitiert, »Poliomyelitis, Kinderlähmung oder kurz Polio – es ist eine Geißel, die seit langem Menschen verkrüppelt oder tötet.« Meine Eifersucht rückte augenblicklich in den Hintergrund. Wenn das der Preis dafür war, daß man alle Aufmerksamkeit einheimste, dann konnte ich mich glücklich schätzen, ausgeschlossen zu sein. Erst während Clives Krankheit verfiel ich vollends den trüben Freuden des einsamen Umherstapfens im Gelände, denn ich wurde unter Quarantäne gestellt: Ich wurde geimpft und durfte nicht in die Schule, bis man sah, ob ich mich ebenfalls angesteckt hatte. Ich wanderte ziellos über die nassen

Wiesen und entwickelte durch pure Einbildungskraft alle möglichen Leiden und Schmerzen. Doch nicht einmal ich selbst glaubte an sie: Ich konnte mich bewegen, ich stapfte weiter.

Clive, der gerade erst laufen gelernt hatte, lag in einem Kinderbett im Wohnzimmer auf dem Bauch, umgeben von der dreiteiligen Polstergarnitur, dem Eßtisch und dem Klavier. Dr. McColl stach ihm mit einer Nadel in den Fuß, aber er spürte nichts. Doch er wurde wieder gesund, dank eines rigorosen Gymnastikprogramms, bei dem Vater als Physiotherapeut auftrat. In Clives Fall war die »Kinderlähmung« weniger schlimm gewesen als ihr Ruf, eben weil er ein Kind war; bei Erwachsenen wirkte sie sich verheerend aus. Wenige Jahre später, als das Ende der großen Nachkriegsepidemie in Sicht war, verlor die Krankheit ihre Schrecken – durch Massenimpfungen wurde sie besiegt, wenngleich die Hauptinfektionsquelle (Polio wird durch Abwässer übertragen) bis heute nicht ausgeschaltet ist.

Als unsere aktuelle, alles beherrschende Krise vorüber war, zählten meine Eltern zwei und zwei zusammen und kamen zu dem Ergebnis, daß Clive sich am Meer angesteckt haben mußte. Auf der Fahrt nach Südwales hatten wir in Porthcawl Station gemacht, wo es einen herrlichen Strand namens Rest Bay gab, mit Fluttümpeln, in denen man planschen konnte.

Eine weitere Attraktion war das Wrack eines griechischen Öltankers, der *San Tampa*, hoch auf den Felsen – so unwahrscheinlich wie ein Flaschenschiff –, von einem schweren Sturm dort abgesetzt. Ein Mann mit einem in der Sonne glitzernden Schneidbrenner kroch über den Rumpf und schnitt ihn zum Abtransport ganz langsam in Stücke. Der Sand war noch von Ölklumpen durchsetzt, und man mußte die schwarzen Flecken auf der Haut und in den Kleidern in der Pension mit Spiritus entfernen. Weit gefährlicher waren die Fäkalien, die mit der Flut in die Bucht gespült wurden, wenn die Atlantikwogen fröhlich in den Bristol Channel rollten.

Grandma aber war nicht davon abzubringen, daß Kinderlähmung eine Hanmer-Krankheit sei und nichts mit ihrem geheiligten Südwales zu tun hatte. Sie wohnte noch im Pfarrhaus, als dieses rauhe Jahr in den Winter überging, zu ihrem Glück wußte sie noch nicht, daß auch sie ins Gemeindewohnhaus übersiedeln würde, und so war ich vorerst der einzige Eindringling in dieser neuen Kernfamilie mit dem Kinderbett im Wohnzimmer. An dunklen Nachmittagen sah ich die anderen von draußen im Lampenlicht sitzen, denn im Gegensatz zu den übrigen Häusern hatte unseres keine Vorhänge, eine Ungebührlichkeit, die gleich zu Anfang verriet, daß wir uns in unserem neuen Leben nicht zu benehmen wußten. Alles daran war ungeschützt, und ich fand draußen fast mehr Geborgenheit als drinnen. Die Gemeinde zäunte unseren Garten zwar schon bald mit Betonpfosten und Maschendraht ein, doch diese Grenze war nicht sehr überzeugend, und für mich begann direkt vor der Haustür die Freiheit der winterlichen Felder und Wege. Es schneite viel, und ich entdeckte das Vergnügen, meine Spuren auf den weißgefurchten Äckern denen von Vögeln, Kaninchen, Hunden und Füchsen hinzuzufügen oder mich an eine Hecke zu kauern und wie die Tiere ein gelbes Loch in den Schnee zu pinkeln.

Ich fand heraus, daß es größtenteils Hagedornhecken waren – »Brot und Käse« –, deren Blätter man kauen konnte, wenn auch erst im Frühling. Im Moment konnte man nur Eiszapfen lutschen. Aber sie waren köstlich, und es gab sie in verschiedenen Geschmacksrichtungen, je nachdem, ob sie an der rostigen Dachrinne einer Scheune oder am grünen Rand einer überlaufenden Regentonne hingen. Wenn Pfützen und Teiche zufroren, konnte man auf dem knackenden, federnden Eis herumhüpfen. Mehr als einmal brach ich ein und mußte das Wasser aus meinen Gummistiefeln kippen, um dann zu einer Standpauke nach Hause zu trotten, der am Abend, wenn mein Vater heimkam, meist noch eine Tracht Prügel folgte. Meine Mutter sah mich zwar lieber draußen, weil ich im Haus nur herumquengelte und ihr ständig im Weg war, aber sie ermahnte mich jedesmal, nicht »wegzulaufen«, und wurde hysterisch, wenn ich verdreckt oder zu spät zurückkam. Ich sollte außer Sicht sein, aber nur um die nächste Ecke, damit sie sich keine Sorgen zu machen brauchte.

In meinen Erinnerungen an dieses erste Jahr im neuen Haus – in Wirklichkeit müssen es zwei Jahre gewesen sein, das Jahr, in dem ich neun wurde und in dem Grandpa starb, und das Jahr, in dem ich zehn wurde und an Schlaflosigkeit zu leiden begann und die Prüfung für die höhere Schule bestand – stehe ich draußen und schaue hinein, und die Scheibe ist von meinem Atem überfroren (ich bin außer Puste, weil ich gerannt bin, über irgendeine matschige Abkürzung). Das Bild ist winterlich und von Tränen und Schleim verschmiert, und es ist traurig, aber nicht unangenehm. Diese ganze Zeit ist wie mit Rauhreif überzogen, aber das ist charakteristisch für sie und gehört für mich ganz wesentlich zu den frühen fünfziger Jahren.

Meine kalten Freuden vermischen sich in der Erinnerung mit dieser Welt des *Damals*, einer Zeit, die aus einem neuen Stoff war, wie das brüchige Plastikmaterial der neuen Regenmäntel, die mit widerspenstigen Druckknöpfen zugemacht wurden und sich im Laufe der Zeit gelb verfärbten, oder wie die Pergamentpapiertüten, in denen Smith's Kartoffelchips wieder auftauchten, sobald die Lockerung der kriegsbedingten

Rationierungen es erlaubte. Zunächst verstand ich gar nicht, was meine Mutter an diesen schrumpligen Fossilien mit den zähen grauen Bröckchen darin (wahrscheinlich wurden anfangs erfrorene Kartoffeln verwendet) so entzückte, auch wenn mir sofort klar war, was die blaue Salzspirale bedeutete: Die Chips waren ein Luxus, Essen, das man mit sich herumtragen und mit dem man spielen konnte. Man aß sie zwischen den Mahlzeiten und verdarb sich damit den Appetit, und die leere Tüte konnte man aufblasen und zerknallen. Doch die wichtigsten und eindrucksvollsten unter den kurzlebigen Neuheiten der fünfziger Jahre waren die Glühbirnen, die es in Klar und in Matt gab. Jedes der Gemeindehäuser hatte in der Mitte des Wohnzimmers ein Deckenlicht. Manche Bewohner umgaben es mit einer an Ketten hängenden Preßglaskugel und hatten außerdem Stehlampen in den Ecken. Schaltete man das Licht ein, trat das zeitlose Dunkel den Rückzug an.

Auch draußen wurde es langsam Frühling, und mit ihm kamen Huflattich, Schneeglöckchen, Schlüsselblumen und zerfranste wilde Narzissen. In der Schule schrieben wir – soweit wir überhaupt schreiben konnten – bei Miss Daisy »Naturbetrachtungen« darüber, mit neuen Kugelschreibern, die noch mehr klecksten als die alten Federhalter. Und wir beschenkten Miss Daisy mit Unmengen von Froschlaich, der sich auch brav in Kaulquappen verwandelte. Die jedoch fraßen sich gegenseitig auf, bis nur noch wenige kannibalische Monster übrig waren – schwarzer Bauch und keine Spur von Beinen –, die dann in den Ausguß gekippt wurden. Diese widernatürliche Entwicklung tauchte in den »Naturbetrachtungen« nicht auf, denn sie sollten ja die allumfassende Ordnung der Dinge widerspiegeln und nicht das, was gerade in unserer Schule passierte. Außerhalb der Schule wurden aus Kaulquappen anstandslos Frösche, wie wir genau wußten, denn die Gegend war so naß, daß wir uns mehr oder weniger im selben Element bewegten wie sie.

Überall um Hanmer herum gluckerte es, in Bächen, Entwässerungskanälen und Gräben, und auch in Pfützen, Gruben,

Teichen und Seen stand das Wasser. Doch auch diese Natur war nicht so »natürlich«, wie es sich gehört hätte. Von fern war Hanmer ein überaus malerischer Ort, aus der Nähe aber war seine Substanz schwer und seltsam. Im Frühjahr zog der Matsch an den Füßen, man spürte den Sog bei jedem Schritt. Das war es, was mir am Umherstreifen im Gelände so gefiel: dieser zähe Widerstand in jedem klebrigen Erdklumpen. Man konnte sich davon hypnotisieren lassen, so selbstvergessen setzte man einen Fuß vor den anderen. Man verlor sich darin, man wurde immer langsamer und blieb schließlich benommen stehen, so daß man einen ganz passablen Dorftrottel abgegeben hätte, der damit zufrieden ist, stundenlang im Dickicht zu sitzen und auf nichts zu warten. Nicht wenige Menschen in und um Hanmer taten das damals, darunter auch einzelne Patienten in blauen Krankenhauskitteln aus einem ehemaligen Internierungslager im wenige Meilen entfernten Penley, die meisten von ihnen TBC-kranke Polen. Unter der Jugend von Hanmer hieß es, sie seien Deutsche, und wenn wir zu mehreren waren, verhöhnten wir sie mutig, weil sie den Krieg verloren hatten. Doch sie beachteten uns nicht und wanderten weiter, den Blick traurig ins Leere gerichtet. Dann waren da noch die aus der Vorkriegszeit übriggebliebenen Landstreicher und einige ausgewachsene Dorftrottel, die mit Hecken und Gattern redeten und ihre Hosen mit Bindfaden zusammenhielten.

Doch sosehr ich auch versuchte, mich in der Landschaft zu verlieren, war ich als Außenseiterin doch immer noch Anfängerin und fühlte mich in dieser Rolle unbehaglich. Andere Kinder, die sich ständig draußen herumtrieben, hatten, wie sich herausstellte, etwas zu erledigen: Sie mußten große Brüder oder Schwestern holen, sie mußten jemandem auf dem Feld oder auch Dad im Pub etwas ausrichten. Man streunt mit weit mehr Überzeugung, wenn man wenigstens die Spur einer Pflicht vernachlässigen kann. Oft vermochte mich auch noch soviel Trödeln nicht in den Zustand verträumter Geistesabwesenheit zu versetzen, nach dem es mich so sehr verlangte. Dann war ich schlicht einsam. Ich wünschte mir sehnlichst Freunde, und wie es sich so traf, weckte der Umzug in die Sozialsiedlung neue Hoffnungen, denn er gab mir die Möglichkeit, mich mit zwei Mädchen aus der Schule anzufreunden, mit denen ich, solange ich im Pfarrhaus wohnte, keinen Kontakt gehabt hatte. Jetzt waren Janet Yates und Valerie Edge Nachbarinnen. Valerie, braungelockt, rosig und groß für ihre acht Jahre, wohnte in dem Haus, das als erstes fertig geworden war und schon einen richtigen Garten mit Dahlienrabatten hatte. Janet – wie ich schmächtiger, aber im Gegensatz zu mir sauber und ordentlich – kam von einem kleinen Bauernhof ein Stück den Weg hinunter, wo eine graue Eberraute neben der Gartentür einen stechenden Geruch verbreitete und ein rot-blauer Ziegelweg zum Haus führte. Gartentüren und Gärten spielten in unserer Freundschaft eine große Rolle, denn wenn wir zusammen waren, lehnten wir stundenlang an einer unserer Gartentüren oder schwangen daran hin und her. Mit Valerie und Janet streifte man nicht umher, nicht etwa, weil sie nicht gedurft hätten, sondern weil sie zu erwachsen dafür und nicht daran interessiert waren.

Sie hatten alle Hände voll damit zu tun, große Mädchen zu sein, für das richtige Leben zu üben. Das bedeutete weniger, daß man Vater-Mutter-Kind oder mit Puppen spielte oder sich herausputzte (obwohl wir auch das getan haben müssen), als vielmehr, daß man die Köpfe zusammensteckte und tuschelte, hinter vorgehaltener Hand kicherte und einander den Arm um die Taille schlang. Es war wie ein Tanz, ein Tanz des Dazugehörens ohne Privatsphäre, ganz nach außen gewandte Intimität, und ich fand es berauschend. Aber wir stritten uns auch, denn die magische Zahl drei ist eine Formel für Zwist: zwei gegen eine. Zwei tuscheln miteinander, wenden sich ab und kichern, die dritte ist in Ungnade gefallen und ausgestoßen. Heute ist mir klar, daß dies der eigentliche Zweck des kunstreichen Tanzes war, seine krönende Figur, aber damals war natürlich jeder Streit eine Katastrophe, und ich rannte tränenüberströmt nach Hause und saß heulend an der Hintertür auf den

Stufen. Meine Mutter, ohnehin schon entsetzt, weil ich so versessen auf den Umgang mit solch gewöhnlichen (wenn nicht gar ordinären) Kindern war, und noch aufgebrachter über die Heftigkeit meines Kummers, wenn sie mir die kalte Schulter zeigten, sagte dann: »Davon geht doch die Welt nicht unter.« Damit lieferte sie mir ungewollt genau das richtige Wort. Denn das war es, der Weltuntergang, jedesmal wieder.

Ich stelle mich hier als diejenige dar, die nicht dazugehörte, aber in Wirklichkeit war es keineswegs immer so. Das eigentlich Beschämende an dieser Erinnerung ist das Vergnügen, das ich empfand, wenn Valerie und ich Janet ausschlossen. Unser Gefühlsdreieck war eine sehr gute Übung für später, die perfekte Vorwegnahme der Gruppenpsychologie, bis hin zu der Tatsache, daß Valerie nie ausgeschlossen wurde. Sie war selbstbewußter, sie blieb von der quälenden Eifersucht verschont, unter der Janet und ich litten, und so wurde sie unbewußt und unbekümmert immer grausamer, sie, die uns bewegte, selbst aber unbewegt blieb. Valerie ihrerseits vergötterte ihre Mutter.

Mrs. Edge stammte aus einer großen Familie, hatte aber wie viele Frauen ihrer Generation in Hanmer mit der Tradition gebrochen – daher das Gemeindewohnhaus, in dem sie stilvoll lebte: Ihre Tüllgardinen waren weißer als weiß, und alles im Haus war, ebenso wie ihr ganzer Tagesablauf, wohldurchdacht und mustergültig. Ob sie ihre Gummistiefel an der Hintertür gegen Hausschuhe mit Kunstpelzbesatz tauschte, ihre Lockenwickler unter einem Turban versteckte, sich frisierte oder Lippenstift auftrug – alles folgte einem festen, beruhigenden Rhythmus. Außerdem besserte sie durch den Verkauf von Kränzen (Stechpalmen zu Weihnachten, Chrysanthemen und Nelken für Beerdigungen) und Blumenschmuck für Hochzeiten – sie arbeitete daran in einem Schuppen im Garten – die Haushaltskasse auf. Einmal ging ich mit ihr und Valerie Moos sammeln, das sie benötigte, um es auf einem Kranzring zu befestigen und dann mit Draht die Blumen hineinzustecken. Wir wanderten über kleine Wege und schließlich querfeldein, bis wir zu einem seltsamen Gehölz kamen, wo die Bäume abgestorben und kahl in federndem Moos standen, und – das war das Wunderbare, Unvergeßliche – wenn man auf und ab hüpfte, fingen die toten Stämme an zu wackeln und der ganze Wald schwankte.

Valeries Mutter inspirierte uns durch ihre Arbeit zu einem Spiel, das ausnahmsweise nichts mit unserer Dreiecksgeschichte zu tun hatte. Nur Valerie und ich waren daran beteiligt, denn Janet war über die Sommerferien bei einer Tante oder Kusine, so daß sie nicht als schemenhafte Rivalin in den Kulissen stand. Dieses Spiel – *Blumenschmuck für die Puppenhochzeit* – gewann nach und nach eine Wirklichkeitsnähe und Tiefe, die unseren sonstigen Spielen fehlte. Es kam uns gar nicht so vor, als würden wir spielen, das war das reizvolle daran. Wir machten wochenlang Pläne, besprachen in allen Einzelheiten, was die Puppen brauchten, erstellten Listen der diversen Buketts und Gebinde, die wir für die Brautjungfern, die Brautführerin und die Braut selbst (die auch Blumen für ihr Haar bestellt hatte) benötigen würden, und setzen für alles Preise fest, einschließlich der Knopflochsträußchen für die Angehörigen, streng gestaffelt nach Verwandtschaftsgrad und Wichtigkeit, die Mütter an erster Stelle. Wir waren weitgehend auf wildwachsende Blumen angewiesen, und natürlich mußte für die Puppen alles winzig sein, doch diese zusätzlichen Probleme erhöhten nur noch die Spannung und den Spaß an unserem geschäftigen Treiben. Als der große Tag heranrückte, pflückten wir unsere Blumen und Farnwedel und stellten sie einzeln in Marmeladengläser, um sie – was jedoch erst im letzten Moment geschehen durfte – zu Sträußen unterschiedlicher Pracht und Größe zu binden.

Wir hatten sogar vor, uns einen Fotoapparat zu leihen, um das Ereignis in einer Gruppenaufnahme festzuhalten und unser Werk auf diese Weise zu verewigen. Aber es wurde wohl nichts daraus, denn ich kann mich nicht erinnern, je ein solches Foto gesehen zu haben. Vielleicht war es an dem Tag bedeckt, oder niemand wollte uns eine Kamera leihen – Kameras waren 1952 noch teures Erwachsenenspielzeug, mit dem man vorsichtig umgehen mußte. Doch obwohl die Hochzeit selbst keine Spuren hinterlassen hat, war sie ein großer Erfolg, denn das Entscheidende daran waren unsere Vorbereitungen während dieser ganzen Zeit (wir waren erst neun, und es muß uns wie eine Ewigkeit vorgekommen sein). Das ging so weit, daß weder die Puppen noch ihre Kleider in unseren fachkundigen Überlegungen eine größere Rolle spielten, und das, obwohl es Babypuppen waren, die außerdem die falsche Größe hatten (es war noch vor Barbie- und erst recht vor Ken-Zeiten). Hier war die Phantasie am Werk, mit Betonung auf Werk. Und noch etwas trug zu der Idylle bei: Das Ganze spielte sich auf den Stufen vor unserer Hintertür ab, weil Valeries Mutter uns aus dem Weg haben wollte .

Die meisten Kinder in unserer Siedlung wurden aus dem Haus gescheucht, wenn sie auch nicht in der Gegend umherstreunten. Solange ich mit Valerie spielte, wußte ich zur Abwechslung einmal, wo ich war, und meine Mutter auch – ich blieb in der Nähe, und ich kam nicht zu spät nach Hause. Doch Valeries Gewohnheiten – die Edges hatten eine feste Tageseinteilung – färbten nicht auf mich ab; wenn ich nicht mit ihr zusammen war, hielt ich mich nach wie vor an keine Regeln. In The Arowry erwartete man von den Kindern, daß sie zum Essen und Schlafen nach Hause kamen. Ich war von Anfang an nicht gut im Nachhausekommen, und irgendwann in jenem ersten Jahr begann ich auch noch unter Schlaflosigkeit zu leiden. Das lag zum Teil daran, daß ich ebenfalls krank wurde, wenn auch nicht so spektakulär wie mein kleiner Bruder. Ich bekam eine chronische Nebenhöhlenentzündung, die sich in Kopfschmerzen, Gesichtsschmerzen und einer permanent verstopften Nase äußerte. Ich bekam schwer Luft, besonders nachts, und zu allem Übel lag ich dann auch noch im Dunkeln wach und weinte, was meine Symptome erheblich verschlimmerte und auch den anderen die Nacht zur Hölle machte.

Schließlich, als meine Augen eines Morgens besonders verquollen waren, wurde Dr. McColl gerufen. Er war ein Besucher aus vergangenen Zeiten, genauso, wie ich ihn in Erinnerung hatte, rotgesichtig, beruhigend nach Scotch und Kölnisch Wasser duftend, und an diesem Tag gab er mir das Rezept fürs Überleben in The Arowry 4. Keine Medizin – oder kaum, nur Aspirin und eine aromatische Substanz zum Inhalieren –, sondern Bücher.

Als er kam, lernte ich gerade etwas für die Schule auswendig, und vielleicht brachte ihn das auf die Idee, denn er fand schnell heraus, daß ich auch einen großen Teil des Gesangbuchs und sogar etliche der blutrünstigeren Psalmen auswendig konnte. Er meinte, es müsse doch Interessanteres für mich zu lesen geben. Er sagte mir, ich könne mich glücklich schätzen, denn ich hätte viel mehr Zeit als Leute, die schlafen; und meiner Mutter sagte er, sie solle mir erlauben, die ganze Nacht das Licht anzulassen. So kam ich – wieder – in den Genuß der Gesellschaft von Tarzan und Alice, William und Sherlock Holmes, Masterman Ready, der Prinzessin und der Orks ... Für so etwas Strom zu verbrauchen war ein empörender Luxus, aber auf den Arzt mußte man hören. Dr. McColl hatte in dem engen Haus Platz für mich geschaffen, eine Lichtinsel ganz für mich allein. Wenn ich mitten in der Nacht auf die Landschaft hinausblickte, wo nicht ein einziges Licht brannte, dachte ich an seine magischen Worte und übte mich darin, mit mir selbst zufrieden zu sein.

Nach und nach veränderte sich das Innere des auf die Musterfamilie der fünfziger Jahre zugeschnittenen Hauses und nahm einen Hauch von Pfarrhaus an. Als Clive soweit war, daß er wieder in sein Zimmer mit den bunten Vorhängen gekonnt hätte, war es von Grandma besetzt, und er mußte bei mir einziehen und sich daran gewöhnen, bei Licht zu schlafen. Die behördliche Verschwörung gegen die Unordnung brach angesichts unseres improvisierten Schichtsystems zusammen. Wir saßen nie gemeinsam in dem offenen Wohnzimmer, wir aßen nie alle gleichzeitig, und so wurde der Tisch nur an einem Ende gedeckt, der Rest war Haushaltsbüchern, Hausaufgaben und Aufzieh-Rennautos vorbehalten. Nachts blieb Grandma lange auf und hatte den ganzen Platz für sich allein, während ich oben im Morgengrauen über meinem Buch einschlief, gerade rechtzeitig, bevor meine Mutter hereinkam, die Vorhänge aufzog und vor den dicken Nachtfaltern zurückschauderte, die meine Lampe angelockt hatte.

Die Atmosphäre im Haus war nach wie vor gespannt. Niemand hatte genug Privatsphäre, schon gar nicht meine Eltern, die all die Kriegsjahre der Trennung wettmachen mußten. Nach dem Umzug hatte sich alles um Clive gedreht, doch als er wieder gesund war und in die Schule kam, wandten sich die beiden wieder einander zu. An dem Tag, als ich sie zum erstenmal so sah, durch den von mir selbst erzeugten Nebel, waren gerade die Ergebnisse der Prüfung für die höhere Schule herausgekommen. Mr. Palmer schickte mich mitten am Vormittag mit der Neuigkeit nach Hause, und als ich dort ankam, saßen mein Vater und meine Mutter allein im Wohnzimmer, am Hausaufgabenende des Tisches. Das war ganz und gar ungewöhnlich, mein Vater kam nie tagsüber nach Hause, aber nun saß er da, in seiner alten Armeejacke, den Arm um ihre Schultern, und sie hatte geweint. Ich platzte mitten in eine geheime Krise hinein. Sie war krank geworden, der Arzt war dagewesen (wie oft sprachen Krankheiten für uns!), jetzt ging es ihr wieder gut, sie hatte geglaubt, nicht mehr schlucken zu können, irgend etwas sei ihr im Hals steckengeblieben, aber es waren nur die Nerven ... Gegen diese glückliche Wendung kam ich mit meiner Neuigkeit nicht an. Einen Moment lang sah ich die beiden einfach als zwei Menschen, als das Paar, das sie ohne uns gewesen wären – Fremde, die auf dieser zugigen Anhöhe ihr Lager aufgeschlagen hatten und sich ein neues Leben aufzubauen versuchten.

8

Eine anständige Ehe

Wie für viele Paare, die während des Krieges geheiratet hatten, war es auch für meine Eltern schwierig, den Frieden zu bewältigen. Nicht weil sie festgestellt hätten, daß sie sich nicht mehr liebten, seit ihrer Beziehung die Würze ständiger Trennungen und des drohenden Todes fehlte. Keineswegs. Aber ihre Verbindung war gesellschaftlich so ungewöhnlich, daß sie sich unsicher, angespannt und bedrängt fühlten, als müßte zwangsläufig etwas schiefgehen. Ihre Familien hatten etwas gegen diese Ehe, und das Dorf auch. Hanmer lebte noch in den Zeiten, als die meisten Verlobungen genaugenommen zwischen Erbschaften, Grundbesitz, benachbarten Äckern oder zumindest einer Gesindewohnung und einem Teeservice geschlossen wurden oder auch zwischen entfernten Vettern und Kusinen. Der mythisch-egalitäre Geist des Blitzkriegs – der deutschen Luftangriffe auf englische Städte – erreichte Hanmer nur gerüchteweise, ähnlich dem Dröhnen eines Bombers, der bei der Rückkehr von einem Angriff auf die Docks von Liverpool ein wenig vom Kurs abgekommen ist. Eine Ehe zwischen der Tochter des Pfarrers und dem Sohn des Transportunternehmers, der schwarzgesichtig seine Touren fuhr (Stockton & Sons beförderten vor dem Krieg hauptsächlich Kohle), brachte Sitte und Anstand in Gefahr. Man sollte meinen, das hätte sich geändert, als der Spediteurssohn, der als einfacher Soldat in den Krieg gezogen war, als Hauptmann heimkehrte. Man hätte die Geschichte meiner Eltern auch als das Märchen vom tri-

umphalen Aufstieg des anständigen Dorfjungen und nachgeborenen Sohnes lesen können, der sein Glück macht. Er verliebt sich in eine verträumte Jungfrau, die ganz im Bann ihres ruchlosen Vaters steht, er geht fort, verdient sich in der Normandie und den Ardennen die Sporen und kommt zurück, um sie aus dem öden, lasterhaften Pfarrhaus zu befreien und in die Gefilde des wirklichen Lebens zu entführen, in die Tugendhaftigkeit, Ordnung und taghelle Ehrbarkeit einer anständigen Ehe mit wohlgeratenen Kindern. In gewisser Weise sahen sie es wohl selbst so. Doch in Hanmer dachte man anders darüber.

Es war schon schlimm genug, daß meine Eltern als Jugendliche in den dreißiger Jahren miteinander gegangen waren. (Es muß etwa ein Jahr nach der Marj-Episode gewesen sein; Grandma und Grandpa waren zu sehr in ihre Streitereien vertieft, um darauf zu achten.) Wenn sie bis in die frühen Morgenstunden in einem Auto saßen, das er sich von irgend jemandem geliehen hatte, so war das nur ein weiterer skandalöser Beweis dafür, daß meine Großeltern sich nicht um die guten Sitten scherten. Daß diese jungen Leute, Valma und Eric, die Zustände im Pfarrhaus selbst verurteilten und standhaft keusch waren, tat nichts zur Sache; es hätte sie – wenn der Dorfklatsch es geglaubt hätte – noch zusätzlich zu Außenseitern gestempelt. Und die militärische Laufbahn meines Vaters machte das Ganze noch unmöglicher. Den Ehrgeiz und die Tatkraft, die ihn nach Sandhurst führten – wo er verwundert feststellte, daß die besseren Leute keineswegs klüger waren –, beäugte man in Hanmer mit Argwohn, wie übrigens kriegerische Tugenden generell, denn Hanmer war weitgehend ein Dorf von Zivilisten, und wer das Pech hatte, einberufen zu werden, zog den Kopf ein, blödelte mit seinen Kameraden herum und wartete, bis alles vorbei war.

So hatte es auch Albert, der ältere Bruder meines Vaters, in Nordafrika gehalten. Daß er in der Wüste gewesen war, sah man praktisch nur noch an dem Barett, das er beim Kohlenausfahren trug, und an dem Gürtel, der seine Hosen festhielt. Albert bewunderte Winston Churchill, nach der gerahmten Fotografie über dem Sekretär zu schließen, in dem er die rußigen Quittungen aufbewahrte, aber er redete nie von Blut, Schweiß

und Tränen. Für meinen Vater dagegen waren der Krieg, die Militärakademie und die Tatsache, daß er sich zum Offizier hochgedient hatte, eine Erfahrung, die einen anderen Menschen aus ihm gemacht hatte. Er erzählte endlos von seinen Abenteuern im aktiven Dienst und behauptete steif und fest, er sei mit achtzehn noch um fünf Zentimeter gewachsen, was er auf das militärische Training zurückführte und darauf, daß er nicht mehr Tag für Tag zentnerschwere Kohlensäcke für seinen Vater schleppen mußte, wie er es vom vierzehnten Lebensjahr an getan hatte. Die Armee wurde für ihn zum Vaterersatz: Er kam als erwachsener Mann aus dem Krieg zurück. 1942, kurz bevor er zum Offizier ernannt wurde, heirateten er und meine Mutter.

Nachdem er jahrelang fortgewesen war, wirkte er wie ein Fremder. Seine Familie wohnte in Horseman's Green, einem Weiler ganz in der Nähe. Sie besaß dort ein ziemlich spießiges Haus namens »Ferncliffe«, das schon bessere Tage gesehen hatte, mit einem Vorgarten, einem Hof mit Öllachen von den Lastwagen und ein paar Äckern. Mein Vater schien sich dort nicht sehr wohl zu fühlen, wenn wir seine verwitwete Mutter (sein Vater war nicht lange nach meiner Geburt 1943 gestorben), Albert und seine jüngere Schwester Binnie besuchten, und vermutlich war das auch vor dem Krieg nicht anders gewesen, als er die Kühnheit besessen hatte, meiner Mutter den Hof zu machen.

In der schlimmsten Zeit der Weltwirtschaftskrise hatten seine Eltern ihn als einziges ihrer Kinder zu einer Tante gegeben, und diese Trennung hatte ihre Spuren hinterlassen. Später holten sie ihn wieder nach Hause, aber er gewöhnte sich nie wieder richtig ein, obwohl er nach seinem Schulabschluß wie selbstverständlich für seinen Vater arbeitete. A. Stockton & Sons hatten sich so durchgewurstelt: Man hatte Kohle transportiert, manchmal auch Vieh oder den Hausrat kleiner Leute (nicht ohne den Laster vorher mit dem Schlauch abzuspritzen) und nebenbei ein wenig Landwirtschaft betrieben oder einen Acker verpachtet. Eine Zeitlang hatten sie auch einen kleinen Laden gehabt. Als mein Vater und Albert aus dem Krieg zurückkamen, übernahmen sie die Reste dieses amorphen Familienunternehmens und wurden Partner. Doch ihre Einstellungen dazu waren grundverschieden. Onkel Albert freute sich nach seiner Zeit in der Sahara darauf, so weiterzuwursteln wie vorher, für meinen Vater dagegen waren Wurstelei, Kompromisse und Ineffizienz der neue Feind. A. Stockton & Sons wurden zu seiner »Kompanie« in Friedenszeiten, und schon bald gab er die Befehle.

Das bedeutete nicht, daß er in Anzug und Krawatte im Büro gesessen hätte, auch wenn er sich Fuhrunternehmer nannte. 1946 hatte die Firma praktisch nicht mehr existiert, und um (wie er sich ausdrückte) *das Geschäft auf Vordermann zu bringen*, mußte er bis in die Nacht hinein arbeiten. Er war Fahrer, Mechaniker, Schreiner und Schweißer (er baute und reparierte Lastwagenkarosserien), und er erledigte auch die Buchhaltung und verschickte die Rechnungen. Das war der Preis einer Tätigkeit, bei der er *sein eigener Herr sein* konnte; allerdings war er auch seine eigene ausgebeutete Belegschaft. Albert führte seine Anordnungen aus und arbeitete ebenfalls schwer, aber nie so besessen wie mein Vater, für den das Geschäft sehr schnell zum Lebensinhalt wurde. Mit der Firma konnte er sich in der Welt von Hanmer etablieren, in der bisher kein Platz für ihn gewesen war. Im Dienst des Geschäfts konnte er all die praktischen Fähigkeiten einsetzen, die er sich beim Militär angeeignet hatte (er war eine Zeitlang Transportfeldwebel gewesen), ebenso wie das taktische Talent, das ihm als Infanterieoffizier im Krieg so gute Dienste geleistet hatte. Mit unerschöpflichem Einfallsreichtum koordinierte er die Aufträge der Kleinbauern – zwei Kälber hier, eine Kuh, die keine Milch gab da, drei Färsen und ein halbes Dutzend Schafe dort –, so daß alles in einer einzigen Fuhre zum Markt nach Oswestry, Whitchurch oder Malpas gebracht werden konnte. Und wenn es eine Panne zu beheben galt, und sei es in eiskalter Nacht an einer einsamen Landstraße, war er vollends in seinem Element.

Doch was die menschlichen, sozialen und kommerziellen Aspekte des Geschäfts anbelangte, türmten sich immer neue Hindernisse vor ihm auf. Als er weitere Lastwagen anschaffte, brauchte er Fahrer, und es waren kaum Leute zu finden – ausgenommen ehemalige Soldaten –, die zu seiner Zufriedenheit die Rolle der Untergebenen spielten. Er war ein fürsorglicher Arbeitgeber, der in einer Flaute niemals Leute entlassen hätte, und entsprechend entrüstet und enttäuscht war er, wenn sie darauf bestanden, nach Tarif bezahlt zu werden. Der lässige Albert tat sich mit dem Personal und auch mit den Kunden wesentlich leichter. Er kannte die soziale Landkarte – wer wie mit wem verwandt war – wie seine Westentasche und klatschte gern über Hochzeiten, Beerdigungen und Testamente. Mein Vater dagegen hatte – wörtlich und bildlich – *keine Zeit für so etwas*. Er wußte nie, in welchem Ton er mit den Bauern reden mußte, und er hatte sehr wenig für Methoden wie Dumpingpreise und Schmiergelder übrig, die ihm Vorteile gegenüber der Konkurrenz verschafft hätten. Er war der Meinung, der Beste müsse siegen und werde auch siegen, in einem Entscheidungskampf mit dem gerechten Gott der *freien Marktwirtschaft* als Schiedsrichter, der ihm *sein redliches Geschäftsgebaren* anrechnen und ihn dafür loben würde, daß er *sich an die Spielregeln* hielt.

Und so wuchs das Geschäft, doch wie durch Hexerei florierte es nicht. Aber das war auch nicht der Sinn der Sache. Der Hauptzweck bestand darin, das Bild meines Vaters von sich selbst aufrechtzuerhalten – der *kleine Geschäftsmann*, der *Realist*. Ende der vierziger, Anfang der fünfziger Jahre wurde Realismus zur allgemeinen Parole. Onkel Bill, der Bruder meiner Mutter (er war Funker bei der Luftwaffe gewesen, aber am Boden), war sozialistischer Realist, und wenn er zu Besuch kam, roch es im Haus nach kaltem Krieg. Für Bill war Verstaatlichung ein erster zaghafter Schritt zur Übergabe der Macht an das Volk, für meinen Vater dagegen war sie gleichbedeutend mit Paragraphenreiterei und einer Brigade von Bürohengsten und Kriechern, denen *die richtige Arbeitshaltung* fehlte, die *sich nicht ins Zeug legen* wollten und die sich, wenn etwas schiefging, immer *aus der Verantwortung stehlen* konnten.

Er triumphierte, als sich die Labourregierung gegen die Verstaatlichung des Viehtransportwesens entschied, weil es zu regional und unübersichtlich und ohnehin zu fest in der Kultur der Tory-Grafschaften verwurzelt war. Dabei hätte er, wären A. Stockton & Sons von British Road Services geschluckt worden, einen hervorragenden Bezirksleiter abgegeben und sich zweifellos auch dort hochgedient. So gab es kein Entrinnen vom Geschäft, Dad *war* das Geschäft. Sein üblicher Tonfall war eine Art selbstgerechtes Brüllen, und auch als wir ein Telefon bekamen, brüllte er jeden Abend seine Anweisungen in den Hörer, für Albert, den gleichmütigen, loyalen inneren Feind, und verlangte eine *direkte Antwort auf eine direkte Frage*. Die er zum Glück nie bekam, so daß ihm sein Realismus erhalten blieb.

Er trug Schnürstiefel und einen braunen Overall über Hemd und Hose, wenn er mit dem Laster zum Markt fuhr oder unter die Motorhaube kroch (was fast täglich der Fall war), und kam, mit Motoröl und Mist verschmiert, zurück. Zu Hause war klar, daß alles Praktische sein Ressort war: Ein richtiger Mann arbeitet außer Haus.

Vielleicht aus Rücksicht auf diesen Standpunkt hatte meine Mutter jetzt, da sie ein Haus für sich hatten, das Radfahren verlernt. Sie erzählte von ihren Radtouren vor dem Krieg (als sie so sexy durch Grandpas geheimes Tagebuch geflitzt war), als hätten sie auf einem anderen Planeten stattgefunden, und war stolz darauf, daß sie noch hochschwanger (mit mir) zum Bahnhof nach Bettisfield geradelt war, um den Zug nach Ellesmere zu erreichen, wo sie als Büroangestellte im Ernährungsamt arbeitete. Man konnte sich das gar nicht mehr vorstellen, so ängstlich war sie geworden. Doch kaum jemand wunderte sich über ihre neue Hilflosigkeit, denn damals wurden verheiratete Frauen, nachdem man sie in Massen wieder nach Hause geschickt hatte, auf jede erdenkliche Weise ermuntert, auch dort zu bleiben – erst demobilisiert, dann immobilisiert. In der Welt draußen zu arbeiten war etwas für Königinnen und die Ärmsten der Armen, höchstens noch für Filmstars, aber auch die mußten so tun, als wären sie viel lieber Heimchen am Herd.

Die erworbene Untüchtigkeit meiner Mutter entsprach diesem Nachkriegsideal. Sie bemühte sich zwar redlich, eine gute Hausfrau zu sein, aber mit wenig Erfolg. Wie wenig, stellte sich erst heraus, als wir in die Siedlung gezogen waren, denn der Pfarrhausschlendrian war tief verwurzelt. Daß sie auf den alteingesessenen Schmutz und die Unordnung im Pfarrhaus groß Eindruck machte, hatte niemand von ihr erwartet; in »ihrem« nagelneuen, hellen Haus mit seinen abwaschbaren Flächen aber (sogar die Fenstersimse waren gefliest) saß sie ganz schrecklich auf dem Präsentierteller. Der Werbung, den Sozialpsychologen und den Planern der Siedlung zufolge war die Hausarbeit ihre Berufung. Sie war auf diesem Gebiet eine begnadete Pfuscherin.

Mein Vater schrie sie wegen des heillosen Durcheinanders bei uns niemals an; er nahm es nicht nur ohne Murren hin, es bereitete ihm sogar eine liebevolle Genugtuung. Denn er war ihr Beschützer: Er hatte sie gerettet, und daß sie nicht in der Lage war, sich in The Arowry 4 ihr eigenes Reich zu schaffen, machte ihre Abhängigkeit vollkommen. So manche perfekte Hausfrau in Hanmer mochte ihren Mann ermahnen, »den frischgewischten Boden« nicht schmutzig zu machen – meine Mutter nie. Sie beklagte sich zwar über die Erdklumpen, die wir mit unseren Stiefeln hereintrugen, aber das war nur ein Ritual; sie war nun einmal zum Putzen verurteilt, auch wenn sie damit nichts ausrichtete. Vor neugierigen Blicken schützte sie ihre Schwelle. Nachbarinnen kamen ihr nicht ins Haus, so wenig wie deren Töchter, die sie verdächtigte, einer fünften Kolonne von Haushaltsspitzeln anzugehören, die dann nach Hause laufen und ihren Müttern erzählen würden, daß bei uns hinter dem Sofa nicht saubergemacht wurde.

Zugleich aber verachtete sie Frauen, die das taten. Einen Putzlumpen mit Überzeugung auszuwringen war – ähnlich wie durchstochene Ohrläppchen – Ausdruck eines schlichten Charakters. Genauso verwünschte sie auch das Kochen. Eßt oder laßt es bleiben, sagte sie, wenn sie an einem Ende des Tisches die Teller vor uns hinstellte; am liebsten wäre es ihr gewesen, wir hätten uns von Pillen ernähren können. Anfangs gab es meist Eintopf, graue, undefinierbare Fleischbrocken und Karotten- und Rübenstücke in Salzwasser, auf dem gelbe Fettaugen schwammen. Eintopf bekamen wir auch in der Schule, er war also – vom Gewürz ihres Abscheus abgesehen – nichts Besonderes. Doch als die Zeiten der Lebensmittelrationierung zu Ende gingen und man für das Sonntagsessen wieder Lamm oder sogar ein Huhn kaufen konnte (ein Brathuhn war damals ein rarer Vogel), wuchs ihre Angst vor dem Kochen ins Unermeßliche. Jede Art von Fleisch mußte erst durch Dünsten oder stundenlanges Braten in einem See aus spritzendem Fett entschärft werden, und selbst dann war es noch voller Knorpel und Knochensplitter, an denen man ersticken konnte, wovor sie uns schaudernd warnte. Selten brachte sie es über sich, von diesem Fraß zu essen, nur gelegentlich sezierte sie mit spitzen Fingern ein kleines Stück Fleisch auf ihrem Teller und stellte – zutreffend – fest, daß selbst Teile ohne Knochen zäh und sehnig waren.

Man hätte sie für eine angehende Vegetarierin halten können, doch daß wir das Fleisch derselben Lämmer aßen, die mit Dads Lastwagen blökend zum Markt gebracht wurden, ließ sie völlig kalt. Nutztiere interessierten sie nicht. Und Gemüse hielt sie für noch widerspenstiger als Fleisch. Es mußte den ganzen Vormittag kochen, speziell grünes Gemüse wie Rosenkohl, das extrem salzig wurde, am Topf klebte, wenn das Wasser verkocht war, und sich in gelbes Mus verwandelte. Kartoffeln ließ sie die gleiche Behandlung angedeihen, und wenn sie das Sonntagsessen aufgetischt hatte, hob sie den Deckel mit dem rituellen Ruf: »Das ist ja das reine Nichts!« Das wurde zum Familienscherz, zu einem unsterblichen Spruch, der später in meinem Kopf auf wundersame Weise mit den pfiffigsten intellektuellen Slogans der fünfziger Jahre verschmolz. *Das reine Nichts* war herrlich absurd, eine Wendung von existentialistischer, geradezu Beckettscher Kraft. Wie glücklich wäre meine Mutter gewesen, wenn diese schrecklichen Knollen mit ihren vielen Augen wirklich zu einem reinen Nichts geworden wären! Doch nein: Der graue Matsch am Grund des Topfes mußte wohl oder übel auf unsere Teller verteilt werden.

Ein Essen dieser Größenordnung gab es nur einmal in der Woche, doch da wir es bis in die sechziger Jahre hinein so hielten, kann ich mich noch an das Rezept meiner Mutter für Bratensoße mit Klümpchen erinnern. Man nehme die Kasserolle mit dem Fett, in dem das Fleisch verkohlt ist, gebe das Gemüsewasser (da nie genug davon übrig ist, strecke man es mit kaltem Leitungswasser) und Mehl hinzu, lasse die Soße ein Weile kochen und treibe währenddessen die Klümpchen mit dem Kochlöffel an den Rand, um sie zu zerdrücken und auf diese Weise zu vermehren. Um Verwechslungen auszuschließen, rühre man sodann Soßenpulver ein und serviere das Essen schließlich mit einem Seufzer.

Aber zum Glück lebt der Mensch nicht vom Sonntagsmahl allein. Die Fertiggerichte, die mit dem Ende der Lebensmittelrationierung aufkamen, waren eine Offenbarung für uns – die ganze lange Liste der Speisen, die man nicht zu kochen brauchte und die man essen konnte, wann immer man wollte. Zum Beispiel: Schinken und Zunge in durchsichtigen Scheiben; Sandwiches mit Fleischpaste, Fischpaste oder Bananen; Kondensmilch, Corned beef, Sardinen, Baked Beans, Spaghetti oder auch Pfirsiche, Birnen, Pflaumen und Obstsalat mit lila »Kirschen« in Dosen. Diese Leckereien – ergänzt durch Cornflakes, Puffweizen, Vollkornkekse, Cracker, Chips und Süßigkeiten – waren nun unsere Grundnahrung. Aus alter Gewohnheit nannten wir sie »Rationen«, und sie wurden einmal wöchentlich vom Lebensmittelhändler ins Haus geliefert.

Auf dem Essenssektor spielten die Kräfte des Marktes meiner Mutter also in die Hände. Ich glaube mich zu erinnern, daß sie etwas mit einem Verbrauchertest für Fischstäbchen zu tun hatte und ihnen, wie nicht anders zu erwarten, eine glänzende Zukunft prophezeite. Fisch muß für sie die schlimmste Gabe der Natur gewesen sein – nichts als Schuppen, Flossen und Gräten und ganz besonders nahrhaft, so daß man nicht umhinkam, sich damit herumzuschlagen. Mit Fischstäbchen aber wurde die Natur grandios ausgetrickst. Schon der Name spottete der widersinnigen Konstruktion, die sich die Evolution für den Fisch ausgedacht hat, und das grätenfreie Innere gab keinerlei Anlaß zur Sorge mehr. Nicht einmal eine Soße brauchte man dazu.

Mit dem Essen wurde es also im Laufe der Zeit einfacher. Nicht alle unsere Mahlzeiten orientierten sich am Ideal der Fischstäbchen. Zum Beispiel konnte es mit dem Toast knifflig werden (ich war schon fast erwachsen, als ich erfuhr, daß man die Scheiben gar nicht schwarz werden lassen und das Verbrannte dann mit dem Messer abkratzen muß), aber meine Mutter wußte nun wenigstens, was sie uns vorsetzen sollte, auch wenn man sich an scharfkantigen Krusten verschlucken und Krümel in den falschen Hals bekommen konnte.

Was sie selbst hinunterbrachte, stand auf einem anderen Blatt. Es fiel ihr wesentlich leichter, ihre Ängste um uns zu besänftigen, als ihren eigenen Widerwillen zu überwinden. Sie hungerte zwar nicht, aber sie naschte und knabberte sich durch den Tag, meist wenn sie allein war, nach einem geheimen System wechselnder Tabus. Nur gelegentlich entwickelte sie eine kompensatorische Sucht und stopfte sich mit etwas Scharfem, Absurdem voll, eingelegten Zwiebeln etwa, von denen sie fürchterliche Magenkrämpfe bekam, oder extrascharfen Pfefferminzbonbons, die ihr Halsschmerzen verursachten. Sie konnte nicht einfach essen oder es bleiben lassen, denn hinter ihren Essensängsten verbarg sich eine größere, unbestimmtere Angst. Das Haus war nicht ihr Reich, der ständige Kampf mit den Tücken des Alltags machte es zu einem Schlachtfeld, das sie nur zu gern hinter sich gelassen hätte.

Aber – und das war der Haken an der Sache – die Welt vor

ihrer Haustür war ebenfalls bedrohlich, sie war alles andere als ein Fertiggericht. Tausend Gefahren lauerten dort: Stiere, Stacheldraht, Wasser, Schlangen, Insekten, Brennesseln. Das Land ringsum war roh und nichtssagend, es stand ihr nicht offen (das Radfahren hatte sie ja verlernt), es war draußen, aber nicht woanders, nicht das, worauf sich ihre Sehnsucht, »aus dem Haus zu kommen«, richtete. Ihre Angst vor dem Essen – die Angst, das Draußen könnte nach drinnen kommen, bestimmte ihr ganzes Wesen als Frau. Trotz ihres eklatanten Mangels an hausfraulichen Tugenden war sie zutiefst domestiziert. Eine jungfräuliche Verletzlichkeit und die Angst vor allem, was eindringen konnte, umgaben sie wie eine Mauer.

Familienausflüge hatten vor diesem Hintergrund eine ungeheure Bedeutung. Sie fanden samstagnachmittags statt, wenn sich mein Vater überreden ließ, die Arbeit ausnahmsweise ruhen zu lassen. Er tat es jedoch äußerst widerwillig, und bis er endlich nach Hause kam, sich Dreck und Motoröl abgewaschen, gegessen und sich umgezogen hatte, waren wir schon seit Stunden ausgehfertig, und mein Bruder und ich hatten reichlich Gelegenheit gehabt, unsere guten Sachen schmutzig zu machen. Meine Mutter, die ohnehin schon vor Ungeduld schier platzte, brach in Tränen aus, und es dauerte noch länger, denn wir wurden erst noch ausgeschimpft – von meinem Vater bekamen wir manchmal auch Ohrfeigen – und mußten von neuem gewaschen und feingemacht werden. Nachdem wir dann noch, wenn sie mitkam, auf Grandma gewartet hatten – sie war nie rechtzeitig fertig, egal, wieviel Zeit sie gehabt hatte –, löschte meine Mutter schließlich das Feuer (eine Lage Schlacke, eine Lage Kohlenstaub und Wasser aus dem Teekessel), und wir stiegen ins Auto.

Manchmal fuhren wir nach Wrexham oder Shrewsbury ins Kino, manchmal nach Chester, wo wir bei schönem Wetter auf der römischen Stadtmauer spazierten und bei Regen durch die Rows gingen, in der Kathedrale durch die düsteren Seitenschiffe mit den zerfetzten, blutbefleckten Regimentsfahnen trotteten oder uns im Museum Römerfunde ansahen, ägyptische Mumien, ausgestopfte Tiere, Rüstungen, Waffen, alte Kostüme ... Was es war, kümmerte meine Mutter nicht, Hauptsache, es war alt und erinnerte an längst vergangene Zeiten. Sie liebte Burgen mit Zinnen und Verliesen; abgewetzte Wandteppiche, Fenster mit Stabwerk und alte Bildnisse nährten ihre hungrige Phantasie, und sie vergaß für eine Weile ihren frustrierenden Alltag. Das eigentlich Exotische an diesen Ausflügen aber war die Tatsache, daß wir uns alle zusammen in ein Café setzen und etwas essen konnten, meine Mutter eingeschlossen. Sofern nur die Einrichtung aus Eiche war und ein Spinnrad in der Ecke stand, vergaß sie ihre Angst vor dem Essen, und es schien ihr sogar zu schmecken, auch wenn sie manchmal aus alter Gewohnheit in ihrem Welsh Rarebit nach nichtvorhandenen Knochen stocherte.

Vielleicht ebenso seltsam, wenn auch für die damalige Zeit nicht so ungewöhnlich, war es, daß sich manche unserer Ausflugsziele kaum von Hanmer unterschieden: Dörfer mit schwarz-weißen Häusern, das Seeufer in Ellesmere oder die Berge um Llangollen (die freilich grandioser waren). Aber das war Landschaft, es war malerisch, etwas fürs Gemüt, verwandelt vom Zauber der Ferne. Meine Mutter fand – und gewiß zu Recht –, daß eine Landschaft etwas ganz anderes ist als eine ländliche Umgebung mit Brennesseln und Stacheldraht. Sie schwärmte für ländliche Idylle. Als die Kinder im Dorf sich zur Coronation-Day-Parade von 1953 verkleiden sollten, machte sie mir (unter großen Mühen, denn sie konnte eigentlich gar nicht nähen) ein recht passables Schäferinnenkostüm mit schwarzem Schnürmieder, geblümten Seitentaschen, Strohhut und bändergeschmücktem Hirtenstab. Da stehe ich – mit Valerie in ihrer patriotischen rot-weiß-blauen Kreppapier-Krinoline und Gail als Tambourmajorin in Weiß und Gold – auf den Schwarzweißfotos dieses traditionell verregneten Tages und grinse erfreut und verlegen – der Tribut meiner Mutter an die Schäferromantik.

Phantasie war ihre Domäne; sie versüßte sich ihr Dasein mit Tagträumen. Fehlende praktische Veranlagung hatte auch eine positive Seite. Mein Vater war der realistische Mann, sie war seine Ergänzung: für weibliche Einbildungskraft war sie zuständig. Das Abwesende, Zerfahrene ihres Alltags-Ichs – »meilenweit weg«, pflegte sie in aller Unschuld von sich selbst zu sagen – verlieh ihr die Ausstrahlung einer Kindfrau, der Tochter des Hauses. Vielleicht protestierte mein Vater deshalb nicht energischer dagegen, daß Grandma bei uns wohnte. Denn irgendwie paßte es ja: Grandma hat zwar nie einen Finger gerührt, aber sie hat meine Mutter in der Rolle der ewigen Tochter, die immer kurz davor steht, ins Leben hinauszutreten, bestärkt. Die Heirat hatte meine Mutter noch mehr auf diese Rolle festgelegt, und sie war womöglich noch furchtsamer geworden, aber ihr Selbstvertrauen hatte schon einen Knacks bekommen, als sie etwa sechzehn war, in dem Jahr, als Grandpa die Affäre mit ihrer Freundin Marj hatte und sie sich auf Grandmas Seite schlug.

Sie hatte das Interesse am Lernen verloren, war vorzeitig von der Schule abgegangen und hatte diverse gerade noch standesgemäße Verlegenheitsjobs gehabt (Verkäuferin bei Dudleston zum Beispiel, dem altmodischen Textilgeschäft in Whitchurch), doch das war lange vor ihrer Heirat. Die Ernsthaftigkeit meines Vaters, sein distanziertes Verhältnis zu seiner Familie, sein fanatischer Ordnungssinn und seine fürsorgliche Ritterlichkeit müssen ihr geradezu als ein Hort der Geborgenheit erschienen sein. Sie war strikt monogam, als glaubte sie, jeder könne nur einem einzigen anderen Menschen sein Innerstes offenbaren. So hielt sie selbst es, und sie verurteilte noch das kleinste Anzeichen von Promiskuität bei anderen. Sie und mein Vater waren in Hanmer praktisch Fremde, aber diese Isolation war ihr durchaus willkommen.

Sie schlossen keine engen Freundschaften in diesen ersten Jahren. Ihre Verbindung war ganz nach innen gewandt. Später, als sie sich in ihrem Leben eingerichtet hatten, übernahmen sie auch öffentliche Aufgaben – er in der British Legion und im Spediteursverband, sie in der Theatergruppe der Frauenvereinigung, in der sie eine maßgebliche Rolle spielte. Doch sie schwächten ihre Beziehung nie, indem sie als Paar auftraten. Mann und Frau, Realist und Träumerin … In Wahrheit waren sie mehr als nur ein Fleisch, sie hatten einander geformt und gestützt, und für mich und meinen Bruder war es alles andere als einfach, uns in ihrer Gemeinsamkeit zu behaupten. Ich spielte regelmäßig das gescheite, ungeliebte Kind, das fortgeschickt wird und sich im Wald verirrt, seinen Weg aber trotzdem findet. Kinder aus extrem unglücklichen Ehen, wie meine Mutter, sind oft fürs ganze Leben geschädigt, aber Kinder aus glücklicheren Ehen haben auch ihre Probleme.

9

Landleben

In der Schule in Hanmer hatten wir nur ein einziges Mal Erdkunde gehabt, eines sonnigen Morgens, als Mr. Palmer mit großer Geste eine glänzende, rissige, blau-grün-braune Landkarte an die Tafel neben dem Pult hängte, Platz nahm und in die Runde blickte, wobei er sich mit dem Zeigestab leicht auf die Handfläche klopfte. Erdkunde war ein Spiel. Er rief den Namen einer Stadt – Manchester oder Swansea oder Carlisle –, und wir mußten einer nach dem anderen nach vorn kommen und darauf zeigen. Auf jeden unschlüssig umherirrenden Finger sauste Mr. Palmers Stock herab. Die meisten von uns hatten natürlich keine Ahnung; wir hatten ja noch nie eine Karte der Britischen Inseln gesehen. Man konnte in diesem Spiel nur dann gewinnen, wenn man ganz langsam nach vorn ging und die Stadt rechtzeitig erspähte, doch da die meisten Kinder nicht gut (oder überhaupt nicht) lesen konnten, half das wenig. Ich mußte eine Stadt mit B finden (Bolton oder Blackburn oder Birkenhead oder Birmingham), und ich fand sie auch, aber ich mußte trotzdem weinen, wie immer. Von Erdkunde bekamen wir an diesem Tag nicht allzuviel mit, aber etwas lernten wir doch, die immer gleiche Lektion: zu wissen, wohin wir gehörten. Hanmer war nicht auf der Karte eingezeichnet, und in Hanmer waren wir. Mr. Palmer zufolge würden die meisten von uns später die Mistgabel schwingen. Nur zwei oder drei, auch sie Figuren in dem Spiel, würden ungeschoren davonkommen – fürs erste.

Die schönsten Momente erlebten wir in der Schule, wenn niemand so tat, als würde uns etwas beigebracht, wenn dem Spaß keine Strafe folgte – beim Einsingen für die Weihnachtsfeier beispielsweise, wenn Mr. Palmer, ein strahlendes Scheusal, mit uns Weihnachtslieder übte und Nonsenslieder, die mit einem ohrenbetäubenden hysterischen Refrain endeten: »Ooooh, der Okey Cokey! Der frißt euch alle AUF!« Oder im Sommer in der Turnstunde, wenn wir eine an die Friedhofsmauer gelehnte Bank hinaufrannten, durch Winden und Brennesseln hindurch ein paar Gräber umrundeten – diese in den Schulhof hineinragende Ecke des Friedhofs wurde seit hundert Jahren nicht mehr benutzt – und über eine zweite Bank wieder hinunterliefen. Oder an dem eisigen Wintertag, als die großen Jungen mit Eimern voll Wasser hinausgeschickt wurden, um auf der Wiese unterhalb des Fahrradschuppens eine Rutschbahn anzulegen, auf der wir nacheinander schlitterten und das lange grüne Gras bestaunten, das aussah, als würde es wie Seetang im Eis unter unseren Füßen dahinfließen.

Mein Bruder hatte seine schulische Laufbahn inzwischen ebenfalls begonnen und sollte bald in die Ränge jener aufsteigen, die Koks für die gußeisernen Öfen in den Klassenzimmern heranschafften – möglicherweise gemäß Mr. Palmers Theorie der erblichen Berufe, denn Clive schlug nach Meinung aller ganz nach den Stocktons. Von seiner Schulzeit in Hanmer blieb ihm ein Hang zu heftigen Wutanfällen. Bei mir selbst führten die Irrungen, Wirrungen und Bedrohungen der Schule zu chronischer Unaufrichtigkeit. Wir lernten dort, allenfalls Seitenblicke zu riskieren, die autoritäre Welt der Erwachsenen lieber nicht genauer ins Auge zu fassen, sondern den Blick starr auf einen unsichtbaren Punkt zwischen uns und ihnen zu richten. Wir lernten, uns dumm zu stellen, und ich machte da keine Ausnahme. Mr. Palmer frisierte zwar meine Noten, so daß sie meinem Pfarrhaus-IQ entsprachen, aber ich hatte viel zuviel Angst vor ihm, um einen Verbündeten in ihm zu sehen. Und Miss Myra und Miss Daisy hegten – was ich damals allerdings nicht wußte – eine spezielle Abneigung gegen mich, die Enkelin des alten Teufels, der ihre Nichte Marj verdorben hatte. Mein Interesse am Lesen und Schreiben brachte mich den Lehrern auch nicht näher.

Außerhalb der Schule leistete der ausdruckslose Blick ebenfalls gute Dienste. Ich ließ diese Behandlung auch meinen Eltern angedeihen, speziell meinem Vater, der darin ganz richtig eine Form der Unbotmäßigkeit sah. Scheu und schlau lagen nahe beieinander. Ich hatte von Grandpa (schlechtes Blut!) nicht nur den Bildungseifer, sondern auch Hochmut, Ehrgeiz und Unzufriedenheit geerbt. Ich begehrte auf. Dritten gegenüber zeigten sich meine Eltern stolz darauf, daß ich so früh eingeschult worden war, zu Hause aber war meine Sucht nach Gedrucktem nur Ausdruck meiner allgemeinen Nichtswürdigkeit und insofern besonders ärgerlich, als sie machtlos dagegen waren und auch noch auf meine Launen eingehen, die ganze Nacht das Licht brennen lassen und mir eine Schuluniform kaufen mußten. Andere Eltern hatten ihren Kindern üppige Belohnungen (eine Armbanduhr, eine neues Fahrrad) versprochen, wenn sie die Prüfung bestanden. Meine versprachen mir nichts, denn sie wußten, daß ich boshaft genug war, sie beim Wort zu nehmen.

Aber ich hätte weder mit einer Armbanduhr noch mit einem Fahrrad viel anfangen können. Ich konnte die Uhr nicht lesen, was ich allerdings geheimhielt. Der Schmollwinkel, in dem ich unfreiwillig lebte, schloß Uhren mit ein: Sowenig ich anderen Leuten in die Augen schauen konnte, so wenig konnte ich einer Uhr ins Gesicht sehen. Ich schielte so flüchtig und aus einem so unmöglichen Winkel darauf, daß ich gar nichts richtig wahrnahm. Und ich kaschierte diesen seltsamen blinden Fleck dadurch, daß ich immer wußte, ob es vor oder nach der vollen Stunde war und welche Stunde es überhaupt war. Die Kirchturmuhr und klingelnde Wecker halfen mir dabei. Daß ich von meinen mißmutigen Streifzügen ewig zu spät nach Hause kam, hing mit meinem Uhrenproblem zusammen – ich kam nicht deshalb zu spät, weil ich die Uhr nicht lesen konnte, sondern ich konnte die Uhr nicht lesen, weil ich jeden Anlaß, zur Inspektion zu erscheinen, fürchtete und umging.

Das Uhrenproblem verschaffte mir noch einen Hauch von Genugtuung. Daß es mir aber nicht gelang, Radfahren zu lernen, war einfach nur beschämend. Offensichtlich war etwas von der Fahrradphobie meiner Mutter auf mich übergegangen. Sie hatte mich, als ich sechs oder sieben war, immer davor gewarnt, vor dem Pfarrhaus die Räder anderer Kinder auszuprobieren. Auf dem Platz selbst fuhren zwar keine Autos, aber sie war überzeugt, ich würde aus schierem Eigensinn direkt auf die Straße radeln und überfahren werden. Doch jetzt war ich zehn, es war meinen Eltern nur noch peinlich, daß ich ein solcher Angsthase war, und mein Vater übernahm es, mir das Radfahren beizubringen – was mein fehlendes Selbstvertrauen in eine ausgewachsene Blockade verwandelte. Er ging systematisch und betont geduldig vor, wurde aber sehr schnell ärgerlich. Ich schämte mich vor ihm und stellte mich denkbar ungeschickt an, meine Arme und Beine waren steif und zugleich wie Gummi, meine Hände schweißnaß, und schon bei der geringsten Berührung stellte sich das Vorderrad quer und das ganze Fahrrad fiel um. Nach diesen Übungen war ich in Tränen aufgelöst, voller Kratzer und blauer Flecke und keinen Meter gefahren, und mein Vater meinte angewidert, ich sei wohl von der Tolpatschtruppe – *keine Koordinationsfähigkeit, kein Gleichgewichtssinn.*

Also auch keine Uhr und kein Fahrrad, nur die Aussicht auf die Whitchurch Girls' High School, in die auch meine Mutter gegangen war – wieder etwas Unbekanntes, das mir angst machte. *Weiterkommen im Leben* – es schien unmöglich. Es war, als befände ich mich in einem der Bücher, die ich verschlang. Man wurde von der Handlung mitgerissen, wußte aber nicht, wie es weitergehen würde, wollte man nicht ans Ende blättern. Bevor ich das Landleben hinter mir ließ, begab ich mich noch tiefer hinein. Ich fand ein Versteck.

Unserer Siedlung direkt gegenüber, aber mit der Rückseite zur Straße, gleichgültig von uns abgewandt, lag der Watson-Hof. Das erste, was man davon sah, war der Milchbock, ein Bretterpodest, an dem der Molkereiwagen jeden Morgen die vollen silbernen Milchkannen abholte und die leeren zurückließ. Es war der Lieblingsplatz eines anderen Arowry-Einzelgängers, des bleichen zwanzigjährigen Sohnes unserer ruhigsten Nachbarn; der Junge würde irgendwann an seiner Knochentuberkulose sterben und war jetzt schon zu schwach, um weit zu gehen. Manchmal saß ich schweigend neben ihm und baumelte mit den Beinen, doch immer öfter wagte ich mich durch die zerfurchte Einfahrt in den Hof der Watsons vor. Es war ein matschiges Geviert, nur teilweise gepflastert; das Wohnhaus nahm eine Seite ein, den Rest säumten Kuhställe, diverse Schuppen und Anbauten, die Scheune und hinten in der Ecke der Misthaufen. Eine geschäftige Hühnerschar war dort zu Hause, mehrere halbwilde Katzen, ein alter Collie namens Trigger, der schon bessere Zeiten gesehen hatte, und die majestätischen Kühe, die zum Melken von der Weide kamen. Sie hatten Namen wie Mabel und Rose und hätten den Weg auch im Schlaf gefunden, obwohl ihre Ställe über den ganzen Hof verteilt lagen, weil kein einziger groß genug für alle zwölf gewesen wäre.

Ich lungerte dort herum und freundete mich mit Trigger an, der nicht viele Freunde hatte, weil er stank und eine eitrige Wunde im Gesicht hatte, von einem Rattenbiß, der nicht heilen wollte. Die Hühner der Watsons, eher wildlebend als freilaufend, legten ihre Eier gewieft zwischen Heuballen oder hinter alte Wagenräder im Traktorschuppen. Bald sammelte ich die Eier in einen kaputten Eimer, fegte hinter Mabel und ihrem Hofstaat Kuhfladen und Stroh auf und zerkleinerte im Winter Futterrüben für sie, in einem gußeisernen Fleischwolf von gewaltigen Ausmaßen, dessen Kurbel ich mit beiden Händen drehen mußte. Es war eine stumme Arbeit, eine Arbeit ohne Lohn, abgesehen von dem Gefühl, etwas Handfestes zu tun. Mr. Watson begrüßte mich immer mit einem scherzhaften, aufmunternden Zuruf, als wäre ich selbst ein streunendes Tier, und ich brauchte ihm nicht zu antworten; ein nervöses Kichern genügte. Ich kreuzte auf, und ich durfte bleiben – allerdings nur draußen. Daß ich in Mrs. Watsons Reich eindrang, kam nicht in Frage, aber sie brachte mir heißen, süßen Tee an die Hintertür, wo ihre Lieblinge, die Perlhühner, herumpickten, das gesprenkelte Gefieder gegen die Kälte aufgeplustert.

Das Wunderbare am Watson-Hof war, daß ich dort in eine beruhigende Routine einbezogen wurde und doch jederzeit gehen konnte. Niemand wollte mich vereinnahmen. Die Watsons waren Ende Vierzig, ihre Kinder waren aus dem Haus, bis auf Edgar, aber auch der machte bereits Anstalten zu gehen. Edgar molk die besonders widerspenstigen Kühe, und als ich ihm einmal dabei zuschaute, spritzte er mir die warme, süße, klebrige Milch ins Gesicht. Das ging mir zu weit – ich fühlte mich plötzlich bedrängt, unerträglich bedürftig und »nesh«. Wenn er nicht dabei war, durfte ich hin und wieder eine von den gutmütigeren Kühen melken. Viel kam bei diesen Versuchen nicht heraus, ich hatte nicht genug Kraft in den Fingern und fand nicht in den Rhythmus, der die Milch mühelos in den Eimer zischen ließ. Aber ich lernte, die Hinterbeine zweier Kühe, die gern traten – eine von ihnen hatte den Spitznamen Jezebel –, mit Lederriemen zusammenzuschnallen. So weit drang ich immerhin in die Mysterien des Melkens ein.

Da Mr. Watson ein gemütlicher Mann war und sich nicht daran störte, wenn ich mich ungeschickt anstellte, war ich in seiner Nähe viel weniger ungeschickt. Er nannte mich ein verrücktes Huhn, wenn er mich mit der Nase in einem Buch im Heu sitzen sah (zu viel Lesen machte ja bekanntlich dumm), und ließ mich gewähren. Mr. Watson arbeitete hart, aber der Tagesablauf auf dem Hof war locker und weitmaschig und mußte nicht ständig neu festgelegt werden. Man hatte den Eindruck, daß nicht Mr. Watson den Hof führte, sondern der Hof ihn.

Es ging ganz allmählich bergab, das war der Grund. Die Watsons hatten alles in allem etwa zwölf Hektar Land, doch da der Pachtbesitz um Hanmer über die Jahre ziemlich planlos aufgeteilt worden war, lagen ihre Felder über die ganze Gegend verstreut; nicht eines grenzte direkt an den Hof. Sie wurden fast ausschließlich als Weideland oder zum Anbau von Futtermitteln genutzt – Heu, Kohl, Mangold und Hirse. Einmal ging ich hinter Mr. Watson her, als er Hirse säte. Wie der Sämann in dem biblischen Gleichnis schritt er mit seinem Korb auf und ab und streute den Samen aus. Hirsesamen ist schwarz und sehr fein, und als ich nach Hause kam, sah ich aus wie Onkel Albert nach seiner Kohlentour. Das erheiterte meine Mutter, und sie schimpfte ausnahmsweise einmal nicht. Vielleicht fühlte sie sich in ihrer Vorliebe für Skurriles angesprochen.

Im allgemeinen waren Mr. Watsons Methoden jedoch weniger romantisch und stärker mechanisiert. Er hatte einen uralten Fordson-Traktor, aus x-ter Hand gekauft, als Ersatz für den Ackergaul, der kurz nach dem Krieg gestorben war; das Geschirr hing noch im Schuppen. Der Fordson war ein ruckelndes, launenhaftes, ohrenbetäubend lautes, öl- und dreckverschmiertes Gefährt, das sich im Schneckentempo fortbewegte. Mr. Watson und ich fuhren damit zu den entfernteren Feldern, wobei ich, in Schals gewickelt, auf dem riesigen Kotflügel thronte und mich krampfhaft festhielt. Man saß dort oben völlig ungeschützt, denn der Traktor hatte keine Kabine, aber wir beide fühlten uns in unserer Hülle aus Lärm und Abgasen sehr behaglich. Hinter uns stauten sich Autos und Lastwagen, die überholen wollten, doch wir ließen uns nicht von unserer behäbigen Gangart abbringen. Wir hätten es auch gar nicht gekonnt – und gerade dadurch wurden wir zu einer Art Naturgewalt.

Auf dem Traktor zu sitzen und das Hämmern des Motors in den Knochen zu spüren hatte eine hypnotisierende Wirkung, mehr noch als das Umhertrotten im Matsch. Man tauchte ein in das, was Hanmer ausmachte. Stunde um Stunde war man vollauf damit beschäftigt, praktisch nirgendwohin zu fahren. Die Landwirtschaft war wie ein Perpetuum mobile oder etwas der Schwerkraft Unterworfenes, ein ewiger Kreislauf. Seltsamerweise war der Eindruck sturer Beharrlichkeit gerade deshalb so stark, weil diese kleinen Pachtbetriebe allmählich von der Bildfläche verschwanden. Ländliche Lebensformen sind in England schon sehr lange im Aussterben begriffen, mindestens seit der großen Welle der Privatisierung von Gemeindeland Mitte des achtzehnten Jahrhunderts. Aber gerade das Endliche ist zeitlos. Nichts symbolisiert diese Spielart ländlicher Idylle besser als eine verrostete Landmaschine an einem Feldrand. Oder fast nichts. Als ich später auf Thomas Hardys wehmütiges Gedicht »In Time of ›The Breaking of Nations‹« stieß, erkannte ich, daß es eben jenen Sog einer Welt beschreibt, die endlos ihrem Ende entgegengeht.

Nur ein Mann, der Schollen eggt
In langsam-stummem Gang
Mit dem alten Gaul, der stolpernd nickt
Halb schläft die Furche lang.

Nach gängiger Lesart besagt das Gedicht, daß das Leben auf dem Lande ungeachtet scheinbar »historischer« Katastrophen wie etwa eines Weltkrieges weitergeht. Aber es entbehrt nicht der Ironie, denn diese unbedeutende, anonyme Existenz läßt dem einzelnen nicht mehr Individualität als der Horror der Schützengräben. Der Ort selbst könnte ein ehemaliges Schlachtfeld sein. Diese stillen Landschaften sind Friedhöfe. »Ein Teil von dieser Eibe war ein Mann / Den einstens noch gekannt mein Ahn«, schreibt Hardy in einer heitereren Variation des Themas.

Hanmer lag natürlich nicht in seinem Revier, aber man konnte sich den Bezirk Maelor als ein Wessex *en miniature* vorstellen, weniger englisch, weniger fruchtbar und ohne einen Dichter, der es hätte beschreiben können. Der Dialekt holte eine Menge aus der Silbe »Ur« heraus, auf die Hardy in seinem Roman *Tess von den D'Urbervilles: Eine reine Frau* eingeht. Sie steht für die gutturale Aussprache des »R«, wie man sie in ländlichen Gegenden hört. In der Hanmer-Grammatik war »Ur« oder »Er« das Allzweckpronomen für Männer, Frauen, Kinder, Vieh und Traktoren. Es hatte etwas Gleichmacherisches, als bezeichnete es ausschließlich Gegenstände; man konnte es auch für einen Baum oder einen Stein gebrauchen. In meiner Erinnerung geht es stets mit einer Verneinung einher – »dunna, conna, wunna«. Man tritt gegen ein Gatter, das nur noch halb in den Angeln hängt, und sagt ohne Überraschung: »Er wunna open.« Alles hatte seine störrische, passive Widerstandskraft.

Zur Erntezeit herrschte im Dorf Hochstimmung. Die Heumahd im Juni war oft ein atemloser Wettlauf mit der Zeit und dem Wetter, man half einander nach der Arbeit bis tief in die hellen Abende hinein das Heu aufschobern und abdecken oder locker in einer Scheune aufschichten. Die Getreideernte im Spätsommer aber wurde in der Gemeinde festlich begangen. Wie Grandpa in seinem Tagebuch vermerkte, strömten die Leute zum Erntedankfest mit ihren Garben und ihrem Obst und Gemüse in hellen Scharen in die Kirche, was für ihn nur ein Beweis ihres Heidentums war. Nicht jeder baute Getreide an – auch Mr. Watson nicht –, aber es war für alle von Bedeutung und bot Gelegenheit zu ausgelassener sportlicher Betätigung im Freien.

So ließ man beispielsweise auf jedem Feld in der Mitte ein Fleckchen Getreide stehen, und wenn der Mähdrescher sein ratterndes Werk vollendet hatte, liefen die Knechte mit Kind und Kegel johlend und mit Stöcken und Mistgabeln bewaffnet auf diese Getreideinsel zu und metzelten die Unmengen Mäuse, Wühlmäuse und Kaninchen nieder, die sich in ihrer Panik dorthin geflüchtet hatten. Wer ein Kaninchen tötete, durfte es mit nach Hause nehmen. Ich schaffte es nie, und ich hätte meine Beute ohnehin nicht mitnehmen können, denn ein noch warmes, blutiges Kaninchen wäre das greifbare Symbol aller Essensängste meiner Mutter gewesen. Bald aß auch sonst niemand mehr Kaninchen, denn gegen Ende 1953 erreichte die Myxomatose Hanmer. Wochenlang hing über der Gegend ein süßlicher, fauliger, unvergeßlich ekelerregender Verwesungsgeruch. Überall auf Straßen und Wegen sah man qualvoll verendende Kaninchen dahintaumeln, blind, die geschwollenen Köpfe von Fliegen umschwärmt. Man erwies ihnen eine Wohltat, wenn man sie schnell tötete. Die grausamen Erntespiele waren eine gute Übung gewesen, denn jetzt war es nützlich zu wissen, wie man ein Kaninchen erschlägt.

Die Leute im Dorf ahnten nicht (oder redeten nicht darüber), daß die Myxomatose absichtlich eingeschleppt worden war, um die Kaninchen auszurotten, die auf den Feldern Millionenschäden anrichteten. Es war eine drastische Maßnahme biologischer Kriegführung, die indessen dem allgemeinen Trend zur Ertragssteigerung folgte – Zuchtprogramme, intensive Anwendung von Pestiziden, Kunstdünger, Wachstumshormone –, die Bauern wie Mr. Watson schließlich zum Aufgeben zwingen sollte. Auch die Arbeitsmöglichkeiten für Mistgabelschwinger sollten sich dramatisch vermindern, trotz Mr. Palmers Glauben an die unveränderliche Ordnung der Gesellschaft. Viele in Hanmer hatten Anlaß, sich mit den Kaninchen zu identifizieren. Selbst Sir Edward Hanmer, bekanntermaßen ein eingefleischter Traditionalist, war eigennützig genug, um zu sehen, daß landwirtschaftliche Hilfskräfte immer weniger gebraucht wurden. Seine Pächter wußten, daß er sich kaum dazu durchringen konnte, das Dach ihrer Behausungen zu flicken, und nur Phantasten glaubten, er würde irgendwann die Wasserleitungen erneuern. Wenn jetzt eine Pächterfamilie fortzog, ließ er ihr Haus sofort abreißen, und nur ein Fliederbusch oder ein blühender Johannisbeerstrauch erinnerte noch daran, daß hier einmal ein Garten gewesen war.

Auf dem Watson-Hof aber ging vorerst alles weiter, als würde es immer so bleiben. Nachmittags holte ich die Kühe von der Weide und kam mir dabei ungemein nützlich vor, geborgen im Gleichmaß der Tage und von ihm getragen. Die Tiere kannten den Weg, und man brauchte nur mit dem Stock, den man pro forma und um Eindruck zu schinden aus der Hecke hervorgezogen hatte, hinter ihnen herzuschlendern und »Ho!« zu rufen, wenn sie stehenblieben, um am Straßenrand zu naschen. Sie trotteten in einer Wolke von Fliegen und Stechmücken dahin, und ihre Schwänze waren ununterbrochen in Bewegung, um die Insekten zu verscheuchen, außer wenn die eine oder andere eine Sequenz brauner Fladen fallen ließ, wobei sie die obersten Schwanzwirbel zierlich anhob wie eine Dame, die den kleinen Finger von der Teetasse abspreizt. Sie verliehen ihrer Hüterin Würde, diese großen, ruhigen, bedächtigen Tiere, und auch Macht: Wenn ein Auto kam, schaute ich unbeteiligt ins Leere und ließ es eine Weile warten, bevor ich die Herde auf die Seite trieb. Das war noch schöner als Traktorfahren, besonders wenn Mr. Watson sich den Bullen ausgeliehen hatte. Dann sah man, wie die Autofahrer zusammenzuckten, wenn sie den Ring in der Nase sahen, die über den Boden schleifende Kette, den schweren Trott des Tieres, die roten Augen. Inmitten seines Harems war der Bulle ein träges, lammfrommes Tier, aber das wußten Außenstehende ja nicht, und ich weidete mich an ihrer Bestürzung, wenn sie merkten, daß niemand außer mir auf ihn aufpaßte. Dann kaute ich gedankenverloren an meinem Strohhalm und sonnte mich in dem Bewußtsein, eine Landpomeranze zu sein, ein Bauerntrampel, eine Hinterwäldlerin.

Ich war halbwegs zu einem Jungen geworden, einem Zerrbild der kleinen Schäferin meiner Mutter, verwaist und anonym; ich ging ganz in der Außenwelt auf. Die Tage auf dem Hof waren so gleichförmig, daß man sich an einem Ort wähnte, an dem die Zeit stillstand und die Zukunft gesichert schien. Und man war jenen überlegen, die – wie meine Eltern – so ängstlich darum besorgt waren, wer und wie man zu sein hatte. Warum sollte man sich nicht verlieren, vom Weg abkommen und ihn doch finden inmitten der Kühe und Hecken, der Gräben und der Gatter, die man mit dem Fuß aufstoßen mußte? »Er wunna move.« Leben, wo Fuchs und Hase sich gute Nacht sagen – warum nicht? Ich war auf dem besten Wege, mir eine Art Naturreligion zurechtzuzimmern, zum Ausgleich für Grandpas Abtrünnigkeit, eine Apotheose der tiefsten Provinz, wo ich ein x-beliebiges denkendes Wesen war, ein Neutrum, farblos, gut getarnt. Die Steine würden mir predigen, in der Scheune würde ich Bücher lesen, in Ewigkeit, amen.

Doch selbst wenn man sich – wie ich – darauf verstand, die Uhrzeit nicht zu wissen, konnte man nicht übersehen, daß Hanmer nun einmal in der Welt der unruhigen fünfziger Jahre lag. Hinterwäldler sollten nach dem Ende der schlechten Zeit eine wichtige Rolle spielen, sie waren Wasser auf die Mühlen, die wahren Träger des Aufschwungs. Im Land der Fünfziger mußte man beruflich ehrgeizig, privat aber angepaßt sein, man mußte sich hocharbeiten, aber in den vorgegebenen Bahnen. Man durfte den Anschluß nicht verpassen, sich aber auch nicht vordrängen. Die älteren Generationen konnten in Hanmer bleiben, meine Generation würde das nicht können, selbst wenn sie es wollte. Wir waren überflüssig auf dem Land, man würde uns, auf Gedeih oder Verderb, wegschicken und uns auf einen Neuanfang als gute Verbraucher trimmen.

Auch etwas ganz Banales, aber Aufschlußreiches markierte die Veränderung: die Kleidung. Nach den Zeiten der Rationierung hatte man plötzlich eine reiche Auswahl und war doch eingeschränkt, nicht nur finanziell, sondern auch durch allerlei Gebote in Sachen Mode und Anstand, von denen Kinder keineswegs ausgenommen waren. Mädchen beispielsweise konnten zwar Hosen tragen, aber nicht etwa irgendwelche Hosen, die eine Neutralität herbeigezaubert hätten, um die es mir ging, wenn ich meine Zöpfe in den Kragen meines Anoraks stopfte und an einem Strohhalm kaute. Nein, die Hochglanzkataloge boten Slacks an, Schottenhosen, Torero-, Capri-, Keil- und Kniehosen, in leuchtenden Bonbonfarben, mit Karos, Streifen oder Tupfen. Mädchen, so wurde uns eingetrichtert, trugen Hosen nur spaßeshalber, um mädchenhafter zu wirken als je zuvor. Mädchenhosen waren eng und niedlich, aus elastischem Stoff, mit Abnähern und hoher Taille, um die weiblichen Kurven zu betonen. Es gab auch Jeans, aber sie waren genauso geschnitten und kunstvoll mit Aufschlägen und Ziernieten versehen, so daß man darin wie ein Cowgirl in einem Musical aussah. Und der Hauptunterschied: Mädchenhosen hatten den Reißverschluß oder die Knöpfe an der Seite, es gab nichts, was auch nur im entferntesten mit einem Hosenstall verwechselt werden konnte; jede Anleihe beim anderen Geschlecht, alles Weite, Schlabbrige oder irgendwie Zweideutige war verpönt. Im Rock fiel man als Mädchen weniger auf.

Neutrales war Jungen und Männern vorbehalten, und Tätigkeiten wie das Kühehüten eigentlich auch. Mr. Watson machte für mich eine Ausnahme, aber auf anderen Höfen, auf denen ich mich herumtrieb, wurde diese Arbeitsteilung strikt eingehalten. Auf dem Hunt-Hof, ein Stück die Straße hinunter, war Terry, ein stämmiger Junge, etwas jünger als ich, für meine Lieblingsbeschäftigung zuständig. Mr. Hunt bereitete seinen Sohn mit Flüchen und Ohrfeigen auf seine spätere Rolle vor und ignorierte mich völlig – zum Teil aus Verachtung, aber auch weil es in Hanmer einem ungeschriebenen Gesetz zufolge verboten war, anderer Leute Kinder zu schlagen (außer in der Schule). Und Gewalt war seine bevorzugte Sprache. Als Terry einmal versehentlich eine Schubkarre voll Mist umstieß, packte ihn sein starker junger Vater und warf ihn mit dem Kopf voran in den Misthaufen, und wir mußten den vor Schreck und Scham zitternden Terry in dem alten Pferdetrog säubern.

Er war sehr ungeschickt und sehr schüchtern, er stotterte furchtbar, und bei seinem rotgesichtigen, ewig wütenden Vater saßen die Fäuste locker. Der Hunt-Hof war größer und moderner als der Watson-Hof, es gab dort Melkmaschinen und einen hallenden Kuhstall mit Zementboden, den man mit dem Schlauch abspritzen konnte, aber es herrschten barbarische Sitten. Manchmal hörten wir Mrs. Hunt von der Küche her schreien, und wenn wir durchs Fenster spähten, sahen wir, wie Mr. Hunt sie, die Hand in ihr Haar gekrallt, auf den Küchentisch preßte. Dann schlichen wir davon, Terry und ich, und wußten nicht, was wir gesehen hatten – Sex oder nur Gewalt, und gab es da überhaupt einen Unterschied? –, und liebkosten einander im Heu, zaghaft, flüsternd und verwirrt. Auf einem Hof, wo es so chaotisch und brutal zuging, konnte von Geborgenheit keine Rede sein. Zu Hause wurde ich wenigstens vors Kriegsgericht gestellt, ehe es Prügel setzte.

War Hanmer durch seine abgeschiedene Lage ein Nährboden für Grausamkeit, gehörte Grausamkeit zur altehrwürdigen Ordnung der Dinge? Vielleicht waren Männer wie Mr. Hunt deshalb so blindwütige Tyrannen, weil sie spürten, daß sich die Welt ringsum veränderte. Mr. Hunt war nicht der einzige Unmensch. Nach aufgeplatzten Lippen, Veilchen, Striemen und blauen Flecken brauchte man nicht weit zu suchen. Entweder waren Frauen und Kinder in Hanmer besonders verletzungsanfällig, oder Gewalttätigkeit gehörte hier einfach zum Alltag. Man lernte, nicht viel darauf zu geben. Viele Frauen waren in der gleichen Lage wie Mrs. Hunt, meine Tante Binnie zum Beispiel, die Schwester meines Vaters, was wir allerdings erst Jahre später erfuhren – oder besser gesagt zur Kenntnis nahmen. Selbst wenn man das Leben auf dem Lande durch die rosa Brille sah, passierten doch Dinge, die einen ins Grübeln brachten.

Jede Woche kam Mrs. Parker bei uns vorbei, um für das Versandhaus mit den bunten Bekleidungskatalogen unsere Raten zu kassieren. Sie sah oft ziemlich mitgenommen aus. Sie und ihr Mann hatten ein halbes Dutzend Kinder, von denen zwei angeblich von George Fitch waren, einem untersetzten, brutalen Burschen, der mit seiner verschüchterten Frau und einem eigenen Stall voller Kinder nebenan wohnte. Die beiden Parker-Kinder hatten sein verräterisch rotes Haar geerbt, nicht das mausgraue ihres gesetzlichen Vaters. Dergleichen war in der Gegend nicht ungewöhnlich, schon gar nicht bei Leuten, die wie die Parkers in einer abseits gelegenen Siedlung wohnten. Mrs. Parker selbst, eine hübsche, kräftige, ruhige Frau, war aber durchaus ungewöhnlich: Sie hatte die Vertretung des Versandhauses übernommen und sorgte dafür, daß ihre Kinder, egal welcher Herkunft, stets besser gekleidet waren als die meisten anderen.

Eines Tages erschien sie nicht, um das Geld einzusammeln, und am nächsten Tag wußten alle, warum: Sie hatte Rattengift genommen. Den genauen Grund erfuhr man nie. Vielleicht hatte sie insgeheim Pläne geschmiedet, aus denen nichts wurde, vielleicht war sie erneut von George Fitch schwanger und konnte die Szenen nicht ertragen, vielleicht war sie einfach nur wieder schwanger ... Es wäre so schön melodramatisch gewesen, sich Leidenschaft und Entsagung auszumalen, aber man konnte sich Mrs. Parkers Beziehung mit George Fitch schwerlich als »Affäre« vorstellen; es handelte sich wohl eher um Gelegenheitsvergewaltigungen (so hätten wir es damals nicht ausgedrückt, aber wir wußten sehr wohl Bescheid).

Mrs. Parkers Tod löste einen kleinen Skandal aus. Ihre Verzweiflung durchbrach das Schema des passiven Widerstands, niemand würde sie mehr mißhandeln. Die Sache beeindruckte mich, aber zugleich hielt ich meine Erfahrungen mit dem anderen Leben in Hanmer in Ehren, dem gemächlichen Leben auf untergehenden kleinen Bauernhöfen, Daseinsformen, die man nicht erst erfinden mußte. Doch es waren nicht meine. Vielleicht würden sie bald ganz verschwunden sein. Ich fuhr jeden Tag mit dem Bus über die Grenze nach England, zur Schule in Whitchurch, sechs Meilen hin und sechs Meilen zurück – in eine andere Welt.

10

Nisi dominus frustra

Ohne den Herrn ist alles vergeblich, stand im Wappen der Whitchurch Girls' High School auf der Brusttasche unserer Schuluniform. Ein wahres Wort, auch wenn nicht der Herr, sondern Seine Sprache, das Lateinische, meine Rettung war. Latein, die große tote Sprache, die nur in schriftlicher Form existiert, sollte meine Sprachlosigkeit wettmachen, meine schlaflosen Nächte rechtfertigen und ganz allgemein meinen Mangel an gesellschaftlichen Umgangsformen ausgleichen. Latein war Anfang der fünfziger Jahre noch der Inbegriff von Bildung, es war eine Art Eignungsnachweis für ein Hochschulstudium – ohne die Abschlußprüfung in Latein kam man nicht an die Universität, sie zeigte, daß man in der Lage war, sich vom Hier und Jetzt zu lösen, abstrakt zu denken, sein Gedächtnis zu schulen und einsam – nur in Gesellschaft von Büchern – im eigenen Kopf zu leben. Latein hätte somit schwer sein müssen, aber ich fand es wunderbar leicht, aus ebendiesen Gründen. Ich verliebte mich in die Sprache. Es war die der Toten, *ergo* natürlich Grandpas Sprache. Ich hörte seinen wichtigtuerisch gereizten Tonfall und seinen Predigerstil in jeder harmlosen Deklination und Konjugation.

Nisi dominus frustra war Hokuspokus für das geistige Ohr. Das wahre Motto meiner neuen Schule lautete jedoch *Mens sana in corpore sano*, ein gesunder Geist in einem gesunden Körper: Mannschaftsspiele, Religionsunterricht und Hauswirtschaftslehre nahmen viel Raum im Lehrplan ein. Man pflegte nach wie vor das Image einer Privatschule, man wollte lebenstüchtige, adrette Mädchen hervorbringen, die einen Mann aus dem Ort heiraten würden, der wie ihr Vater Rechtsanwalt oder Kaufmann war. Die Mädchen von außerhalb, die über die Ausleseprüfung an die Schule gelangt waren, wirkten wie ein Sauerteig, aber das machte es nur um so nötiger, privatschulähnliche Gepflogenheiten hochzuhalten: Schuluniform, jahrgangsübergreifende Gruppen und ein kompliziertes System von Aufsichtsschülerinnen. Sie ermahnten die Jüngeren, sich gerade zu halten, holten sie an Regentagen in der Pause aus dem Garderobenraum und scheuchten sie über den Sportplatz. Indem ich mich ins Lateinische verliebte, folgte ich also eher dem Buchstaben des schulischen Gesetzes als seinem Geist.

Gut angeschrieben waren Mädchen ohne Ecken und Kanten, gutwillige, aufgeweckte, robuste Mädchen, die das Beste aus sich machten. Selbst die kollektiven Phantasien hatten Klasse. Viele träumten davon, Stewardeß zu werden. Stewardessen hatten sich damals noch nicht als Kellnerinnen der Lüfte entpuppt; man brachte sie mit Teamgeist und Patriotismus in Verbindung, mit den Luftwaffenhelferinnen, die in Kriegsfilmen Flugzeugattrappen in Hauptquartierbunkern hin und her schoben und um heldenhafte Piloten trauerten. In Friedenszeiten standen die Chancen, einen Piloten zu heiraten, besser – oder auch einen Erste-Klasse-Passagier, der schon daran, wie man den Kaffee einschenkte, erkannte, daß man alle Voraussetzungen mitbrachte, um auf festem Boden irgendwo in Surrey seine Gattin zu spielen.

Whitchurch war ein selbstzufriedenes, von Einzelhändlern, Versteigerern und Buchhaltern geprägtes Marktstädtchen in Shropshire. Freitags war Viehmarkt, Mittwoch nachmittags blieben die Läden geschlossen (was strikt eingehalten wurde). Die großen Ereignisse der frühen industriellen Revolution, die Orte wie Ironbridge hervorgebracht hatten, waren an Whitchurch vorbeigegangen, aber es gab noch Smith's Gießerei und Joyce's Uhrenfabrik (Lord Haw-Haw alias William Joyce, die

Rundfunkstimme des Nationalsozialismus während des Krieges, war ein Vetter von Mr. Joyce) und einen verlassenen Pier, an dem ein nicht mehr genutzter Arm des Shropshire Union Canal endete. Diese Sackgasse war ein passendes Symbol für die Situation der Stadt.

Es hieß, Whitchurch wäre vor langer Zeit beinahe anstelle von Crewe der große Eisenbahnknotenpunkt der Region geworden und nur der Widerstand weitblickender Stadtväter habe ihm seinen Charakter als ländlicher Handelsplatz bewahrt. Der verschlafene Bahnhof war nur eine von vielen Stationen zwischen Shrewsbury und Crewe, aber immerhin führte noch eine Strecke westwärts nach Aberystwyth in Wales, die allerdings bald stillgelegt werden sollte, und eine weitere nach Chester und zu einem Kohlendepot. Ansonsten gab es in Whitchurch noch ein Käsewerk und eine neue Silhouette-Miederwarenfabrik, in der unerschrockene Frauen mit Lockenwicklern im Haar die bewehrten (wattierten, kreisnaht-, gummi- oder stäbchenverstärkten) BHs und Hüfthalter herstellten, die all die Mädchen ohne Ecken und Kanten formen würden.

Den Nabel der Stadt bildete der einstige Viehmarkt, Bull Ring genannt. Hier trafen die High Street, Green End und die Bridgewater Street zusammen, in denen sich Laden an Laden reihte – Eisen-, Haushaltswaren- und Samenhandlungen, Lebensmittelläden, Kleider-, Schreibwaren- und Textilgeschäfte. Das auffälligste Merkmal der Stadt (sie hatte damals rund fünfzehntausend Einwohner) waren jedoch die vielen Bars und Kneipen, über dreißig an der Zahl, von »Hotels« wie dem Queen Vic, wo die wohlhabenden Bauern speisten, während ihre Rinder und Schweine unter den Hammer kamen, bis hin zu Spucknapf-und-Sägemehl-Pinten wie den Back Street Vaults oder Grandpas alter Stammkneipe, dem Fox and Goose, in denen die niederen Stände zechten. In Whitchurch wurde täglich schwer getrunken, nicht nur an Markttagen; ein volles Städtchen, in mehrfacher Hinsicht.

Besonders viel Betrieb herrschte an den Sonntagen, wenn

Wales trocken war. Dann wurde der blaue Bus, mit dem ich zur Schule fuhr, zu einem Pendelbus, der durstige Maelorer über die Grenze nach England brachte. Gleich am Stadtrand stand der riesige Highgate Pub. Er war wie eine öffentliche Toilette gefliest, und sein Schild verkündete großspurig, daß er – je nachdem, aus welcher Richtung man kam – »Das erste/letzte Wirtshaus in England« sei. Natürlich tranken nicht alle dort; man verteilte sich über die ganze Stadt, und zur Geisterstunde um halb elf traf man sich wieder im Bus. Schnarchend fuhr man dann heimwärts, an einem anderen schmiedeeisernen Schild vorbei, einseitig beschriftet nur und unbeleuchtet, auf dem *Croesu y Cymru* stand, Willkommen in Wales.

Montag morgens roch es im Bus nach Wem Ales und Woodbines: selaW ot emocleW. Keiner von uns sprach Walisisch, aber man erkannte uns an unserem breiteren Shropshire-Akzent. Wir hatten unsere eigene soziale Hierarchie: Der Bus fuhr drei Schulen an – die Hauptschule (gemischt), das Jungengymnasium und die höhere Mädchenschule –, und es gab darin eine komplizierte, stillschweigend eingehaltene Sitzordnung.

Die hinteren Plätze waren den vierzehn- bis fünfzehnjährigen Mädchen vorbehalten, die auf die Hauptschule gingen, im Moment jedenfalls noch. Sie hatten Dauerwellen, einen Freund und schon eine Arbeitsstelle in Aussicht, sie nahmen es mit der vorschriftsmäßigen Schuluniform nicht so genau, und sie stoppten die Laufmaschen in ihren Perlonstrümpfen betont lässig mit Nagellack. Sie hatten furchtbar viel miteinander zu reden und zu lachen. Auf der Heimfahrt lackierten sie sich die Nägel, und am nächsten Morgen zupften sie den Lack wieder ab, und manchmal reichten sie eine Flasche Nagellackentferner herum, der berauschend nach Birnenbonbons roch. Die Einkaufstaschen, die sie als Schultaschen benutzten, enthielten keine Bücher, sondern Kleider zum Wechseln; die Schule war für sie eine letzte Konzession an anderer Leute Bild von der Kindheit, denn auf dem Land waren Mädchen mit fünfzehn erwachsen.

Die Jungen von der Hauptschule wirkten jünger, als sie waren, und balgten sich auf den Plätzen in der Mitte, sie markierten den wilden Mann, hielten sich etwas auf die Schmuddligkeit ihrer Krawatten zugute und klemmten sich Zigaretten hinters Ohr. Manchmal schauten sie den Mädchen unter den Rock und erzählten unanständige Witze, aber trotz allem waren sie Zweite-Klasse-Passagiere, der Bus war Mädchenterritorium, die wahren Rabauken ließen sich gar nicht erst herab, den Bus zu nehmen, sondern fuhren mit dem Fahrrad, wenn sie nicht ohnehin schwänzten.

Die Gymnasiasten und die Schülerinnen der höheren Mädchenschule, eine auffällige, unstete Minderheit, verteilten sich nach dem Einsteigen auf die vorderen Plätze. Die Jungen trugen heldenmütig ihre leuchtendvioletten Blazer und Mützen. Das Marineblau der Mädchen paßte wenigstens ins Bild – wenn auch nur von weitem; das Stigma wurden sie nicht los. Als ich zum erstenmal mit dem Bus fuhr, beging ich das Sakrileg, mich neben eines der großen Mädchen in der vorletzten Reihe zu setzen, das den Platz für eine Freundin freihalten wollte. Sofort machte sie mich – matronenhaft herablassend – auf meinen Fauxpas aufmerksam. In diesen ersten Monaten landete ich meistens neben einem regelrechten Paria namens Gilbert, einem blassen Gymnasiasten, der sehr leise sprach; seine Mutter hatte sich einmal beim Busfahrer beschwert, weil ein anderer Junge ihm die Mütze weggenommen hatte. Doch wer neben einem Angehörigen des anderen Geschlechts saß, war ohnehin ein Niemand.

Eigentlich sollte man, wenn man die Ausleseprüfung bestanden hatte, alle Hauptschüler gewöhnlich und dumm finden und sie verachten. In Wirklichkeit aber beneideten wir sie um ihr gekonntes Außenseitertum, und als wir älter wurden, ahmten wir sie nach: in die Tasche gestopfte Mützen, Schmalzlocken, geheime Medaillons und Ketten mit Ringen daran unter der Bluse. Als der Rock'n' Roll und die James-Dean-Welle Whitchurch erreichten, hatten die Hauptschüler längst den richtigen Look, und wir auch. Später sollten Gail, meine alte Schulfeindin aus Hanmer, und ich sogar eine Mädchenbande gründen und die hinteren Sitze übernehmen. Anfangs aber waren die Busfahrten sehr einsam. Ich kam mir vor wie evakuiert mit meinem zu großen Gabardine-Regenmantel (mit Kapuze) über dem brettsteifen Blazer über dem zu großen Trägerrock, meiner Mütze mit dem Schulwappen, meiner Kunstleder-Schultasche, in der ich an diesem ersten Tag auch noch den Schuhbeutel mit den Turnschuhen und den Sandalen für drinnen mitschleppen mußte – alles vorschriftsmäßig mit meinem Namen in Wäschetinte versehen. Der Bus holte mich jeden Tag um Viertel nach acht in The Arowry an der Ecke ab und brachte mich um halb fünf wieder zurück, und dazwischen gab es nur mich und jede Menge Latein.

Ich verbrachte die Tage wie in Trance, denn ich schlief nachts kaum und war durch Nebenhöhlenentzündungen, von denen mir die Wangenknochen summten und die Augen tränten, oft fiebrig. Die Wörter, Karten, Tabellen und Schaubilder in meinen Schulbüchern waren vollendete Nullen für mich, leer und O-förmig – ordentlich, offen, darauf wartend, mit Sinn erfüllt zu werden. Mir wurde ganz schwindlig von der simplen, beglückenden Tatsache alphabetischer Abstraktion; daß die Krakel von meiner Hand das gleiche vermochten wie die gedruckten Buchstaben in den Büchern, war ein nicht endendes Wunder. Das war der Buchstabe des Gesetzes: Plötzlich machte ich etwas richtig. Ich war immer eine Schnell-Leserin gewesen, und jetzt, da Lesen als Arbeit galt, legte ich mich noch mehr ins Zeug und hatte meine Textsammlungen im Handumdrehen durch. Mit den Zahlen war es schwieriger, sie waren enger mit den Dingen verknüpft, doch als wir Algebra bekamen, fühlte ich mich auch hier sicherer.

Extraaufgaben waren ein Geschenk des Himmels. Eine machte mir besonders viel Freude: Wir mußten ein Erdkundealbum anlegen und nach Ländern und Kolonien geordnete Bilder einkleben. Mit Schere und Klebstoff machte ich mich zu

Hause über die *National-Geographic*-Sammlung aus dem Pfarrhaus her, was mir einen Vorwand lieferte, am Hausaufgabenende des Tisches mehr Platz zu beanspruchen; und es entsprach auch meiner geistigen Geographie, einer Collage aus lauter Einzelteilen, einem Spiegelbild des Reichs der Zeichen. Ich stellte mir vor, mein Gedächtnis bestünde aus einer Reihe von Räumen, angefüllt mit alten Münzen, ausgestopften Schlangen und gepreßten Blumen. Ich lernte mühelos Gedichte auswendig und hängte sie wie Stoffmuster an die Wände. Wenn ich mich etwas anstrengte, konnte ich ganze Seiten aus dem Biologiebuch oder französische unregelmäßige Verben in imaginären Schränken lagern und jederzeit hervorholen. Mein ganzer Stolz aber war die Pflichtlektüre in Latein. *»Gallia est omnis divisa in partes tres ...«* Cäsars *Gallischer Krieg* vermittelte mir ein souveränes Selbstvertrauen. Bücher waren für mich ganz allgemein so etwas wie Pop-up-Bücher, und Cäsar ganz besonders. Seine Worte konnte man wie Zinnsoldaten in Schlachtordnung aufstellen.

Doch ich war zu schüchtern, um mich im Unterricht zu melden, und wenn ich vorlesen mußte, hastete ich nuschelnd und mit rotem Kopf durch die volkstümliche oder pseudo-melodische Passage aus einem Schauspiel oder einem Gedicht, das wir »vortrugen«. »Hinauf auf Bergeshöhe / Hinab in tiefes Tal ...« Ich konnte es kaum erwarten, den lärmenden Unsinn aus seiner Not zu erlösen und im stillen Kämmerlein zu sezieren. Nicht die Hälfte der Wörter, mit denen ich auf dem Papier spielte, konnte ich korrekt aussprechen, und wenn hilfreiche Lehrer mich verbesserten, schämte ich mich zu sehr, um die richtige Form aufnehmen zu können. Etwas auf französisch zu sagen kam schon gar nicht in Frage; die Befangenheit verschloß mir den Mund. *»Je m'appelle ...«* Mein Name ließ sich nicht französisch aussprechen, und ohnehin murmelte ich ihn so leise vor mich hin, daß es wie Laura klang.

Das einzige, worin ich seit der Schule in Hanmer Fortschritte gemacht hatte, war Selbstbeherrschung: Ich lernte, meine Tränen hinunterzuschlucken. Dank der schriftlichen Prüfungen war ich am Ende des ersten Trimesters fast in allen Fächern Klassenbeste. Das konnte nur bedeuten, daß meine eigene Währung auch in der Welt draußen galt. Ich klopfte mir selbst auf die Schulter. Auch Häme mischte sich in meinen Triumph; denen hab ich's gezeigt, dachte ich. Damit meinte ich meine Mitschülerinnen und die Lehrer, die mich verdächtigt hatten, ich ließe mir die Hausaufgaben von jemand anderem machen. Vor allem aber meinte ich meine Eltern, besonders meinen Vater. Am Tag bevor ich auf die höhere Schule kam, hatte er mich beiseite genommen und gesagt, ich dürfe nicht erwarten, daß man mich dort für gescheit halten werde, so wie in Hanmer. Ich müsse Augenmaß bewahren, die Dinge nüchtern betrachten, ausgewogen urteilen, realistisch sein.

Er mußte sich mit meinen katastrophalen Noten im Sportunterricht und speziell im Geräteturnen trösten, wo sich mein Radfahrfiasko prompt wiederholte. Ich konnte bockspringen und auf Bäume klettern, ich konnte mich sogar über ein Gatter mit fünf Querlatten »schwingen«, wenn ich mich auf die drittunterste Latte stellte (vom Boden aus war ich zu klein): die linke Hand auf die oberste Latte, die rechte von der anderen Seite auf die zweitoberste, und hinüber! Beim Sprungpferd aber war alles aus. Ich zögerte und verlor jedes Selbstvertrauen, lange bevor ich das sogenannte Sprungbrett erreichte und in Zeitlupe gegen die harte Lederflanke prallte. An der Sprossenwand wurde mir schwindlig. Seilklettern konnte ich überhaupt nicht, alle Kraft wich aus meinen Armen, und ich fing an zu zittern, so fruchtlos waren meine halbherzigen Versuche. Keine Ermunterung half, und schon bald war die Turnlehrerin regelrecht angewidert von mir.

Ich stellte mich so unmöglich an, daß mir nichts beizubringen war, ich war nicht spontan, ich war nicht offen. Für die Lehrerin war das krankhaft im moralischen Sinne, sie sah in mir die geborene Simulantin. Mit zusammengebissenen Zähnen hievte sie mich übers Pferd, und man merkte, daß sie mich nicht gern anfaßte. Und ausgerechnet sie – denn sie war für unsere Körperhaltung und »Hygiene« zuständig – mußte meine Eltern über die Läuse in meinen ungewaschenen Haaren informieren (ich hatte immer noch Zöpfe), ausgerechnet sie mußte mir beibringen, mich gerade zu halten, wenn ich bei der Schulfeier meine Preise entgegennahm. Da ich die Jüngste war, mußte ich die Bühne als erste überqueren und durfte nicht gleich zu Anfang einen solch schlechten Eindruck machen. Ich war eine von denen, die sich blamierten, wo sie nur konnten. Aber sie ließ nicht locker und weigerte sich, mich vom Turnunterricht zu befreien, selbst wenn ich meine Mutter überredet hatte, mir eine Entschuldigung wegen Kopfschmerzen mitzugeben. Das wunderte mich nicht, denn ich glaubte ja selbst, daß ich schummelte. Aber vielleicht hingen meine schlechten Leistungen im Turnen doch mit meinen verstopften Nebenhöhlen zusammen, vielleicht hatte ich wirklich kein Gleichgewichtsgefühl. Jedenfalls nahmen meine Turnlehrerin und auch ich selbst meinen passiven Widerstand persönlich, sahen darin einen Charakterzug. Und tatsächlich konnte ich, wenn niemand zuschaute, Handstand machen.

Singen konnte ich allerdings auch dann keinen Ton, wenn niemand zuhörte – zur großen Enttäuschung der Musiklehrerin, die zwanzig Jahre zuvor schon meine Mutter unterrichtet hatte. Einige der alten Jungfern unter den Lehrerinnen erinnerten sich noch an das hübsche Aussehen, die schauspielerischen Fähigkeiten und die schöne Singstimme meiner Mutter, und für sie war ich nicht einfach nur das frühreife Landkind, für das mich die jüngeren hielten. Ich schlug zwar offensichtlich nicht nach ihr, aber ich hatte zumindest eine begabte Mutter. Doch im Musikunterricht kritzelte ich in meinem Schmierheft herum, und Miss Macdonald schickte mich meines Gezappels wegen vor die Tür, eher bekümmert als verärgert: Weshalb ich denn nicht stillsitzen und zuhören wolle? Hätte ich mich verständlich machen können, hätte ich gesagt, daß die Musik, da sie nicht zu verstehen sei, mich völlig wirr im Kopf mache und ich sie ausblenden müsse. Beim Singen in der Morgenversammlung griff ich auf meinen Trick aus dem Kirchenchor in Hanmer zurück und bewegte nur stumm die Lippen. Die meisten Kirchenlieder kannte ich schon, und manche hatte ich besonders gern, weil sie mich an die dunklen Winkel im Pfarrhaus erinnerten: »Unsterblich, unsichtbar / Die Weisheit liegt bei Gott« heiterte mich jedesmal auf, denn *diese* Art Mysterium war mir vertraut.

Für Schulfeiern hatte die Schule ein eigenes Lied aus ihrer Glanzzeit in den zwanziger Jahren, eine Art Hockeyhymne mit einem mitreißenden Refrain – »An vielen Schulen in England / An Schulen auch anderswo / Sind die Mädchen wohl ebenso klug / So frei und auch so froh ...« Man wußte nicht recht, ob man stolz auf das Lied sein sollte oder nicht, denn in den fünfziger Jahren klang es doch ziemlich antiquiert, und nicht einmal Miss Macdonalds Musterschülerinnen konnten die mehrstimmige Melodie ohne weiteres singen. Sie wurde immer höher und endete schließlich in einem langgezogenen, piepsigen Crescendo: »... das ist die *Schu-u-le* für mich!« Ein Freund der damaligen Rektorin, einer Somerville-Absolventin, hatte sie komponiert. Er hieß Montague Phillips, schrieb Operetten und muß für den Höhepunkt des Refrains einige besonders helle Soprane der zwanziger Jahre im Sinn gehabt haben. Die Strophen dazwischen erforderten weniger Stimmakrobatik, so daß man sich auf den Text (»von Miss S. Bostock«) konzentrieren konnte, der wunderbar das Ethos widerspiegelt, das Schulen dieser Art geformt hat.

Von Heim und Hof dort draußen
Versammeln wir uns hier
In goldner Morgenstunde
Bis an der Dämmrung Tür.
Es ist uns ganz zu eigen,
Dies muntre kleine Reich,
Dies Feld mit seinen Halmen,
Keiner dem andern gleich.

Die arkadische Schlichtheit von Whitchurch ist der ideale Rahmen, wir sind *fast* ein Internat. Wir machen unsere Mädchen so mühelos zu etwas Besonderem, wie wir die Ernte zu einer Metapher machen. Die zweite Strophe ist in vieler Hinsicht die beste, eine virtuose Variation über *Mens sana in copore sano* – vermenschlichtes Wetter:

In kraftvollem Lauf, mit schnellem Blick
Beim Hockey dahin es geht,
Wenn scharf über das Spielfeld
Die Winterbrise weht.
Doch wenn dann im Azur
Die Sommersonne steht,
Der Ball, ein geflügelter Blitz,
In gerader Linie sich dreht.

Vielleicht hatte Miss Bostock ein ganz anderes Bild von den Schülerinnen als Montague Phillips, denn diese sportlichen Mädchen waren zu heiser, um seine hohen Töne zu treffen. Handfestere Tugenden sind ihr wichtiger (der »gerade« Ball spricht Bände, heimtückisch angeschnittene Bälle kommen da nicht vor); allerdings ergeht sie sich mit »geflügelt« und »azur« auch in konventionellen Schnörkeln, so poetisch und doch so fehl am Platz im feuchten, wolkenreichen Shropshire. Und man beachte die geschickt übertragene Bedeutung von »scharf«: So scharf sind wir auf den Sieg, daß der scheußliche Wind aus Wales für uns nur eine leichte Brise ist. Strophe drei handelt von dem Kriegshelden Sir John Talbot, der das Britische verkörpert – mutig wie er werden wir uns allen drohenden »Schatten« (sehr vage, diese Schatten) entgegenstellen. Die vierte und letzte Strophe aber führt alles zusammen, Mannschaftsspiele und Jungfräulichkeit werden gegen die Mächte der Finsternis »in der Welt draußen« aufgeboten:

Verlassen wir unser kleines Reich,
So sind wir nicht mehr Kind.
Fahren auf des Lebens Meer hinaus.
Die Segel gebläht im Wind …

Wir interpretierten diese Zeile damals schlicht und grob als eine Warnung davor, mit den Jungen »bis zum Letzten zu gehen«, unterschätzten dabei jedoch Miss Bostock, die in verschlüsselter Form vom Empire sprach und davon, daß man die Werte, die man sich als Hockeyspielerin zu eigen gemacht hatte, nach Indien oder Afrika exportieren oder zumindest tugendhaft Söhne hervorbringen müsse, die das tun würden. Dies war der ferne, mythische Ursprung unserer Stewardessen-Phantasien, auch wenn uns das nicht bewußt war. Daß unerbittlich der schreckliche Refrain folgte, trug möglicherweise dazu bei, Miss B.s großartige Sicht der weiten Welt zu trüben: Wieder in die Schu-u-le.

Ich sang den Refrain stumm mit, und ich war allein. In meinem ersten Jahr auf der höheren Schule hatte ich keine Freunde, die meiste Zeit war ich unsichtbar und auch unhörbar: klein, schmuddelig, unbeholfen, eine Streberin und eine Niete im Sport. Und obendrein hatte ich Läuse. Als wir das tödliche Shampoo endlich bei Boots kauften und es anwendeten, verschwanden sie, aber nicht alle auf einmal, und eine Zeitlang kratzte ich mich aus alter Gewohnheit weiter.

Was noch schlimmer, viel schlimmer war: In jenem Winter bekam ich eine Zahnspange, oben und unten – ein Mundvoll glänzender, verschlungener Drähte. Heutzutage ist es fast schon ein Makel, wenn man *nicht* zum Kieferorthopäden geht, ein metallisches Grinsen ist so sexy wie ein Satz Ringe im Ohr oder ein Stecker in der Augenbraue, und man kann sich kaum noch vorstellen, wie grotesk meine Spange im Whitchurch des Jahres 1953 wirkte. Niemand sonst hatte eine. Es war eine bizarre Scheußlichkeit, wie ein so grauenvolles Schielen, daß man eine Augenklappe tragen mußte, wie ein violettes Muttermal oder eine Beinschiene. Manchmal tröstete ich mich damit, daß ich wenigstens nicht auch noch eine Brillenschlange war, aber es half nichts, meine Schüchternheit hatte ein schreckliches, sichtbares Eigenleben entwickelt. Ich war buchstäblich sprachlos mit meiner Maulsperre, und die meisten vermieden es ebenso krampfhaft, mich anzuschauen, wie ich es vermied, sie anzuschauen.

Die Spange war der qualvollste Teil meines Übergangsritus ins Land des Lateinischen, und sie tat auch körperlich weh – jedes Verstellen war eine Folter. Die Zahnarztbesuche selbst aber wurden zum Abenteuer. Man mußte schon sehr schiefe Zähne haben, damit der staatliche Gesundheitsdienst die Kosten für »kosmetische« Korrekturen übernahm. Ich war zu einem gelehrtenhaften Amtsarzt in der Harley Street in Liverpool überwiesen worden, und um mir Mut zu machen, hatte er mir Gipsabgüsse anderer Patientengebisse »vorher« und »nachher« gezeigt. Viele Menschen seien mit den falschen Zähnen ausgestattet, hatte er gesagt, man erbe sie von einem Vorfahren mit ganz anderer Kinnform, sie stünden vor oder schöben sich wie meine übereinander.

Das über Jahrhunderte entstandene genetische Chaos in den Mündern faszinierte ihn ganz allgemein, und als er merkte, daß ich mich gern belehren ließ, erzählte er mir schmeichlerisch von seiner Arbeit. Meine Zähne seien im Grunde gar nicht meine eigenen, meinte er, ich brauchte mich also nicht zu genieren – und bei ihm tat ich das auch nicht. Das lag – auch wenn wir niemals ein Wort darüber verloren – mit daran, daß er sehr klein war, ein Zwerg geradezu. Am Ende der Behandlung war ich mit einssechzig größer als er. Seine Kleinwüchsigkeit verlieh den Sitzungen bei ihm einen besonderen Reiz. Die Vorher-Nachher-Abgüsse in ihren Glaskästen, seine lyrischen Ausführungen über die Launenhaftigkeit des menschlichen Gebisses und das heroische Unterfangen der Regulierung, das alles paßte zu den Phasen der Evolution des Menschen, die wir in der Schule durchnahmen – jahrtausendelange Entwicklungsgeschichte in einem einzigen Zahnschema. So wie Dr. McColl mir meine schlaflosen Nächte zum Geschenk gemacht hatte, so machte der Liverpooler Zahnarzt meinen armen Mund zu einem Symbol des Fortschritts. Außerdem war jeder Termin bei ihm mit einer Fahrt in die Großstadt verbunden.

Wir kamen vom anderen Ufer des Mersey, vorbei an der riesigen Fabrik der Lever Brothers in Port Sunlight. Die gelbe Sunlight-Seife, Persil-Waschpulver und Lux-Toilettenseife wurden dort hergestellt, und in der Luft hing ein durchdringender Gestank nach Talg und Fett, überlagert von Karbol, abgerundet mit chemischer Gardenie. Kurz vor dem Mersey-Tunnel mixten ein Schlachthof und eine Gerberei einen neuen Geruchscocktail, und auf der Straße sah man Lieferwagen voller blutiger Häute und Hufe. Dann kam die glatte Betonröhre des Tunnels und auf der anderen Seite Liverpool mit seinen Trümmergrundstücken und Bombenkratern.

In Liverpool sah ich, was ich bis dahin nur aus der Wochenschau kannte: Reste zerbombter Mietskasernen. Tapeten, Feuerroste und Rohrleitungen lagen bloß, die Mauern wurden bis zum Abriß mit Holzbalken abgestützt. Nicht weit von der Harley Street stand die riesige anglikanische Kathedrale auf einer weiten leeren Fläche, denn ringsum waren ganze Straßenzüge dem Erdboden gleichgemacht worden. Wenn wir früh genug da waren, wanderten wir durch die hallenden neugotischen Kirchenschiffe. Meiner Mutter waren sie zwar zu neu, aber immerhin waren sie so etwas wie ein Denkmal, das an die gotische Vergangenheit erinnerte. Dann ging es weiter zu meinem zwergenhaften Zahnarzt, in das höhlenartige Wartezimmer mit den schweren Vorkriegsmöbeln und den Landschaftsgemälden, das Vorzimmer des »Nachher«.

Daß meine Zähne reguliert wurden, war vor allem die Idee meiner Mutter, geboren aus ihrem Streben nach Schönheit und ihrem Traum von einem anderen Leben. Es ging ihr nicht um bürgerliche Konventionen; der Entschluß war ihren versponnenen Grübeleien entsprungen, die sie auch so lange gehindert hatten, sich mit meinen Läusen zu befassen. Im Grunde war es eine *Pfarrhaus*-Angelegenheit, etwas, das sie persönlich betraf, etwas Phantastisches, dem eine verborgene Logik innewohnte. Ihre eigenen Vorderzähne waren überkront. Sie fand, die Kronen sähen unecht aus, und haßte sie geradezu. Wahrscheinlich erinnerten sie sie an Grandpas abstoßende Affäre mit ihrer Freundin Marj und an den Ekel und die Selbstzweifel, die ihr auf der höheren Schule das Leben so schwer gemacht hatten. Und so rettete sie nicht nur mein Aussehen, sondern verschaffte mir auch – wie sie später oft und bitter sagte – eine Chance, die sie selbst nicht gehabt hatte. Nicht die Chance, hübsch zu sein (sie war hübsch, die Zähne fielen gar nicht auf), und auch nicht die Chance einer guten Schulbildung – auch die hatte sie gehabt –, sondern die Chance, ganz sie selbst zu sein. Der Egoismus ihrer Eltern hatte sie zerstört, ich aber wurde von ihr und meinem Vater heil gemacht, mir stand die Karriere offen, die ihr verwehrt geblieben war – in solchen Bahnen bewegte sich ihr Denken.

Und auf lange Sicht hatte sie recht, wenn auch nicht so, wie sie es gemeint oder gewollt hatte. Als ich älter wurde, merkte ich, daß ich ein Doppelleben führen konnte, ein Leben in meinem Äußeren und eines in meinem Kopf, mit einem Wort: Jungen und Latein. Das wiederum verhalf mir zu einer gewissen Beliebtheit bei meinen Schulkameradinnen. Man verzieh mir, daß ich kein Mädchen ohne Ecken und Kanten war, denn ich hatte ein hübsches Gesicht und früh entwickelte Brüste, und ich bekam schon mit elf meine Periode (ein wichtiges Statussymbol). Meine Eltern aber sahen in mir mehr und mehr das Geschöpf meines Großvaters. Es hätte meiner Mutter freigestanden, sich ebenfalls die Zähne richten zu lassen, aber irgendeine Erinnerung lähmte sie. Ich sollte dieses Kapitel für sie leben, ich sollte anders sein, und so war ich eine Art moralischer Atavismus.

Solange ich Klassenbeste war, verübelte mir niemand meine intellektuellen Schliche. Ich gab mir alle Mühe, diese Position zu halten. Es war ein Vergnügen, aber auch eine Frage des Überlebens, denn die Prüfungsergebnisse waren mein Alibi. Das verstand sich zwischen meinen Eltern und mir von selbst. Meine schulischen Leistungen spielten sich gleichsam auf dem Hochseil ab: Solange ich mich oben hielt, zählte mein fehlendes moralisches Gleichgewicht nicht, rutschte ich aber ab und fiel hinunter, würde man mich sehen, wie ich wirklich war: eingebildet, unrealistisch, egozentrisch. Ein einziger Fehltritt, und ich würde wieder ganz von vorn anfangen müssen. Ich dankte Gott für das Lateinische. *Nisi dominus* ... Unser Schulwahlspruch geht auf Psalm 127 zurück – »Wo der Herr nicht das Haus bauet, so arbeiten umsonst, die daran bauen ... Es ist umsonst, daß ihr frühe aufstehet und hernach lange sitzet, und esset euer Brot mit Sorgen; denn seinen Freunden gibt er es im Schlaf.« In meinen schlaflosen Nächten stellte ich diese Lehre ketzerisch auf den Kopf. Wenn ich so gut in der Schule bin, dachte ich, kann das nur bedeuten, daß die höheren Mächte insgeheim auf meiner Seite sind.

11

Familienleben

Meine Mutter verpetzte mich, ich dagegen hatte etwas für Geheimnisse übrig und verpetzte sie nie, wenn ich sie zu Mrs. Smith begleitete, die in Whitchurch ein verstecktes kleines Kleidergeschäft führte. Wir machten erst die »richtigen« Einkäufe (die Lebensmittel-»Rationen« wurden ohnehin ins Haus geliefert), dann schlenderten wir ans ruhige Ende der High Street, weg vom Trubel am Bull Ring, öffneten eine Tür, wobei ein gedämpftes Klingeln ertönte, und betraten Mrs. Smith' stickige Höhle. Mrs. Smith war »exklusiv«. In ihrem Schaufenster waren zwar immer ein paar Kleidungsstücke an arm-, bein- und kopflosen Schneiderpuppen ausgestellt – ein Schneiderkostüm etwa und ein schicker Dreiviertelmantel –, aber sie hatten keine Preisschilder und waren durch die orangefarbene Cellophanfolie an der Scheibe kaum zu sehen. Mrs. Smith selbst stand drinnen Wache. Sie war füllig, korsettbewehrt, überfreundlich und mit Puder und Rouge, nachgezogenen Brauen und rotgemaltem Schmollmund matronenhaft geschminkt. Auf dem Kopf hatte sie eine Beton-Dauerwelle, und auch sie trug am liebsten Schneiderkostüme und dazu Modeschmuck und ein teures Parfüm. Ihr Laden lockte kaum Laufkundschaft an, und wir begegneten dort auch so gut wie nie anderen Kundinnen, obwohl für den Fall, daß man warten mußte, ein Stuhl in der Ecke stand.

Ich wartete oft und lange, denn die Verhandlungen zwischen meiner Mutter und Mrs. Smith waren kompliziert und schlossen ein ausgedehntes Verführungsritual ein. Zu Hause blätterten wir vor aller Augen die Versandhauskataloge durch. Die Kleider darin stellten ihre Reize – und ihre Preise – freimütig zur Schau, und wir kauften sie auf Raten. Sie kamen, man trug sie, und man trug sie ab. Bei Mrs. Smith dagegen war alles viel intimer, »klassischer« und geheimnisvoller. Schon ihr Name klang falsch, und irgendwie weckte sie Schwarzmarkt-Assoziationen, als sei sie früher einmal in dubiose Geschäfte mit Kleiderbezugsmarken verwickelt gewesen. Was ihr vornehmer Akzent und ihre gehauchten Worte jedoch in Wahrheit verschleiern sollten, war der Umstand, daß sie größtenteils – vielleicht sogar ausschließlich – Gebrauchtkleider verkaufte. Es waren elegante Sachen, kaum getragen, nicht im entferntesten zu verwechseln mit Flohmarktware. Sie waren über jeden Zweifel erhaben und kosteten nur einen Bruchteil (wenn auch einen recht ansehnlichen Bruchteil) des ursprünglichen Preises. Wenn Mrs. Smith die Stoffqualität oder den exquisiten Schnitt rühmte, sprach sie meine Mutter als Opfer der Gesellschaft an, als Träumerin, als eine Frau, die ohne ein gutes Kostüm oder ein wirklich schickes Kleid am Spülbecken in der Küche ihres Gemeindewohnhauses zu versauern drohte.

Meine Mutter probierte das Stück in Mrs. Smith' Hinterzimmer an und betrachtete sich verlegen, aber wohlgefällig lächelnd in dem hohen Spiegel, während Mrs. Smith glättete, tätschelte und murmelte. Früher oder später mußte meine Mutter nach dem Preis fragen, und dann folgte ein Kopfschütteln und Seufzen. Doch Mrs. Smith versicherte ihr mit affektiertem Lächeln, wie gut das Kleid zu ihrem Teint und ihrer Figur passe, gegen eine klitzekleine Anzahlung könne sie es ihr zurücklegen, nächste Woche könne sie es ja noch einmal anprobieren ... Oft gingen wir mit leeren Händen wieder weg, aber ein Geschäft war trotzdem abgewickelt worden, so daß die Schulden meiner Mutter bei Mrs. Smith immer weiter anwuchsen. Das Neue blieb noch einige Wochen in Mrs. Smith' Hinterzimmer, dann wurde es nach Hause getragen und ganz unten im Kleiderschrank versteckt, bis meine Mutter es hervorzuholen und anzuziehen wagte, das heißt, bis es glaubhaft erschien, daß sie es sich hatte leisten können – ein schlauer Trick. Manchmal sah sie sich allerdings gezwungen, ihre Mrs.-Smith-Käufe als alte Kleider auszugeben, die sie angeblich in Grandmas Koffer gefunden hatte.

Wie immer war das Geld zu Hause der kritische Punkt, das umstrittene Territorium zwischen Phantasie und Realismus, mit anderen Worten, zwischen ihr und meinem Vater. Geld war ein Minenfeld. Meine Mutter sollte verträumt und unpraktisch, aber auch abhängig, vertrauensvoll und in gewisser Weise durchschaubar sein, ein wenig wie man es von Kindern erwartete (ich war es nicht). Mein Vater wußte natürlich von Mrs. Smith, kannte aber nicht den genauen Wert der Transaktionen, weder in barer Münze noch emotional. Verhielt sie sich unloyal ihm gegenüber? Er hatte sich in die Valma der hübschen Kleider und der Tagträume verliebt; Hinterlist, Täuschung und privates Schuldenmachen (*Geschäftsschulden* standen auf einem anderen Blatt) waren Pfarrhauslaster, vor denen er sie gerettet hatte. Und war ihr Verlangen nach Kleidern, die wir uns nicht leisten konnten, nicht eine Kritik an ihm? War sie unzufrieden mit ihrem Leben? Fühlte sie sich betrogen, ein Aschenputtel, das versehentlich den Kohlenmann geheiratet hatte? Aber nein, protestierte sie und wandte das Gesicht ab, wenn er ihr außer der Reihe Geld gab, damit sie Mrs. Smith bezahlen konnte (Geld, das dann als klitzekleine Anzahlung für das Kleid diente, das sie seit Wochen anprobierte).

Bedauerte sie ihre Heirat? Ich hoffte es, denn ich selbst tat es, ebenso wie Grandma, die es oft auch leise aussprach. Meine Mutter aber glaubte daran, daß man durch die Ehe ein Fleisch wird. Wie im Kino, wenn ein Cowboy und ein Indianer sich eine Ader aufritzen und ihr Blut ineinanderfließen lassen, schuf die Ehe ein Band, das so dauerhaft war wie Blutsbande. Das brachte Grandma auf die Palme, denn sie haßte meinen Vater um so mehr, als er die Loyalität meiner Mutter von ihr abgezogen und es gewagt hatte, ihre Tochter einem rothäutigen Hanmer-Stamm einzuverleiben. Sie hatte eine Menge an ihm auszusetzen und gebrauchte seinen Namen »Eric« wie ein Schimpfwort. Eric hatte eine schmutzige Arbeit und eine laute Stimme, Eric machte ständig Theater wegen des Geldes, und vor allem: Eric begriff nicht, welche Ehre es war, uns nach Chester oder Shrewsbury chauffieren zu dürfen.

Meine Mutter sah diese Unzulänglichkeiten ebenfalls und stimmte auch mit ein, wenn Grandma die Männer als Scheusale und Betrüger schmähte, aber für meinen Vater machte sie eine Ausnahme und weigerte sich hartnäckig, ihn als Ungeheuer hinzustellen. Und schlimmer noch: Nach wie vor schlief sie mit ihm, und das nicht nur, weil es in unserem Haus keine freien Zimmer oder Dachkammern gab. Sie könnte wenigstens die halbe Nacht aufbleiben, fand Grandma, und erst dann zu Bett gehen, wenn er schon tief und fest schlief – aber nein.

Grandma mußte sich mit kleineren Anzeichen von Verrat begnügen. Und Mrs. Smith war eine Verbündete. Ihr parfümiertes kleines Gehäuse mit den feinen Kleidern erinnerte an das Zimmer über dem Laden in Südwales, wo Grandma und ihre Schwester sich stundenlang zum Ausgehen feingemacht hatten. Da war sie wieder, die Sphäre ihrer Mutter. Mrs. Smith mochte zwar unmoralisch sein, aber in ihren einschmeichelnden Worten klang die Stimme der Toten mit der Haarfarbe einer Königin an. Was meine Mutter immer von neuem zu Mrs. Smith' geschäftigen Händen und ihren Schmeicheleien zog, war das Bedürfnis, bemuttert zu werden, ebenso wie die Angst vor sozialem Abstieg.

Niemand in unserer Familie wollte Mutter sein, man war auf ewig Tochter. Man konnte eigene Kinder haben und dennoch Kind bleiben, wie Grandma täglich demonstrierte. Meine Mutter setzte die Tradition fort, obwohl sie sich kaum noch an ihre Großmutter, die mythische Muttergestalt, erinnern konnte. Doch sie war unsicher in ihrer Mädchenhaftigkeit, wie Grandma und Katie es nie gewesen waren, sie war zermürbt von der Hausarbeit, der sie sich nicht gewachsen fühlte, und schämte sich dafür. Grandma – die sich ständig irgend etwas von ihr holen oder bringen oder zu den unmöglichsten Zeiten Teekuchen toasten ließ und ihre häusliche Fron dadurch beträchtlich vermehrte – nährte ihre Unzufriedenheit mit Erzählungen von der goldenen Zeit ihrer Jugend, einer Zeit, in der sich alles um Frisuren und Näschereien gedreht hatte. Aber Grandmas Vorbild bot keine andere Lösung, als sich feinzumachen und ins Kino zu gehen. (Wir hatten noch keinen Fernseher, und ohnehin war das Fernsehen der fünfziger Jahre noch spröde und bodenständig, man konnte den Tag noch nicht mit Seifenopern und alten Filmen verträumen.) Grandma hatte aus ihrer Ehe herausgeholt, was sie nur konnte, um sich den gewünschten Lebensstil leisten zu können. Sie hatte ein zweites Gelübde abgelegt, nämlich Grandpa zu hassen, in guten wie in schlechten Tagen, sie hatte ein Einkommen von ihm erpreßt, hätte ihn aber nicht einmal mit der Kneifzange angefaßt, wie sie oft stolz erklärte. Meine Mutter dagegen liebte ihren Mann und sah sich deshalb nach einer anderen Möglichkeit um, die Kleider von Mrs. Smith zu tragen und sie auch zu bezahlen.

So verfiel sie auf die Idee, sich eine Arbeit zu suchen – um aus dem Haus zu kommen, wie sie, ohne Mrs. Smith zu erwähnen, erklärte. Mein Vater hatte nichts einzuwenden, obwohl er vielleicht vorhersah, daß nichts daraus werden würde – woran sich ermessen läßt, wie stolz er darauf war, daß sie etwas Besseres, daß sie »anders« war. Die öffentliche Meinung war strikt dagegen. Frauen wie sie, die weder der Arbeiterklasse angehörten noch Akademikerinnen waren (von Ärztinnen und Rechtsanwältinnen hatten wir zwar gehört, kannten aber keine), hatten zu Hause zu bleiben oder, wenn ihnen die Decke auf den Kopf fiel, gute Werke zu tun. Doch meine Mutter war nicht mehr fest genug in der Mittelschicht verankert, um ehrenamtlich tätig zu sein, sie wollte das Geld. Und es gab Tätigkeiten, die gerade noch standesgemäß waren, als Empfangsdame etwa oder als Sekretärin, die nicht tippt. Solche Arbeitsplätze waren jedoch in Hanmer nicht zu finden. Sie würde täglich nach Whitchurch müssen, und das bedeutete, daß sie Auto fahren lernen mußte. Der erste Schritt dazu waren der Kauf von L-Schildern und Fahrstunden bei meinem Vater.

Doch nach jeder Stunde fiel das Urteil entmutigender aus. Es zeigte sich, daß sie zu nervös war, um die Prüfung zu bestehen, obgleich mein Vater sehr viel nachsichtiger mit ihr umging als mit mir. Meine Mutter, so meinte er – und sie pflichtete ihm bei –, sei einfach zu weltfremd. Und so entschwand die Angelegenheit ins Reich des Irrealen, ins Repertoire ihrer Tagträume, und die Kleider von Mrs. Smith blieben wochen- und monatelang im Schrank, ehe sie ans Tageslicht geschmuggelt wurden. Und wir gingen weiter zu Mrs. Smith. Der ganze Plan einer Berufstätigkeit meiner Mutter – besser gesagt, sein Scheitern – bestätigte im Grunde nur, daß meine Eltern in verschiedenen Welten lebten, er draußen in der Realität, sie in Luftschlössern und in den Frustrationen des Gemeindewohnhauses. Wie ihre Unfähigkeit zu kochen und sauberzumachen, bewies es (auf geheimnisvolle Weise), daß sie für Höheres bestimmt war, und das wiederum machte unter anderem ihren Charme als Frau aus.

Dennoch sprach sie manchmal mit Bitterkeit von Tante Binnie, der Schwester meines Vaters, die während des Krieges, als es keine Fahrprüfungen gab, Auto fahren gelernt hatte, obwohl sie genauso nervös war wie meine Mutter. Jeder wußte, daß Tante Binnie nur Strecken fahren konnte, die sie in- und auswendig kannte; wie sie beim erstenmal irgendwohin gelangt war, blieb ein Rätsel. Und einparken konnte sie nur, wenn die Lücke so groß war wie ein Bauernhof. Aber sie hatte den Führerschein, und meine Mutter meinte, sie hätte, wenn der Zeitpunkt günstiger gewesen wäre, in Binnie-Manier ebenfalls im Auto zur Arbeit fahren können, in einem ebenso schicken Kostüm.

Doch es sollte nicht sein. Wie hätte unser häusliches Leben ohne sie ausgesehen? Wer hätte Grandma die Krusten abgeschnitten, wer hätte den Küchenboden notdürftig gewischt? Ich bestimmt nicht. Aber irgendwie wären wir schon zurechtgekommen, noch ein bißchen mehr Chaos wäre nicht weiter schlimm gewesen. Wir hätten uns eben von Schinken und Biskuit ernährt und die Fischstäbchen in eigener Regie verkohlen lassen. Und für die psychische Hygiene des Hauses wäre es ein Segen gewesen. Die Schüchternheit und Konfliktscheu meiner Mutter brachten es mit sich, daß man sich ihr erschreckend leicht widersetzen und sie schikanieren konnte, und das taten wir auch, Grandma, mein Bruder Clive und ich. Da aber Grandma durch Alter und Diabetes entschuldigt und Clive noch klein war, wurde ich zu ihrer größten Peinigerin. Wenn ich nicht in der Schule oder auf dem Watson-Hof war, trieb ich mich irgendwo herum, und sie wurde schier verrückt vor Sorge, und wenn ich Clive mitnehmen mußte, kam er oft ziemlich angeschlagen zurück (einmal ließ ich ihn den neuen Elektrozaun der Hunts anfassen). Im Haus schmollte, quengelte und nörgelte ich und bekam Wutanfälle, wenn meine Mathematikaufgaben nicht aufgingen. Ich schrie meine Mutter an; vielleicht habe ich sie sogar geschlagen. Wenn dann mein Vater nach Hause kam, verpetzte sie mich.

Er kam selbst oft spät, nach Kälte und Kuhmist riechend, und brüllte noch eine lange Liste unerledigter Aufträge für Onkel Albert ins Telefon, bevor er in die Küche ging und sich am Spülbecken die Hände wusch. Meine Mutter folgte ihm, und während sie seinen Trink-oder-laß-es-bleiben-Tee aufwärmte, zählte sie ihm weinend meine Missetaten auf. Krank vor Sorge sei sie gewesen, sie werde einfach nicht fertig mit mir, sie könne *Streit nicht ertragen*. Letzteres wirkte immer. Streit war gleichbedeutend mit dem Pfarrhaus-Elend von früher, und er war es sich schuldig, sie von diesem Übel zu erlösen. Was ich zu meiner Entschuldigung vorzubringen hätte? Ich tue so, als sei ich in meine Hausaufgaben vertieft, aber er verlangt *eine direkte Antwort auf eine direkte Frage*, und wenn ich lüge und ihm nicht in die Augen sehe, verliert er die Geduld.

Von da an folgt alles einem festen Schema, und es gibt kein Zurück mehr. Ich zittere, schniefe und schaue schuldbewußt drein, er brüllt, daß er mir *eine Lektion erteilen wird, die ich so schnell nicht vergesse* – auch das ist Standard, die Schule ist nicht das *wirkliche Leben* –, und er legt mich übers Knie und versohlt mich, bis ich sage, Entschuldigung, ich tu's nicht wieder.

Jetzt ringt meine Mutter die Hände und fleht ihn an, nicht so grob zu sein, und ich schreie und winde mich vor Scham und Empörung. Das Ganze spielt sich in unserem offenen Wohnzimmer ab, und Grandma und Clive schauen zu, Clive schadenfroh, aber ängstlich, Grandma zitternd vor freudiger Erregung, denn sie liebt Kräche und genießt es, wenn Eric sein wahres Hanmer-Gesicht zeigt. Ich verspreche, es nie wieder zu tun. Aber ich werde es wieder tun. Ich trotte die Treppe hinauf, labe meine verquollenen Augen mit den Seiten eines Buches und nehme mir fest vor, künftig besser zu lügen. Ich lese und lese, während Clive auf der anderen Seite des Zimmers im Schlaf zuckt und meine Eltern im Bett leise miteinander reden. Nach Mitternacht kommt Grandma herein und zischt mir zu, daß die Männer brutale Kerle seien. Doch nicht sie, sondern meine Mutter hat mir die Lektion erteilt, die mich von der Töchtertradition trennt. Ich werde nicht so sein wie sie, es gibt zu viele Kinder in unserem Haus.

In einer dieser rotäugigen Nächte, als ich in *Lorna Doone* vertieft war, den Liebesroman, von dem ich meinen Namen habe, sah ich plötzlich nicht mehr mich selbst, sondern meine Mutter in dem weltentrückten, königlichen Mädchen, das im Doone Glen so fehl am Platz ist, und meinen Vater in der Figur des Ich-Erzählers, des wackeren Bauernsohnes John Ridd, dem Lorna später ihr Herz schenkt. Es ist ein bewegender Roman: John befreit Lorna aus ihrem gesetzlosen Clan (wir befinden uns im wilden West Country zur Zeit des Monmouth-Aufstandes und des Blutgerichts von Richter Jeffreys, die Doones sind Raubritter) und findet heraus, daß sie gar keine Doone, aber dennoch eine Lady ist, die weit über ihm steht: »Sie erhob sich mit stolzer Miene ... und wandte sich ab, als wollte sie eine herrschaftliche Kutsche besteigen oder einen Palast betreten; ich war derart erstaunt und bekümmert in meiner rauhen Einfachheit ...« Aber der Autor will uns nur irreführen. Bei Hofe in London ist man geblendet von Lorna, die jedoch John die Treue hält. Er wird in Anerkennung seiner Verdienste für die Krone zum Ritter geschlagen, und nach einer großartigen Szene, in der ein wütender Carver Doone während Lornas Trauung in der Kirche auf sie schießt (wenn er sie nicht haben kann, soll auch kein anderer sie haben), besiegt John die Mächte der Finsternis im Zweikampf, und unser Paar richtet sich zum Happy-End auf dem Plover's-Barrow-Hof ein.

Heute weiß ich, weshalb mir die Ähnlichkeit meiner Mutter mit Lorna Doone so ins Auge sprang. Weil ihr viktorianischer Schöpfer R.D. Blackmore, ein Oxford-Absolvent, der zuvor nur »Texte des klassischen Altertums übersetzt hatte, ohne daß man auf ihn aufmerksam geworden wäre« (wie einer seiner Biographen schreibt) – weil also Blackmore die schwierige, aber verkaufsfördernde Strategie verfolgt, seine Heldin unter ihrem Stand heiraten zu lassen, ohne daß sie in den Verdacht sinnlicher Begierde nach dem aufrechten John (einem Hünen und Meister des Ringkampfs) gerät. Blackmore bewerkstelligt das, indem er sie durch und durch keusch und übermütig-kindlich darstellt. Er fand eine neue Formel für den Liebesroman, in dem die Heldin – Jane Eyre etwa, zwanzig Jahre zuvor – üblicherweise den hohen Herrn heiratet. Gebricht es dem Helden an gesellschaftlichem Rang, rückt seine männliche Faszination in den Mittelpunkt, wobei die viktorianische Heldin natürlich nicht wissen darf, wohin sie schauen muß. *Lorna Doone* nimmt in aller Unschuld D.H. Lawrence' *Lady Chatterley* vorweg. Wie Oliver Mellors glaubt John fest an die natürliche Ordnung der Beziehungen zwischen den Geschlechtern. Ein Beispiel:

> Ich weiß, daß im Norden die Frauen das Korn schneiden dürfen ... Bei uns aber tun die Frauen, was ihnen recht eigentlich ansteht, sie folgen den Männern in gebührendem Abstand von der schwingenden Sense, bücken sich und raffen die Schwaden dort auf, wo die Schnitter sie hingeworfen haben. Sie legen ein Bündel Halme darunter, führen es um die Garbe herum und verknoten es, wobei sie die Garbe mit dem Knie festhalten ...

Dieser kleine Exkurs über ländliche Gebräuche erinnert an die Predigten über die rechte Haltung, die Mellors so liebt. Blackmores Heldin würde jedoch nie tot in einem Kornfeld liegen, schließlich haben wir es mit Symbolen zu tun: John Ridds Reiz liegt für Lorna in der Autorität, die sich hinter seiner Ehrerbietigkeit verbirgt. Sie kann für immer ein junges Mädchen bleiben. Es war alles andere als eine perfekte Allegorie der Beziehung meines Vaters zu meiner Mutter, denn John Ridd hat sowohl das behagliche Plover's Barrow als auch *seine* Mutter, die die Kindsbraut bemuttern kann, als er sie heimführt.

Ich stelle mir vor, daß Grandpa wie Carver Doone innerlich schäumte, als er seine Tochter zum Altar führte und sie diesem braven John übergab, und daß ihm deshalb bei meiner Geburt der Name Lorna in den Sinn kam. Wie Carver hatte er für Erics John-Ridd-Mischung aus unerschütterlicher Rechtschaffenheit, Bescheidenheit und männlicher Tapferkeit nur Hohn und Verachtung übrig. Mein Vater war wie geschaffen für die Rolle des verantwortungsbewußten Erwachsenen, als er aus dem Krieg zurückkam, und Grandpa war auch sehr erpicht darauf, daß er sie übernahm, denn das bedeutete in erster Linie, daß er die Löcher in der Pfarrhaus-Kasse stopfen würde. So konnte Grandpa weiterhin die Röcke seiner klerikalen Würde raffen und sich auf seine höhere Autorität berufen. Nach seinem Tod hatte mein Vater nicht einmal mehr diesen schattenhaften Konkurrenten um die Position des Patriarchen, die er trotz seiner jungen Jahre (1952 war er dreiunddreißig) sehr ernst nahm.

Wir »niederen Ränge« waren chronische Gehorsamsverweigerer. Wir wollten seiner Truppe nicht angehören, wir (meine Mutter ausgenommen) wußten nicht einmal, ob wir auf derselben Seite standen wie er. Da er das spürte, hielt er ständig Ausschau nach Anzeichen von Respektlosigkeit und pochte gereizt auf seine Autorität, die im Umgang mit seinen Kunden und Angestellten oft genug ins Wanken geriet. In der Armee wurde man, wenn man sich hochgedient hatte und zum Offizier ernannt worden war, nie zu seinem alten Regiment zurückgeschickt; man kam zu einem anderen Regiment, in dem die neue Funktion des Vorgesetzten nicht in Frage gestellt wurde. Als mein Vater jedoch nach Hanmer zurückkehrte, wo er vor dem Krieg nur ein einziges Kommando innegehabt hatte, nämlich bei den Pfadfindern, mußte er seine Position fast täglich neu festigen.

Zu Hause war sein Wort Gesetz, so sah er es. Die Jahre beim Militär hatten zusammen mit dem Granatsplitter neben seiner Wirbelsäule einen Ladestock in seine Persönlichkeit getrieben.

Der Krieg gab ihm eine Berufung, der Frieden nahm sie ihm wieder, ließ aber ihr Ethos unangetastet. Er identifizierte sich nicht mit der Offizierskaste in Friedenszeiten, blasierten kalten Kriegern, die plaudernd im Kasino saßen und Gin Tonic tranken. Dennoch wählte er 1945 die Torys, denn er fühlte sich jetzt der staatstragenden Elite zugehörig. Er vermißte den Krieg geradezu, der Krieg war seine schlimmste Zeit, seine beste Zeit, der Höhepunkt seines Lebens gewesen, seine Hochschule und seine Bildungsreise. Es erstaunte ihn, daß er noch am Leben war. In mancher Hinsicht aber war es, als hätte er das Beste schon hinter sich, als hätte ihm das Leben nicht mehr allzuviel zu bieten. Die tägliche Einsatzbesprechung in Form der Schimpfkanonade an Onkel Alberts Adresse war eine Therapie für diese Form der Kriegsneurose, ebenso wie das Erzählen von Kriegsgeschichten.

Wann immer sich eine Gelegenheit auch nur andeutete – es genügte schon, daß sich eine Wolke vor die Sonne schob oder jemand eine beiläufige Bemerkung über das Wetter machte –, erzählte mein Vater von seinen Erlebnissen. Caen, Lüttich, Düsseldorf, Hamburg, Genua, Triest, Pula ... einzig die King's Shrophshire Light Infantry, das Regiment, in das er 1939, eine Woche nach Kriegsausbruch, eingetreten war und das er nach seiner Ernennung zum Offizier wieder verlassen hatte, reduzierte sich im Laufe der Jahre auf die Anfangsbuchstaben K-S-L-I. Die ausländischen Namen waren eine vertraute Litanei. Nicht lange, und er kerbte mit dem Messerrücken Linien in die Tischdecke, brachte Pfeffer, Salz und Soßenflasche in Stellung und zeichnete Landkarten mit den Orten, wo er verwundet worden war, wo die Deutschen sie beinahe überrannt hatten, wo er sich die Sporen verdient hatte. Auf ein neues, Sir John Ridd!

Mein Vater war ein Kriegsgefangener, obwohl er nie in Gefangenschaft geraten war. Sein Leben lang rekonstruierte er wieder und wieder die Schritte, die ihn das alles hatten überstehen lassen: matschige Stiefelabdrücke im Sommer 1944, Spuren im Schnee im Winter 1944–45. Dann richtete sein Blick sich in die Ferne, und manchmal schüttelte er in gespieltem Staunen den Kopf. Das sechste Bataillon der Royal Welch Fusiliers, der walisischen Infanteristen, zu dem er im Zuge der Verstärkung der Invasionstruppen in der Normandie im Juli abkommandiert worden war, verlor westlich von Caen innerhalb von achtundvierzig Stunden achtzehn Offiziere und zweihundertsechzig Mann (die Hälfte der Offiziere, ein Viertel der Mannschaft). Er selbst wurde (am 16. August) schwer verwundet und nach England zurückgebracht. Sechs Wochen hatte er an der Front ausgeharrt, großenteils unter schwerem Beschuß im Schützengraben. Damals wurde er zum Hauptmann befördert.

Einmal hatte er sogar die Deckung verlassen und sich ins Niemandsland vorgewagt, obwohl sich das Ganze in Deutschland abspielte. Als er wieder zu den Royal Welch in die Ardennen kam, waren die Verluste nicht so hoch, aber genau dort absolvierte er das schlimmste Spähtruppkommando seines Lebens. Die Deutschen hatten in einem Kiefernwald auf der anderen Seite eines engen Tales gelegen, und man wußte nicht, ob sie noch dort waren. Um das auszukundschaften, wurde er mit einem Feldwebel und vier Mann losgeschickt. Sie mußten zu dem Bach in der Talsohle hinunter, und der schnellste Weg führte über einen frisch verschneiten Abhang. Wenn sie unter Beschuß gerieten, würde man Bescheid wissen. »Wir sind also hier über den Hügel …« Das zusammengeschobene Tischtuch wird zu Schnee. Sie verteilen sich – der Feldwebel und seine zwei Mann gehen hundertfünfzig Meter nach rechts –, und dann rennen sie im Zickzack den Hang hinunter, durch den tiefen, weichen Schnee, der in Klumpen an den Stiefelsohlen hängenbleibt. Als sie drei Viertel der Strecke geschafft haben, eröffnen die Deutschen, die in aller Ruhe auf der Lauer gelegen haben, das Feuer, und der Feldwebel wird getroffen. Er bleibt reglos liegen, seine Leute kriechen den Hang wieder hinauf, mein Vater und die beiden anderen Männer rennen weiter bergab, erreichen den Bach, gehen atemlos unter einer Brücke in Deckung, warten, bis es dunkel wird, und steigen dann mühsam wieder auf. Befehl ausgeführt. Am hellichten Tag, ohne Deckung und ohne Schneeanzüge. »Die hatten einkalkuliert, daß wir dabei draufgehen«, sagte er ohne Bitterkeit und trommelte mit den Fingern auf den Tisch. »Wir wurden losgeschickt, um die Lage zu sondieren, als wandelnde Zielscheiben.« Der Feldwebel überlebte, er hatte sich totgestellt und wurde gefangengenommen.

In den Wäldern wurde er zum zweitenmal verwundet, als er Munition über eine Lichtung schaffte. Eine Granate schlug ein, zwei Mann wurden schwer verletzt, er selbst hatte Glück: Der Splitter, der ihm durch die Zähne drang, machte lediglich einen Zahnarztbesuch erforderlich, nachdem sie die Munition abgeliefert hatten – »Penicillin, eine Tetanusspritze und ein paar Tage wie Gott in Frankreich beim Divisionsstab«. Inzwischen ist der Krieg fast vorbei, nur in Triest und Pula, wo er zwischen einander bekriegenden italienischen und jugoslawischen Splittergruppen vermitteln soll, erlebt er noch ein paar brenzlige Situationen. Den Polizisten zu spielen ist nicht gerade nach seinem Geschmack, doch der Dienst an Recht und Ordnung schließt auch das mit ein. Aber er ist kein blinder Befehlsempfänger wie der hündisch gehorsame, hackenknallende Feind.

Er dachte oft über diesen Unterschied nach, denn die Deutschen, soweit er sie tatsächlich zu Gesicht bekam, waren geradezu beunruhigend leicht zu erkennen – stämmig, blond, rotgesichtig, blauäugig und froh, noch am Leben zu sein. Als Angehöriger der Besatzungstruppen hatte er unter anderem darüber zu wachen, daß alle erwachsenen Deutschen ins Kino getrieben wurden, wo man ihnen Filme über die Konzentrationslager vorführte. Es fiel ihm jedoch selbst schwer zu glauben, daß diese Filme die Wirklichkeit wiedergaben und daß seine »Kollegen« bei der Wehrmacht über die Greuel Bescheid gewußt hatten. Wie so viele andere in der britischen Armee hatte er die Horrorberichte über die Ausrottung der Juden für

Lügenpropaganda der Alliierten gehalten, bis er Bergen-Belsen mit eigenen Augen sah. Allerdings, so meinte er, gehöre zur Mentalität der Deutschen nun einmal ein Hang zu abstrakten und technischen Lösungen, wohingegen die Briten Amateure im besten Sinne seien, großzügig und freiheitsliebend ... So führten ihn seine Geschichten wieder in die Gegenwart zurück, er stand auf, streckte sich, zog seinen Overall an und ging mit frischem Vertrauen in seinen hausgemachten Realismus wieder an die Arbeit.

Das Familienleben trieb mich mit Macht zu Büchern und Hausaufgaben zurück und gab meinen Streifzügen im Gelände etwas Guerillahaftes. Als ich zwölf wurde, hörte mein Vater auf, mich zu schlagen, nicht etwa, weil ich zu Kreuze gekrochen wäre, und schon gar nicht, weil ich jetzt besser log, sondern um der Schicklichkeit willen. Meine sprossenden Brüste und sonstigen Kurven verliehen der Prozedur allmählich einen kompromittierenden sexuellen Beigeschmack. Prügel waren in Fünfziger-Jahre-Filmen ein beliebtes Motiv, ein Paarungsritual à la *Der Widerspenstigen Zähmung*. Besonders denkwürdig versohlte in *Der Sieger* John Wayne Maureen O'Hara, aber auch sonst wurden in Liebeskomödien, Kostümfilmen und Western allenthalben erwachsene Frauen als eine Art Vorspiel verdroschen. Kein Wunder, daß die Sache Dad peinlich wurde.

Um die gleiche Zeit sah Onkel Bill (der sozialistische Realist) mich einmal mit anzüglichem Grinsen an und sagte, ich würde allmählich zur Brigitte Bardot des kleinen Mannes. Er grapschte nach mir, ich stieß ihn in die Entengrütze am Rand von Hunts Weiher (es war auf einer Wanderung) und trampte nach Hause. Aus dem Autoradio ertönte ein Liebeslied, und ich dachte angewidert: Das ist es also – Onkel Bills geile Pfoten. Und so verpetzte ich Bill ... Nein, stimmt nicht. Ich liebte Geheimnisse und hielt den Mund. Ich war kein Kind mehr, ich wurde erwachsen. Der lüsterne Bill und mein tugendhafter Vater registrierten es jeder auf seine Weise, auch wenn sie wenig Ahnung davon hatten, was in meinem Kopf vorging.

12

Familienleben, zweiter Teil

Jeden Moment würde ich jetzt zum Teenager werden. Fast genau im Takt mit Bill Haley und den Comets schlug meine Uhr dreizehn, und dieser angenehme Lärm hämmerte zu jeder Tages- und Nachtzeit gebieterisch in meinem Kopf. Meine Eltern beklagten sich über meine plötzliche blinde (und natürlich unmusikalische) Begeisterung für die Rockmusik und machten sich darüber lustig, aber sie waren auch froh, daß ich mich ausnahmsweise wie ein normales Mädchen benahm. Der Rock 'n' Roll sanktionierte die Kluft zwischen den Generationen, die Teenager der Zeit nach 1955 waren eine Gattung für sich, die ihrem eigenen Rhythmus folgte. Als Teenager war ich außerdem in gewisser Weise unabhängiger: Ich war mir der Zwänge, unter denen meine Eltern standen, nicht mehr so bewußt. Ihre fünfziger Jahre fanden anderswo statt.

Vorerst aber saß ich dort noch fest, ich befand mich in einer Art Schwebezustand zwischen Kind und Teenager. Verdrossen lungerte ich in ihrem Leben herum und schaute zu. Meine Mutter nahm mich mit zu den Versammlungen des Women's Institute, der Frauenvereinigung, im Gemeindesaal, wo stattliche, frohgesinnte Damen (getreu der Hanmer-Tradition hieß eine auch prompt Mrs. Large, eine andere Mrs. Cheers) Wohltätigkeitstombolas und Tortenschmuckwettbewerbe veranstalteten oder höflich den Gastrednerinnen lauschten, die Constance Sprys Ratschläge zum Blumenarrangieren und zur Haushaltsführung ohne Hilfe weitergaben. Die Hymne des

WI war William Blakes »Jerusalem«, und wenn ich später den Text hörte, sah ich jedesmal den heruntergekommenen Dorfsaal mit den splitternden Dielen, den gezackten Klappstuhlreihen und den jetzt vor Zugluft schützenden ehemaligen Verdunkelungsvorhängen vor mir: zeitweilige Hochburg des Biedersinns, der auch Whistturniere und Gartenfeste im Umkreis von fünf Meilen beherrschte.

»Bring mir den Bogen von glühendem Gold, Bring mir die Pfeile der Sehnsucht«, sangen die Matronen und träumten dabei von Pfannenwendern aus rostfreiem Stahl und elektrischen Rührgeräten. Ihre Tweedkostüme rochen nach Feuchtigkeit und Kampfer, ihre gepuderten Hängebacken zitterten, der Lippenstift kroch in die Falten unter ihren Schnurrbärtchen, und ihre blauen Augen tränten vom Rauch des Koksofens. Sie nahmen ihre Hüte (Filz, Federn) niemals ab, nicht einmal wenn sie sich ihrer Jacken entledigten, um Tee und Sandwiches herumzureichen. Die meisten waren älter als meine Mutter, jedenfalls sahen sie so aus. Es waren Stützen der Gesellschaft, die wir sonst nur in der Kirche sahen, Großbäuerinnen, Gattinnen und Witwen von Akademikern und ihre unverheirateten Schwestern, und sie interessierten sich für Kartenspiele, Klatsch und Backwettbewerbe. Meine Mutter hatte auf keinem dieser Gebiete etwas beizutragen, so daß man meinen könnte, sie sei dort völlig fehl am Platz gewesen. Aber dem war nicht so. Sie hatte ihre feste Rolle, sie wurde gebraucht, denn das WI hatte eine Theatergruppe, die einmal im Jahr ein Stück aufführte und auch sonst allerlei Vorstellungen gab, auch bei den anderen Ortsgruppen des Vereins, und in allen spielte meine Mutter Hauptrollen. Dorthin zielten die Pfeile *ihrer* Sehnsucht. Auf der Bühne machte sie wett, daß sie sich in Hanmer abseits hielt und mit Kuchenteig und Marzipan auf Kriegsfuß stand. Sie war unstet, wandelbar. Selbst ihre Sprache war fremd, sie hatte ihren südwalisischen Akzent beibehalten, und ihr Singsang mit den gerollten Konsonanten – ganz zu schweigen vom Tempo ihres Vortrags – war im Vergleich zur langsameren, gutturalen Sprechweise der Hanmerianer schon an sich bühnenreif.

Die Damen des WI hätschelten sie, ich dagegen krümmte mich vor Abscheu. Jedesmal wenn sie auftrat – oder auch nur zu Hause ihren Text lernte –, wurde mir schlecht vor Wut. Stellvertretend schämte ich mich wohl dafür, daß sich ihre Schüchternheit und ihr mangelndes Selbstvertrauen bei dieser öffentlichen Schaustellung ins Gegenteil verwandelten. Oder eben *nicht ganz* verwandelten, denn das Schreckliche am Laienspiel ist ja, daß man unter der Maske doch immer den Menschen sieht. Das Spiel meiner Mutter erschien mir wie ein monströses Täuschungsmanöver, sie gab sich umgänglich und selbstbewußt, dabei war sie »in Wirklichkeit« hilflos. Schlimmer noch: Auf der Bühne wurde offenbar, daß sie sich *immer* verstellte, denn ihre Hilflosigkeit im wirklichen Leben war ebenfalls gespielt ...

Mit den Jahren wurde es noch ärger, denn die Theatergruppe sah allmählich ein, wie unmöglich es war, Männer für die Männerrollen einzuspannen, und wie unbefriedigend, die stattlichen Damen in Männerkleider zu stecken, und so beschränkte man sich auf reine Frauenstücke, -dialoge und -monologe. Anfang der fünfziger Jahre, vielleicht im patriotischen Nachklang der Krönung, wurden zwar noch Noël Cowards *Wunderbare Zeiten* aufgeführt, später aber konnte meine Mutter mit Monologen à la Joyce Grenfell glänzen, virtuosen tragikomischen Darbietungen der Selbstentblößung, die ausnahmslos von Peinlichkeit *handelten*, Peinlichkeit hoch drei. Ich war außer mir. »Bringt mir den Wagen von Feuer ...«

Stumm sang ich in meinem Innern »Jerusalem«, nahm dem WI den Text weg, wischte die kehligen Stimmen davon ab, tat die Buchstaben ins Buch zurück und stellte das Buch wieder in sein Regal in der Bibliothek in meinem Kopf. Ein weiteres großes Ärgernis an der Schauspielerei war, daß die Worte zu so viel Spucke und Geschnaufe wurden und sich unter die Leute mischten, während ich sie doch für mich allein genießen wollte. Wenn wir Jerusalem in Englands grün und heitrem Land erbauten, dann würde es, was mich betraf, eine Stadt mit lauter einzelnen Türmen sein, in die man sich zurückziehen konnte, um, vorzugsweise nachts, mit imaginären Freunden Zwiesprache zu halten. Figuren auf der Bühne darzustellen war ein grausamer Angriff auf die gesamte Gattung irrealer Personen.

Insgeheim mißbilligte und verachtete ich Aufführungen jeder Art (daß ich mich für mein Lampenfieber schämte, hieß nicht, daß mir die Schauspielerei etwas bedeutet hätte). Ich konnte Hunderte von Gedichten auswendig, die ich vor meinem geistigen Auge aufmarschieren ließ, als wären sie mein Eigentum. Lesen an sich war schon eine Art Theater, »richtiges« Theater dessen prosaisches Zerrbild. Was mich aber nicht hinderte, für mich allein auch Theaterstücke zu lesen, nicht nur Shakespeare und Marlowe in Klassikerausgaben, sondern auch Shaw, Synge und Eugene O'Neill. Sogar Werke von Coward und Terence Rattigan lieh ich mir in der Bücherei aus, und die Eleganz dieser Autoren schien mir unübertrefflich. Ich hielt sie für praktisch unaufführbar. Ihre sehr diesseitigen Figuren waren *unsagbar* schick, sie litten unter der Sehnsucht nach Vollkommenheit.

Ein Wort, das mich faszinierte, war »Ennui«, um so mehr, als ich keine Ahnung hatte, wie man es aussprach. Seine Fremdartigkeit war nicht französisch, sondern phantastisch, es gehörte zu dem Anderswo, das ich mit meinem unersättlichen, unsystematischen Lesen durchstreifte. Denn ich las zwar alles, überschlug aber prosaische, realistische Passagen, ich wollte keine *lebensechten* Figuren, ich bevorzugte solche, die zu ihrer Unwirklichkeit standen. Meine Lieblingsbücher waren samt und sonders poetisch, auch wenn sie nicht gereimt waren, und schon die Namen ihrer Autoren – Rafael Sabatini, Rider Haggard – klangen wie die von Romanhelden.

Bücher gehörten keiner bestimmten Zeit und keinem bestimmten Ursprungsort an, ihre Inhalte vermischten sich, gingen ineinander über. Im Grunde waren sie alle ein einziges

Buch – und ich besaß in der Tat ein Buch, das für alle anderen stehen konnte, ein Erbstück aus dem Pfarrhaus, das aus dem »guten« Bücherschrank in unserem offenen Wohnzimmer verbannt worden war, weil es Rückenschild und Buchdeckel eingebüßt hatte. Es hieß *Dichtung für die Jugend*, ein dicke, 1881 erschienene und oft nachgedruckte Anthologie, die als Preis an gute Schüler verteilt wurde, eine Sammlung heroischer, gefühlvoller Gedichte, größtenteils von den Romantikern und ihren viktorianischen Schülern, speziell Felicia Hemans und Longfellow. Düstere Stiche von Schlössern im Mondlicht zierten das Buch, von gestrandeten Schiffen und von Vögeln, den einzigen Vertretern des Tierreichs, die ätherisch genug waren, seinen Geist zu verkörpern, denn es war zwar gespickt mit Gedichten über das Wirken und Weben der Natur (Stürme, Wolkenbrüche, Ebbe und Flut), schwieg sich über fleischliche Begierden jedoch beharrlich aus und brachte es fertig, Liebe mit dem Winken beim Abschied von der Heimat zu verwechseln. Eigentliches Thema aber war der Tod: der Tod in früher Kindheit, der Tod in fernen Gefilden des Empire, der nasse Tod auf der Reise dorthin – und auch der ganz normale Tod. Der Tod war der Große Preis der *Dichtung für die Jugend*. Durch ihn gelangte man zu dichterischen Ehren: Blakes Schornsteinfeger, Byrons Gladiator, der »Rom ergötzt beim Festtagsmord«, der Junge auf dem brennenden Schiff, der Spielmann, Somebody's Darling, Osymandias, Poes Lenore, Lord Ullins Tochter (*daughter* reimte sich auf *water*), der verlassene Wassermann, die einsame Schnitterin, Simon Lee, der alte Weidmann, Grays ruhmloser, stummer Milton, Lucy, ein Veilchen am moosigen Stein, schon vor ihrem frühen Tod. Diese Welt war das »Feldlager des Lebens«, es waren die »Vorstädte der Ewigkeit« in Longfellows unvergeßlichen Worten. Das Schlußwort in *Dichtung für die Jugend* hatte Shelley: »O Welt, o Leben, o Zeit, deren letzte Stufen ich erklimme ...« Seligkeit. Ennui.

Aber ich schweife ab, ich entferne mich von der Welt meiner Mutter – doch genau das war ja der Zweck der Bücher. Niemand kontrollierte meine Lesegewohnheiten, denn meine Mutter bewahrte die Pfarrhausbücher zwar sorgsam auf und staubte sie sogar gelegentlich ab, aber sie schlug nie eines auf, niemals. Alles, was sie las, waren French's Dramentexte, die Frauenzeitschrift *Woman's Own* und Besprechungen von Amateuraufführungen im *Whitchurch Herald*. Als Grandpa sie im Stich ließ, hatte sie sich mit Entschiedenheit vom Lesen abgewandt. Es war, als lauerte er noch in den Büchern, mitsamt seiner Schürzenjägerei, seiner Verlogenheit und seiner Genußsucht. Theoretisch hielt sie das Lesen für eine gute Sache, doch das leichte Schulterzucken und Naserümpfen, wenn sie sagte, sie habe keine Zeit dafür, sprach Bände. Für sie waren Bücher Gespenster. Das Regal litt nicht nur an schwerem Holzwurmbefall aus Pfarrhauszeiten – eine Gefahr für unser neues Haus –, es war außerdem ein Friedhof: Man konnte sich in einem Buch vergraben und in einen asozialen, fast kriminellen Ennui abgleiten. Grandma lebte in Fleisch und Blut bei uns, kurzatmig Kekse mümmelnd, aber auch Grandpa war noch da. Wie ein Flaschengeist tauchte er auf, wann immer ich mit den dandyhaften, lebensüberdrüssigen Figuren aus den Resten seiner Bibliothek Umgang pflegte. Rang meine Mutter nicht die Hände und sagte, er habe mich verdorben?

Ich war mir meines Sündenmonopols vollkommen sicher und merkte deshalb nicht, daß sie, sobald sie auf der Bühne stand, ebenfalls sein Geschöpf war. Die stattlichen Damen aber sahen mit Sicherheit ihren Vater in ihr. Das WI war so wohlanständig und gesetzt, daß ich – obwohl ich täglich Schwester Burgess' Beispiel vor Augen hatte – gar nicht auf die Idee kam, den Zusammenhang herzustellen: Tatsächlich aber hatte mehr als eine dieser tweedumhüllten alten Jungfern eine Affäre mit Grandpa gehabt. Zweifellos sahen sie in der schauspielerischen Begabung meiner Mutter einen Widerschein seiner bitteren, zwanghaften Beredsamkeit. Immer wenn ich glaubte, sein Geist sei ein reines Produkt meiner Phantasie, war er wieder da, ganz der alte, und trieb in der Erinnerung anderer sein frivoles Spiel.

Der einzige, der außer mir wußte, was in den Büchern stand, war Onkel Bill, der Bruder meiner Mutter, aber er gab vor, sie zu verachten. Romane zu lesen sei Zeitverschwendung, erklärte er, Opium für das Bürgertum, man müsse die Realität in den Griff bekommen. Er besaß auch eigene Bücher, sogar ein ganzes Fach voll in unserem Regal, denn er zog ständig um, von einer Einzimmerwohnung in die nächste, und reiste gern mit leichtem Gepäck. Werke über die Evolution und dicke Selbstlernbücher mit nüchternen Titeln wie *Mathematik für Millionen* oder *Wissenschaft für jedermann* standen da, aber er hatte auch Grandpas Irrealitätensammlung um etliche Bände erweitert, darunter *Vom Winde verweht*, *Amber*, *King's Row*, *Der Werwolf von Paris*. Auch diese Bücher las ich, hingerissen von verbotener Liebe, Bürgerkrieg, Miederwaren im Wandel der Zeiten, Inzest und Nekrophilie. Onkel Bills in Ungnade gefallene Sammlung eskapistischer Klassiker sah anders aus und fühlte sich anders an als die Pfarrhausbücher, nicht nur, weil man die Rückentitel lesen konnte, sondern auch, weil sie aus Kanada stammten, wo er bei Kriegsende stationiert gewesen war. Zu einer Zeit, da englische Bücher knauserig eng gedruckt waren, strahlten schon ihr Einband und der verschwenderische Umgang mit dem Papier nordamerikanische Üppigkeit aus. Dieser Unterschied prägte sich mir unauslöschlich ein, als ich eines Nachts *Vom Winde verweht* zu Ende las. Immer schneller blätterte ich die Seiten um, von denen mein rechter Daumen noch beruhigend viele spürte. Das Happy-End *mußte* kommen – und dann war plötzlich Schluß! Leere Seiten, eine buchbinderische Nachlässigkeit, ein glatter Betrug! Ich weinte mir die Augen aus. Noch jahrelang sah ich mir, bevor ich ein Buch anfing, immer erst die letzten Seiten an. So machte mich Onkel Bill unwissentlich mit dem materiellen Aspekt der Literatur bekannt.

Bills Treue zu den harten Tatsachen war nicht ganz konsequent. Es gab unter seinen Sachbüchern auch pseudo-völkerkundliche Werke – *Exotische Bräuche in Liebe und Ehe* hieß eines, in das ich mich vertiefte. Es enthielt ebenso pikante wie vage Beschreibungen von Bräuchen wie dem »Bündeln«, was nichts Exotischeres zu sein schien als vorehelicher Geschlechtsverkehr zwischen Liebespaaren im hohen Norden. Wahrscheinlich umklammerten sie sich nur, um sich gegenseitig zu wärmen. Damals (in Filmen durfte noch nicht einmal ein Ehepaar im Doppelbett gezeigt werden) war das natürlich hochbrisant. Mir war klar, daß diese *Exotischen Bräuche* verbotene Schauder hervorrufen sollten, aber irgendwie fehlten mir die Antennen dafür, und aus schierer Verwirrung und Enttäuschung las ich das Buch wieder und wieder.

Ähnlich verhielt ich mich auch Onkel Bill selbst gegenüber. Es zeigte sich, daß er in weit geringerem Maße ein Gleichgesinnter war, als es den Anschein hatte, trotz seiner Kräche mit meinem Vater übers *Geschäft*. Auch er war Realist, zumindest haßte er Idealisierungen und fand ein verdächtig großes Vergnügen daran, die nackte Wahrheit bloßzulegen. Hunger war real, Sex war real, und Geld war realer als diese beiden Bedürfnisse zusammen, denn es ermöglichte ihre Befriedigung. Bill wippte ungeduldig grinsend auf Fersen und Zehen und ließ das Kleingeld in seinen Taschen klimpern, während er seine ernüchternden Reden schwang. Er war klein und drahtig und wirkte immer hungrig, obwohl er lieber rauchte als aß. Sexuell war er jedenfalls ausgehungert, wie er sarkastisch kichernd prahlte. Heirat sei Wahnsinn, es gehe dabei um nichts anderes als um Kauf und Verkauf: Privateigentum an Frauen. Ohne Geld müsse man allerdings nehmen, was man kriege, und könne nicht wählerisch sein. Er schien es mir nicht zu verübeln, daß ich seine Avancen zurückgewiesen hatte (die Brigitte Bardot des kleinen Mannes). Später erkannte ich, welchen Gefallen er mir damit tat, daß er mich mit der rauhen Wirklichkeit konfrontierte. Die pädagogischen Spaziergänge mit ihm hörten nicht ganz auf, jedenfalls nicht gleich, aber ich blieb mißtrauisch.

Bill gehörte zur Familie – und auch wieder nicht. Er war ein Außenseiter, ein selbsternanntes schwarzes Schaf. Als Kind hatte ich mir darunter eines jener rußgeschwärzten Schafe vorgestellt, die auf den Schlackehalden des Rhondda-Tals herumliefen und in Mülltonnen wühlten, und in gewisser Weise lag ich damit gar nicht so falsch. Er war ein eingefleischter Städter und verachtete Hanmer. Nach dem Krieg war er nach Wolverhampton gezogen, wo er in der Fabrik eines Mannes, den er bei der Luftwaffe kennengelernt hatte, tageweise Reparatur- und Malerarbeiten ausführte; er gehörte also nicht zur regulären Belegschaft der Fabrik (wie er mich glauben machen wollte). Außerdem besuchte er Abendkurse, denn wie meine Mutter hatte er die Schule abgebrochen, als Grandpa und Grandma zu sehr damit beschäftigt waren, einander in der Luft zu zerreißen. Ihm schwebte ein Architekturstudium vor, aber die Kurse besuchte er, wie er selbst zugab, vor allem, um Frauen kennenzulernen und Heizkosten zu sparen. Ohnehin war er zu sprunghaft, um länger bei einer Sache zu bleiben, und bildete sich etwas auf seine Wurzellosigkeit und seine Armut ein. Wenn erst die Revolution kam, würden die braven Bürger schon sehen, was Sache war.

Unterdessen lebte er von Gelegenheitsarbeiten und dem, was Grandma ihrem Liebling zusteckte. Billy war von ihrem unversöhnlichen Haß auf die Männer komplett ausgenommen. Sie sparte ihre Rente und geizte mit ihrem Beitrag zum Haushaltsgeld, damit sie ihm aus der Patsche helfen konnte, wenn er wieder einmal abgebrannt war. Vielleicht ließ er sich überhaupt nur deshalb bei ihr blicken – aber er war ohnehin ein notorischer Schnorrer. Er hatte stets zwei Hosenklammern in der Tasche, für den Fall, daß ihm jemand ein Fahrrad lieh.

Man konnte sich darauf verlassen: Wenn Bill da war, gab es dicke Luft. Mein Vater trug seine ostentative Rechtschaffenheit noch dicker auf, denn er »stritt« mit Bill zwar lautstark über Politik, aber es war nur ein symbolischer Schlagabtausch; das Thema Geld sparte er mit Rücksicht auf meine Mutter grundsätzlich aus. Was mich betraf, so wurde mir Bill immer unwichtiger. Weit davon entfernt, mich für die Welt der Fakten zu begeistern, bestärkte er mich sogar in meiner Überzeugung, daß imaginäre Wesen *realer* waren. In meinen Revolutionsszenarien tummelten sich phantastische Gestalten in historischen Kostümen, gegen die Bill eine schäbige, unglaubwürdige Figur war. Etwa um diese Zeit, in dieser pubertären Phase zwischen Kindheit und legitimer Teenager-Launenhaftigkeit, kam ich dahinter, daß man sich im Kreise der Familie manchmal besser in sich zurückziehen konnte, als wenn man allein war.

Die Samstagnachmittags-Kinobesuche mit meinen Eltern gewannen eine neue Bedeutung. Die Schauspielerei auf der Leinwand hatte in keiner Weise das abstoßend Persönliche der Aufführungen im Gemeindesaal. Man spürte, daß den Stars ein Platz unter den Unsterblichen sicher war. Kirk Douglas und Jean Simmons mögen zwar in ihren Rollen – beispielsweise in *Spartakus* – noch als Personen erkennbar gewesen sein, aber sie – »Kirk Douglas«, »Jean Simmons« – waren beruhigend überlebensgroß und ganz und gar unwirklich; *sie* und nicht die blassen Fiktionen, die sie verkörperten, waren die Helden und Heldinnen des großen Hollywood-Kinos. Sie blieben sich immer gleich, Jeans Blick war stets seelenvoll, ihre Lippen bebten, ihr Lächeln war immer lieb und ungekünstelt, und ihre Fesseln waren dick; Kirk biß unfehlbar die Zähne zusammen, und das Grübchen in seinem Kinn war so unwahrscheinlich wie das von Popeye. Die Stars paßten hervorragend zu den Gestalten aus meinen Lieblingsbüchern. Ich fühlte mich in eine andere Welt versetzt, wenn wir uns einen Film ansahen, meine Eltern und der gelangweilte Clive entschwanden ins stickige Dunkel und machten sich nur noch durch das Rascheln der Bonbonpapierchen bemerkbar.

Wenn der Film aus war, ging ich extra langsam, um noch mit den gerahmten Fotos der Stars im Foyer Zwiesprache zu halten und die Rückkehr in die graue Wirklichkeit hinauszuzögern. Ich warf verstohlene Blicke in die Spiegel, suchte einen Widerschein ihrer traumhaften, geschminkten Vollkommenheit in meinem Gesicht und entdeckte für einen kurzen Augenblick einen Hauch von Glamour in den schweren Lidern meiner Schlaflosigkeit. Alle Odeons, Gaumonts und Majestics hatten damals Fluchten teppichbelegter Flure und Foyers, die als Schleusen oder Warteräume fungierten, Vorzimmer der Phantasie. Wenn wir an der Schlange für die nächste Vorstellung vorbeikamen, hielt ich mich etwas abseits von meinen Eltern und Clive und stellte mir vor, die Augen der Leute würden auf meinem Gesicht ruhen. Vielleicht merkten sie ja, daß ich nicht zu den dreien gehörte, daß ich mich insgeheim in weit glanzvollerer Gesellschaft bewegte.

Doch auf der Heimfahrt von Wrexham oder Shrewsbury hatte ich regelmäßig Kopfschmerzen, und mir war schlecht von der stickigen Luft und der Aufregung im Kino und dem Fisch mit Pommes danach. Manchmal hielten wir auf einem Rastplatz an, damit ich mich übergeben konnte, meistens aber schluckte ich die aufsteigende Galle hinunter, verfiel in ein erschöpftes Dösen und spulte den Film mit dem Motorengeräusch als Soundtrack auf der Innenseite meiner Lider noch einmal ab. Doch es war schwer, die Illusion aufrechtzuerhalten. Unsere Autos waren laut, die Auspuffanlage hatte sich durch die Schlaglöcher auf Straßen und Bauernhöfen gelockert, der Motor stotterte und klopfte. Autos kamen auf der Prioritätenliste des *Geschäfts* gleich nach den Lastwagen, und mein Vater bosselte ständig an ihnen herum. Oft mußte der Wagen unterwegs repariert werden, und für solche alltäglichen Pannen hatte er eigens einen ölverschmierten Overall im Kofferraum. Wollte der Motor schon zu Hause nicht anspringen, stiegen wir in unseren guten Sachen ins Führerhaus eines Lasters, wo Clive und ich, zwischen meinen Eltern eingezwängt, auf dem Getriebekasten saßen. So brachten uns diese Ausflüge zusammen. Selbst im Auto (außer wenn Grandma mitkam, was hin und wieder der Fall war; allerdings hätte sie sich um nichts in der Welt herbeigelassen, in einem Lastwagen mitzufahren) kamen wir uns vor wie ein Familienbetrieb, eine familiäre Gesellschaft mit beschränkter Haftung. Der Wagen war einer von uns, er trug dazu bei, uns zur Muster-Kernfamilie der fünfziger Jahre zusammenzuschweißen: Vater, Mutter und zwei Komma soundsoviel Kinder auf der Landstraße des Lebens, sozial mobil, ein Privatunternehmen.

Clive und ich hatten uns anständig zu benehmen. Die Eltern bestimmten, wir fuhren nur mit. Aber es war eine unsichere Sache. Als wir einmal an einem Wintersamstag im Dunkeln von Wrexham zurückfuhren, sagte meine Mutter verträumt, wie es ihre Art war, was für ein hübsches Muster die Scheinwerfer auf den vorübergleitenden Hecken machten. Mein Vater hatte gerade zu einer nachsichtigen Erwiderung angesetzt (wie ähnlich ihr das sehe, immer in Gedanken weit weg), als er plötzlich stutzte und scharf bremste. Der Motor brannte. Wir stiegen hastig aus und standen zitternd am Straßenrand, während mein Vater die Motorhaube öffnete und sie, als Flammen herausschlugen, schnell wieder schloß. Er setzte sich in Trab, zu einer Tankstelle, die eine Meile entfernt war, und wir anderen standen im Feuerschein und schauten zu, wie das Auto brannte. Erst als ein anderer Autofahrer anhielt und uns wegscheuchte, wurde uns klar, in welcher Gefahr wir schwebten. Es war eine ernstere Panne als sonst: Der Wagen konnte jeden Moment explodieren. Doch dann kam mein Vater mit dem Abschleppwagen der Tankstelle und einem Feuerlöscher wieder, und schließlich wurden wir nach Hause gefahren. Unser Standard Vanguard blieb schaumbedeckt an der Tankstelle zurück.

Danach benutzten wir den Lastwagen, bis mein Vater einen neuen Gebrauchtwagen kaufte, den er kaputtreparieren konnte. Das brennende Auto wurde zu einer Familienanekdote, deren Pointe die feinsinnige Bemerkung meiner Mutter war, nicht etwa die dürftigen Mechanikerkünste meines Vaters und schon gar nicht, daß wir um ein Haar gegrillt worden wären. Unser Familienleben mag auf tönernen Füßen gestanden haben, aber sie verstanden sich aufs Improvisieren – zumindest aus ihrer Sicht.

Sie zogen stets an einem Strang und taten so, als sei alles in Ordnung, natürlich und normal. Eine Familie also, wie sie damals zu sein hatte: Man baut sich etwas auf, und man fährt hierhin und dorthin. Erst bei genauerem Hinsehen erkennt man, daß diese Hausfrau krankhafte Essensängste hat, Heim und Herd haßt, im Grunde ein Mädchen geblieben ist, das von schönen Dingen und von Leckereien träumt; und dieser Geschäftsmann wird nie auf einen grünen Zweig kommen, er ist ein kindlicher Soldat geblieben, der wieder und wieder die Deckung verläßt. Sie hatten sich mit all ihren Zwängen kennengelernt, hatten sich ineinander verliebt und geheiratet, sie ergänzten und stützten einander. Auf den Fotos von ihrer kargen Kriegshochzeit hat er sich einen Schnurrbart wachsen lassen, um alt genug fürs Befehlen auszusehen, und sie lächelt wie ein Filmstar. Es ist entwaffnend, wie unsicher und hoffnungsvoll die beiden wirken, wenn man sie als Paar betrachtet. Aber das tat ich damals natürlich nicht. Sie ließen mir *keinen Platz*. Familienleben, das waren das offene Wohnzimmer und das Auto, dieser Alptraum eines Gemeindewohnhauses auf Rädern.

Doch Grandma strafte die Vorstellung Lügen, daß Ehen im Himmel geschlossen werden, ebenso Bill mit seinen *Exotischen Bräuchen*, und die Freundin meiner Mutter von vor dem Krieg, die geschiedene Ivy, setzte noch eins drauf: Sie hatte einen Freund und wollte wieder heiraten. Ivy trug mehr als irgend jemand dazu bei, mich von meiner häuslichen Klaustrophobie zu befreien – aus ganz persönlichen Gründen, denn ihre Tochter Gail mußte irgendwohin, damit Ivy zu Hause freie Bahn hatte. Und so war meine alte Schulfeindin gemäß Absprache der Mütter bei einigen unserer Samstagsausflüge dabei.

Gail wurde in den Kreis der Familie, zu dem sonst niemand Zutritt hatte, aufgenommen, weil sie nicht schlecht von uns reden würde, und ihre Mutter würde die Haushaltskünste meiner Mutter nicht kritisieren. Ich weiß noch, wie ich Gail einmal fast ehrfürchtig ansah, als wir an einem feuchten Nachmittag in den Bergen von Llangollen auf den Felsen unsere matschigen Bananensandwiches verzehrten, während meine Eltern und Clive hinter beschlagenen Scheiben im Auto saßen. Ich konnte kaum glauben, daß sie wirklich da war, es kam mir vor, als sei sie hinter einem Spiegel hervorgetreten. Sie hatte braunes Haar, ich war blond, sie hatte grüne Augen, meine waren blau, sie hatte weiße, feuchte Haut, meine war blaßrosa und trocken, aber auch sie platzte schier vor Unzufriedenheit, und das verband uns. In zögernden Gesprächen tasteten wir uns an das heran, was wir gemeinsam hatten. Sie liebte Tiere, ich liebte Bücher, doch ihre Tiere gab es nur in ihrer Phantasie: das Pony, das ihre Mutter sich nicht leisten konnte, der Hund, den sie nicht bekam, weil die Bauern streunende Hunde grundsätzlich erschossen, der Leguan, den sie ebenfalls nicht bekam, weil Leguane ins Reptilienhaus des Zoos gehörten.

In den Sommerferien lernten wir schwimmen, die erste größere Sache, die wir gemeinsam unternahmen. Gail war gut in Turnen und Leichtathletik, aber die Klassenausflüge in die öffentliche Badeanstalt von Whitchurch hatten ihr das Schwimmen ebenso verleidet wie mir – eine kleine, dampfige, nach Chlor stinkende Halle mit gesprungenen Kacheln und ohrenbetäubendem Lärm, eine Sportlehrerin, die bis drei zählte und einen dann ins Wasser stieß. Doch jetzt gingen Gail und ich wie die anderen Kinder in Hanmer (die kaum jemals mit uns redeten, weil wir die Prüfung für die höhere Schule bestanden hatten) zu dem kleinen See, zogen uns im Gänse- und Entendreck am Ufer um und alberten in der nach Regen riechenden warmen Brühe herum, bis wir uns über Wasser halten und nach einer Weile sogar schwimmen konnten – wenn auch in einem Stil, daß unserer Sportlehrerin die Haare zu Berge standen, als die Schule wieder anfing. Noch heute sehe ich, wenn ich mir das Wort »Hundepaddeln« vorsage, Gails Kopf mit der Bademütze über dem trüben Wasser, die Augen vor Entschlossenheit hart wie Kiesel, die Wimpern naß verklebt. Trotz ihres wilden Paddelns kommt sie kaum von der Stelle. Ich tat es ihr gleich, beide lernten wir hundepaddeln, und bald konnten wir mühelos längere Strecken überwinden, sogar in dem gräßlichen Bad.

Daß wir unzufriedene Töchter waren, führte uns zusammen, und als wir zusammen waren, konnten wir unsere Eltern sich selbst überlassen. Kurz vor ihrem dreizehnten Geburtstag war Gail Brautjungfer bei der standesamtlichen Trauung ihrer Mutter, und uns beiden erschien das wie ein Übergangsritual. Wir bildeten jetzt eine Art Miniaturgeneration für uns allein, wir konnten es kaum erwarten, Teenager zu werden. Ohne Gail hätte ich mich niemals so entschieden auf diese Rolle werfen können. Sie vertrieb die Schatten der Einsamkeit, nicht aber deren geheime Freuden – eine mögliche Definition von Freundschaft.

Das Schwimmen war nach meinen vergeblichen Versuchen, Radfahren und Seilklettern zu lernen, etwas Wunderbares. Und ich konnte es auch allein tun, als Teil meiner Zwiesprache mit Hanmers matschiger Seele. Ich log meinen Eltern vor, ich sei mit Gail verabredet, und machte mich über die Wiesen davon, um ganz für mich allein zu schwimmen. Einmal kam die verhutzelte Mrs. Brown heraus, die in einer der ältesten Hütten am See hauste – der Fußboden war aus gestampftem Lehm, und wenn sie am Feuer saß, hatte sie zur Gesellschaft einen Schwan auf dem Schoß –, schüttelte die Faust und prophezeite mir, eines Tages würde ich ertrinken. Ich trat Wasser und winkte zurück. Dichtung für die Jugend.

DRITTER TEIL

13

All Shook Up

Wann immer ich zu Gail kam, stand ihre Mutter Ivy mit Kopftuch und einer Zigarette im Mundwinkel auf einer Trittleiter und schob gekonnt eine eingekleisterte Tapetenbahn zurecht, so daß die klassizistischen Schnörkel oder die Bambushaine genau zusammenpaßten. Jetzt, da Ivy wieder verheiratet war, bewohnte auch sie ein Gemeindewohnhaus, in Horseman's Green. Hier stürzte sie sich mit rastlosem Eifer ins Hausfrauendasein. Sie verschönerte das ganze Haus mit Strukturtapeten in verschiedenen pastellfarbenen Mustern und fand so großes Vergnügen daran, daß sie, kaum war sie mit einem Zimmer fertig, an einer Ecke zu zupfen begann, die Tapete abzog und wieder von vorn anfing. Gails neues Zuhause war immer im Entstehen begriffen, und das war ihr gerade recht, denn sie war viel zu lange Einzelkind einer alleinstehenden Mutter gewesen, um sich mit der neuen Situation anfreunden zu können.

Für ihren Stiefvater war sie Luft. Er hieß Mr. Ward und war Arbeiter, ein ruhiger, verschlossener Mann. Seine Leidenschaft war das Züchten von Wellensittichen im Garten. Gail strich deshalb die Wellensittiche von der Liste der Lebewesen, die sie liebte, nur für den schwarzglänzenden Hirtenstar, der Ivys Raucherhusten und das Lispeln von Gails neuer kleiner Schwester Denise perfekt nachäffen konnte, hatte sie etwas mehr übrig. »Mammi if fo dumm«, flüsterte er, wenn man ganz nahe an den Käfig herantrat. Gail fand das auch. Sie war ein Kinderstar, dem das Erwachsenwerden schwerfiel. Als kleines Mädchen war sie mit ihrer natürlichen Anmut, ihren Locken und ihren hübschen Kleidern umschwärmter Mittelpunkt gewesen, jetzt gab sie sich alle Mühe, eine linkische Jugendliche zu werden.

Wir waren wie füreinander geschaffen, wiedergeboren als beste Freundinnen. Zusammen waren wir der Inbegriff des Teenagers. Wenn wir abends auseinandergerissen wurden, blieben wir über Radio Luxemburg dennoch verbunden und verfolgten die Top Twenty bis zu Platz eins, für den Fall, daß unser Idol von irgendeinem Schnulzenheini, einem Relikt aus der Zeit vor der Revolution, gestürzt worden war. Wir gingen auf Nummer Sicher. Aus Postern und Zeitungsausschnitten bastelten wir uns einen Helden, ein narzißtisches Monster, Idol unserer unerfüllten Träume. Für mich hatte er Ennui im Überfluß, für Gail sinnliche Leidenschaft. Er hatte Weichheit und Härte, blasse, glatte Haut, eine dichte, dunkle Mähne und hungrige, lüsterne Augen mit Bambiwimpern. Er ging in die Knie vor Lust, wenn man ihm die Zügel schießen ließ, er klammerte sich ans Mikrofon (oder war es die Gitarre?), als gälte es sein Leben, und schmachtete: »Jus' take a walk down lonely street, Jus' put a chain aroun' my neck an' lead me anywhere, don' be cruel ...« Größtenteils war es Elvis, aber schließlich war Elvis niemand, er gehörte allen. Sein schlaffer Mund, seine obszön dicke Zunge und dieses aufflackernde spöttische Grinsen waren sein Markenzeichen, lange bevor der Zeitgeist ihn mit Tuttifrutti vollstopfte und zum König des Kitschs krönte.

Elvis und seinesgleichen waren träge, sie wurden nicht von Ehrgeiz getrieben, sondern von ihren Drüsen. Sie hielten sich schlecht, vollführten krampfhafte Zuckungen, klagten über Fieber und Kälte; Komiker verglichen sie mit Affen, eine Chiffre für mehr Schein als Sein. Elvis stammte aus ärmlichen Verhältnissen, Jerry Lee Lewis mit seinem ekstatischen Baptistengestammel (»Great Balls of Fire«!) aus noch ärmlicheren – arme Weiße, weißer Abschaum, der die Grenze zwischen Schwarz und Weiß verwischte. Es waren Hinterwäldler, denen das *carpe diem* aus allen Knopflöchern schaute. *We want it now*. Sie kamen aus den hintersten Winkeln Amerikas und hatten lehmverkrustete Seelen, sie waren Helden von außerhalb. Als Elvis sich in *Love Me Tender*, wo er hinter einem Pferdepflug herstolperte, auf der Leinwand selbst karikierte – wir bogen uns vor Lachen, denn wer konnte da widerstehen? –, merkten wir trotzdem, daß die sentimentale Lüge der Wahrheit entsprach. Und es gab ein PR-Foto, das wir besonders mochten: Elvis während der Dreharbeiten zu diesem grauenhaften ersten Film, in Jeans, zwischen einem Gewirr von Kabeln in einem Regiestuhl lümmelnd. Man hält ihn eher für ein Mitglied der Crew als für den Star. Er trinkt aus einer Colaflasche, sein Haar ist stachlig von Fett und Schweiß, und die Hand mit dem Siegelring hängt locker über die Armlehne, die langen Finger lässig gespreizt.

Ich beschreibe dieses Bild, als hätte ich es vor mir, dabei ist es vierzig Jahre her, seit Gail und ich es mit unseren Fingernägeln in Fetzen grapschten. Das war der Elvis, den wir liebten, der verhinderte Mistgabelschwinger. Seine anständigen, properen Rivalen verachteten wir, besonders den sonnengebräunten, frisch gewaschenen Pat Boone mit dem gescheitelten Blondhaar und der netten, leichten Stimme, wie meine Mutter sie nannte. Eines denkwürdigen Tages, als Ivy und der Stiefvater uns auf einen Ausflug nach Southport mitnahmen, verwandten Gail und ich unsere ganze Zeit und unser ganzes Taschengeld darauf, in der windgepeitschten Stadt von einer Musikbox zur nächsten zu rennen und dafür zu sorgen, daß Pat Boones züchtiger Hit *Love Letters in the Sand* überall von *All Shook up* übertönt wurde. Das eine war Friede, Freude, Eierkuchen, das andere unartikuliertes, unerbittliches Gehämmer und Gewummer. »Please don' ask me what's on my min', I'm a little mixed up but I'm feelin' fine ...« Alle Elvisse stöhnten und wimmerten gleichzeitig, und die Wellen rauschten heran und löschten Pat Boone aus. Und wir klammerten uns in einem nach Orangenschalen und Urin riechenden Unterstand an der Promenade aneinander und kreischten verzückt wie die Mänaden, als sie Orpheus zerrissen.

In Southport gab es nur ein paarmal im Jahr eine richtige Flut, doch unsere Euphorie war Ersatz genug für die Regenbogengischt. *Nothing lasts*, genau das meinten wir. Rockidole waren verschwenderisch, sie machten viel Lärm um nichts, sie waren Hampelmänner, die alles auf einmal haben, vor allem aber geliebt werden wollten, so daß all ihre rastlose Energie verpuffte und sie schließlich allen gehörten. Ihr Dasein war zerbrechlich wie eine Schellackplatte, zweidimensional wie ein Bild, wir mußten ihnen Realität verleihen. Wir hätten sie am liebsten alle aufgefressen, was hatten wir für große Augen; wenn wir sie mit Haut und Haaren verschlangen, würden ihre Kräfte auf uns übergehen, sie würden uns gehören, sie würden wir sein. Als Jerry Lee mit seiner vierzehnjährigen Frau, seiner Kusine, auf England-Tournee war, kam die Sünde, von der diese Verlorenen sangen, an den Tag. *Shake, baby, shake*. Sex für Kinder. »Gehen Sie weg«, zischte Mrs. Jerry einen Reporter der *News of the World* durch den Türspalt ihrer Suite im Ritz oder im Savoy an, »gehen Sie weg, Jerry und ich sind im Bett.« Doch sie wurden selbst fortgeschickt, wegen ihrer Hillbilly-Bräuche in Sachen Liebe und Ehe mit Schimpf und Schande aus dem Land gejagt. Aber sie wußten es nicht besser. Wir stellten uns vor, wie Mrs. Jerry in ihrem Babydoll auf dem Fünf-Sterne-Bett herumhüpfte. »I just wanna be yo' teddy bear«, sang Elvis.

Der Sex in den Songs war eine zweite Chance, Kind zu sein. In Hanmer und Whitchurch hatte man eigentlich gar keine Zeit, Teenager zu sein, man fing mit fünfzehn an zu arbeiten, und wenn man noch zur Schule ging, hielt man den Blick fest auf die Zukunft gerichtet. Ein paar Revoluzzer von der Jungenschule redeten von Jazz und Existentialismus, aber sie übten nur für die Universität. Rock gab sich proletarisch, auf dem Land ein gefährliches Spiel, auch wenn es von Anfang an in harmlose Bahnen gelenkt wurde.

In *Schlagerpiraten*, einem der ersten Rockfilme, sitzt Fats Domino in einer Szene am Flügel und singt von den Freuden des Samstagabends, das Gesicht einem hopsenden, zuckenden ausschließlich weißen Publikum zugewandt, die Jungen mit Fliege, die Mädchen mit Bubikragen, manche nicht älter als dreizehn. Der strahlende, mondgesichtige Fats wiegt bereits an die zwei Zentner und ist ebenfalls noch sehr jung, aber schon mit allen Wassern gewaschen; wo er herkommt, gehen die Uhren anders. In *Schlagerpiraten* treten schwarze und weiße Künstler nie gemeinsam auf, außer in einer einzigen Szene, in der Jane Mansfields schwarzes Dienstmädchen unwillkürlich anfängt, die Beine zu werfen und die Augen zu rollen, als der weiße, aber verlotterte Eddie Cochrane im Fernsehen kommt. Das verleiht der neuen Teenagermusik das Siegel der Glaubwürdigkeit, wahrt aber zugleich den Anstand: Wir tun nur so proletarisch, es ist nur ein Spiel. Wenn man diesen Film sah, kam man sich vor, als würde man sich im Gruselkabinett verirren. Die Jungen, knuddelig und hysterisch, waren alle in Laufställe eingesperrt. Jerry Lee und Mrs. Jerry – Myra hieß sie – vermischten Fakten und Phantasie.

Es gab da ein großes Rätsel: Wenn man erst einmal Teenager war, wurde man dann schneller oder langsamer erwachsen? Waren Gail und ich total überdreht oder tödlich gelangweilt? Oder beides zugleich? Wir knisterten vor emotionaler Spannung. Wenn wir auf den Bus warteten oder in Whitchurch durch die Straßen schlenderten, hielten wir uns an den Händen, um uns zu erden – nicht sanft oder gefühlvoll, sondern so fest, als könnten wir jeden Moment stürzen oder davonschweben. Die Sitten und Gebräuche in Hanmer konnten uns gestohlen bleiben, und wir bekamen Kicheranfälle, wenn uns jemand onkelhaft fragte, ob wir schon einen Freund hätten. *Einen Freund!* Immerhin beäugten wir die jungen Bauern (jung! Einige gingen bereits auf die Dreißig zu und warteten darauf, daß ihre rotgesichtigen Väter starben oder sich aufs Altenteil zurückzogen) und suchten nach Anzeichen dafür – etwas zu lange Koteletten, ein tiefer Blick –, daß sie Bescheid wußten. Aber worüber? Über etwas, was uns bekannt war, oder etwas, wovon wir nichts ahnten? Die Welt gaukelte uns Möglichkeiten vor. Selbst die braven Jungen, die bei den Pfarrhausfesten Tischtennis spielten und lauwarme Limonade tranken, konnten im Halbprofil zwielichtig wirken. Wir redeten stundenlang – miteinander, nicht mit ihnen –, wir stellten Spekulationen an und deuteten die Symptome unterdrückter Bedürfnisse.

Das war jedoch ein undankbares, abwegiges Unterfangen, besonders bei den Pfarrhaus-»Feten«, denn das neue Regiment im Pfarrhaus war farblos und friedlich. Mr. Hopkins, der Nachfolger meines Großvaters, war ein sanftmütiger Mensch – ein wenig snobistisch, einigermaßen wohlhabend (seine Kinder waren im Internat) –, der nicht zu effekthascherischen Predigten oder Exzessen irgendwelcher Art neigte. Das Pfarrhaus war gründlich renoviert worden, und es gab darin keine dunklen Winkel mehr. Mrs. Hopkins ließ durchblicken, daß das Haus in einem schauderhaften Zustand gewesen sei, und es war klar, daß sie damit auch die moralische Hygiene meinte. Jetzt war alles hell und präsentabel, und Mr. Hopkins gab auf dem Dachboden seine untadeligen Tischtennis-Partys und hielt den Konfirmandenunterricht im Salon ab.

Der Konfirmandenunterricht bot, wie sich zeigte, mehr Gelegenheit zur Sünde als das Tischtennis. Nach den ersten paar Stunden trieb mich der alte Geist des Pfarrhauses, der so schändlich vor die Tür gesetzt worden war, zu einem offenen Wort. Ich blieb noch da, als die anderen gingen, und teilte Mr. Hopkins mit, daß ich nicht konfirmiert werden könne, weil ich nicht an Gott glaubte. Das stimmte: Eine Kombination aus *Dichtung für die Jugend*, Shaw, Hardy und Grandpas Abkehr vom Glauben hatte bewirkt, daß ich jetzt, mit dreizehn, an die Vergänglichkeit allen Seins und die Unbarmherzigkeit der Natur glaubte. Doch Mr. Hopkins interessierten meine Ansichten nicht. Meine Skrupel waren ihm offenbar lästig und peinlich; er meinte, ich solle mich trotzdem konfirmieren lassen, denn es sähe doch komisch aus, wenn ich es nicht täte, und ich würde meinen Eltern damit Kummer bereiten. Ich war empört über so viel Oberflächlichkeit und Weltlichkeit, zugleich aber hocherfreut. Ich befolgte seinen Rat und beschwatzte meine Mutter, mir ein Paar weiße Schuhe mit *hohen Absätzen* für die Konfirmation zu kaufen. Dazu mußte man anständige Strümpfe tragen. Das hieß, daß ich auch einen Hüftgürtel brauchte, und das wiederum hieß, daß die Konfirmation in Wahrheit ein Übergangsritus war. Die Zeremonie selbst ließ mich kalt; es war das erste und das letzte Mal in meinem Leben, daß ich zur Kommunion ging. Gail, immer scharf auf Gefühlserlebnisse, behauptete, sie habe eindeutig einen Schauder gespürt, als ihr der Bischof die Hände auf den Kopf legte, aber auch sie ließ es bei dem einen Mal bewenden.

Die Magie der Kirche beeindruckte uns nicht mehr. Unser eigener Leib war ein größeres Mysterium als Wein und Hostie, und die absonderliche Vorstellung, die der Mütterverein verbreitete, daß sich nämlich durch den Zauber des Traugottesdienstes jede einzelne Zelle des Paares verändere, damit es Kinder bekommen könne, hatte in Hanmer, wo so viele Bräute mit dickem Bauch vor den Altar traten, noch niemanden so recht überzeugt. Aufgabe der Kirche war eher eine Art Exorzismus, der den Inkubus zum Ehemann und Ernährer machte.

Einmal, als Gail und ich in dem Sommer, in dem ich dreizehn war, im See schwimmen gingen, saß einer von diesen Missetätern, dazu verurteilt, am übernächsten Tag verheiratet zu werden, am Ufer und starrte ins Wasser. Wir wußten, daß sein Heimweg in der Nähe von The Arowry vorbeiführte, und ich lungerte an diesem Abend eine verwegene Stunde lang herum und tat so, als würde ich Brombeeren pflücken, in der Hoffnung, er werde ein verzweifeltes Wort an mich richten oder gar einen letzten Kuß in Freiheit für mich übrig haben – aber er kam nicht. Statt dessen umschwirrten mich die Spätsommermücken und labten sich an meinem Blut, und die Stiche entzündeten sich und eiterten, denn ich war neuerdings gegen alles mögliche allergisch. Mein Körper reagierte extrem auf jeden Reiz, ob von innen oder von außen, meine Periode kam alle drei Wochen als unaufhaltsame, nach Eisen riechende Flut, begleitet von Rückenschmerzen, Kopfschmerzen und Bauchkrämpfen. Ich schwoll jedesmal an und verlor die Pfunde dann innerhalb weniger Tage wieder, in denen ich nicht zur Schule ging, sondern mit Aspirin und matten Tagträumen zu Hause herumhing. Dieses metabolische Elend hatte jedoch auch eine angenehme Seite. Ich saß zusammengekauert in einem Sessel und las, wickelte die blutigen Binden in Packpapier und warf sie ganz hinten ins Kaminfeuer.

Schlechtes Blut, in Wallung geratenes Blut. Auch meine Nase blutete. Kaum hatte ich meine Angst vor dem Wasser überwunden und schwimmen gelernt, entzündeten sich vom Chlor im Schwimmbad meine Nebenhöhlen, und ich mußte vom Schwimmunterricht befreit werden. Das war bitter, denn endlich hatte ich eine Möglichkeit gefunden, meine Feindin, die Sportlehrerin, zu beeindrucken. Ich war zwar keine besonders schnelle oder elegante Schwimmerin, aber ich konnte Kopfsprung ins Tiefe machen. Es war eine wunderbare Mischung aus Trägheit und Erregung, ganz anders als das Springen übers kopflose Pferd. Für die Lehrerin aber war es vergleichbar, und plötzlich stieg ich in ihrer Achtung, bis das Chlor mich wieder zur Simulantin machte. Da waren meine langen Haare schon abgeschnitten, damit sie gut unter die Badekappe paßten. Jetzt hatte ich Haare, mit denen man hoffnungsvoll herumexperimentieren konnte: Pagenschnitt, mit und ohne Pony, klebrig von süßlich riechendem nilgrünem Festiger namens Amami und vom Haarspray, steif wie Zuckerwatte. Gail genoß die Freiheit, mit ihrem Haar anzustellen, was sie wollte, sogar noch mehr als ich, hatte man es ihr doch jahrelang jeden Abend auf Lockenwickler gedreht.

Bald blieben wir, dem Geist der fünfziger Jahre gehorchend, beide beim Pferdeschwanz, und unsere Haare waren immer halb oben und halb unten, der Pony war noch nicht lang genug oder schon zu lang. Wir waren von geradezu vollkommener Ungepflegtheit. Haare und Fingernägel waren unsere Fetische, unsere Zeichensprache, die unsere unerschütterliche Überzeugung zum Ausdruck brachte, daß wir etwas Neues darstellten. Änderte man etwas an dieser Sprache, verschoben sich auch andere Dinge.

Der Pferdeschwanz spielte da eine besondere Rolle, denn er vertrug sich einfach nicht mit der Mütze der Schuluniform. Man mußte entweder die Haare komplett darunter verstauen, so daß man fast kahl wirkte, oder die alberne Kappe wie einen Pfannkuchen obendrauf befestigen (noch mehr Haarspangen, Klammern und Clips). Da war es natürlich einfacher und auch geschmackvoller, sie in die Tasche zu stecken. Die Strickjacke konnte man mit der Vorderseite nach hinten anziehen, so daß sie wie ein Stehkragenpullover aussah (und die Krawatte verbarg), und der Gürtel des Regenmantels wurde auf Wespentaille geschnallt. Damit war die andere »Uniform« komplett, die der Mädchen, die sich auf der Straße herumtrieben und dem Ruf der Whitchurch High School schadeten. An vielen Nachmittagen verpaßten Gail und ich absichtlich den Bus und nahmen einen späteren, mit dem Arbeiter der Silhouette-Miederwarenfabrik und Verkäufer um fünf über die Grenze nach Hause fuhren. So konnten wir noch eine Stunde länger hinter den Jungen herlaufen und so tun, als würden sie hinter uns herlaufen, oder bei einer einzigen Plastiktasse mit grauem, schaumigem Kaffee die blinkenden Lichter an der neuen geschweiften Musikbox betrachten.

Gail hatte die Gabe, sich ganz in etwas zu versenken. Sie konnte müßige Momente liebkosen, als würde sie einen jungen Hund streicheln, bis er ihr an den Finger saugte. Selbst in der Schule sorgte sie für Abenteuer. Sie verstand sich glänzend auf die schwärmerische Verehrung bald der einen, bald der anderen Aufsichtsschülerin. Sie suchte sich ein schlankes, sportliches Mädchen aus, das sie dann mit ihrer sklavischen Hingabe verwirrte. Sie folgte ihr auf Schritt und Tritt, ahmte ihren Aufschlag beim Tennis nach, zeichnete ihr Profil an die Tafel, fragte sie nach ihrer Lieblingsfarbe, studierte ihr Horoskop – und plötzlich übertrug sie ihre Ergebenheit auf eine andere und ließ die erste stehen, die nun die Aufmerksamkeiten vermißte, die ihr – so verlangten es die Regeln dieses Spiels – vollkommen gleichgültig hätten sein müssen. Gails Schwärmereien waren so despotisch, daß es schien, als wäre nicht sie, sondern die jeweilige Aufsichtsschülerin die Verehrerin. Ich war ihre Vertraute und übertrieb es genauso wie sie, aber meine Heldinnenverehrung galt nicht etwa der sommersprossigen Dina, der Hockey-Mannschaftsführerin, oder der gertenschlanken, gelenkigen Jean – ich schwärmte für Gail selbst, deren Intensität mich faszinierte. Sie spielte Shaws heilige Johanna, als wir das Stück im Unterricht mit verteilten Rollen lasen, sie war Jane Eyre, sie war Cathy (»Nellie, ich *bin* Heathcliff!«), sie war die Heroine.

Später, als wir dann wirklich mit einigen aus der Clique der Jungenschule redeten, die uns in den Cafés lärmend ignoriert hatten, sagten sie uns, sie hätten sofort gemerkt, (a) daß wir lesbisch seien und (b) daß Gail mich – weil ich die Verträumtere, Kurvenreichere, Blondere war – als Lockvogel benutzte. Das überraschte und empörte uns, aber leider aus den falschen Gründen. Wir hätten entsetzt sein müssen über ihre haarsträubende Annahme, »lesbisch« kennzeichne eine Art Mangel, eine *faute de mieux* bei Frauen, die keine Männer haben, empört auch über ihre Unfähigkeit sich vorzustellen, daß eine Mädchenclique (auch eine mit nur zwei Mitgliedern) alles daransetzen konnte, es der Jungenclique mit ihren Ritualen gleichzutun. Tatsächlich aber stimmen wir in den meisten Dingen mit ihnen überein.

Wir hielten es auch für selbstverständlich, daß erst Beziehungen zu Jungen und Männern uns als richtige Frauen in der Welt etablieren würden. Unsere Fixierung aufeinander »ging vorbei« wie etwas Irreales, und das um so problemloser, als wir uns, abgesehen von Händchenhalten und gelegentlichem Frisieren und Nägelfeilen, nie berührten. Alle Liebkosungen waren Finger um Finger im Händchenhalten beschlossen. Dieser Teenager-Übergangsritus war reiner Selbstzweck: Es ging darum, vergangene und künftige Leidenschaften, ungeliebte Eltern und Geschwister, schemenhafte Geliebte, Ehemänner, Kinder, Liebe zu anderen und Eigenliebe vor der Zukunft zu bewahren, in unseren Händen geborgen.

Gail und ich wollten dank des Vorbilds unserer Eltern auf keinen Fall heiraten und Kinder bekommen. Liebe und Ehe gehörten zusammen wie Pferd und Wagen. Die Mutter zu dem Vater spricht, eins ohne das andre gibt es nicht. Wir wußten es besser und hielten in unserer Vorstellung beides strikt voneinander getrennt. Die braven Mädchen aus Whitchurch hielten sich unterdessen an die Spielregeln und waren überzeugt, daß Typen wie wir, was immer wir auch sagten, das gleiche wollten wie sie und daß nur unsere Herkunft aus Hanmer uns im Wege stand. Meine Läuse und meine Zahnspange, Gails geschiedene Mutter und der Umstand, daß wir jeden Tag mit dem Bus die Grenze überquerten, das alles erklärte, warum wir so überspannt zusammengluckten.

Die Mittelschicht der Stadt wahrte ihre Eigenart, indem sie jeden, der nicht ins Schema paßte, sanft vereinnahmte. Ein verblüffendes Beispiel dafür war eine Mitschülerin, die ich genau im Auge behielt, weil sie bedrohlich gescheit war und in Mathematik bestimmt besser gewesen wäre als ich, wenn ich mich nicht so ins Zeug gelegt hätte. Sie hieß Jean Evans, ihr Vater war im Krieg gewesen und arbeitete inzwischen wieder bei der Bahn, ihre Mutter war Kassiererin in einem besseren Geschäft gewesen. Sie hatten wie meine Eltern kurz nach Kriegsausbruch geheiratet und waren unauffällige, achtbare Leute. Jean war Einzelkind. So weit, so unspektakulär. Doch Jean war schwarz. Nun ja, dunkelgelb mit einem Hauch von rußfarbenem Flaum, und sie hatte Kraushaar, jedenfalls dort, wo es nicht schmerzhaft straffgezogen war. Ihr Vater mußte einer von den amerikanischen Soldaten sein, die kurze Zeit in der

Nähe von Ellesmere stationiert gewesen waren. Doch niemand in Whitchurch und erst recht niemand in der Schule bemerkte diesen interessanten Umstand oder verlor je ein Wort darüber. Jean war das Kind ihrer Eltern, sie ging auf die höhere Schule, und fertig. Schwarze gab es in Whitchurch natürlich nicht, und vielleicht trug das dazu bei, ihre Andersartigkeit unsichtbar zu machen. Hingegen gab es eine Menge »gewöhnliche« Mädchen mit weißem Lippenstift und schwarzem Lidstrich, die in der Fabrik arbeiteten und den ganzen Tag mit Lockenwicklern unter dem Nylonkopftuch herumliefen: Sie waren es, die armen Weißen, gegen die man sich abgrenzen mußte.

Als Zugeständnis an aktuelle Teenagerängste organisierte die Rektorin einen Make-up-Kurs, zu dem eine Vertreterin der Firma Pond's zu uns kam. Schminken war in der Schule streng verboten, aber natürlich durften nette, normale Mädchen wie wir schon einmal davon träumen, einen Mann wie Dad zu heiraten, und mußten die richtigen Signale aussenden, wenn sie nicht in Uniform waren. Nach einem kurzen Vortrag über die Kennzeichen von fettiger, trockener und Mischhaut holte die Pond's-Dame zwei Viertkläßlerinnen nach vorn, eine mausbraune und eine mausblonde, und machte sich mit Grundierung, Puder, Augenbrauenstift, Lidschatten, Wimperntusche und Lippenstift ans Werk, um zu demonstrieren, wie man als braves Mädchen sein Rüstzeug durch Make-up ergänzen konnte. Als erstes schon einmal kein Rot, kein Schwarz, kein Weiß und auf keinen Fall Lidstrich, statt dessen rosa Lippen, blaue Lider und blaßbraune Augenbrauen und Wimpern. Natürliches Make-up, sagte Mrs. Pond's und zog den beiden ihre Nylon-Lätzchen weg. Noch mehr Maus also, Make-up, das einen gepflegt, vorzeigbar, verletzlich aussehen ließ, solides Make-up, das später, wenn man mit der Schule fertig war und als Sekretärin am Schreibtisch saß, bei geschickter Auffrischung den ganzen Tag halten würde, Make-up für die Verlobung, mit zum Lippenstift passendem rosa Nagellack kombiniert, wenn man stolz seinen Ring herzeigte. Und vor allem *vorbeugendes* Make-up. Der ganz besondere rosa Farbton des Lippenstifts, der Hauch von Türkis in dem schrecklichen Lidschatten waren Verhütungsmittel. Sie standen für heftiges Petting, *Warten*, Sparen auf eine Doppelhaushälfte. Die einzige Verhütungsmethode, zu der heranwachsende Mädchen Zugang hatten, war ein Mythos damals im Jahr 1957, warum also nicht Pond's Tagescreme?

Während dieser beängstigenden Demonstration sexueller Realpolitik à la Whitchurch hielten Gail und ich uns an den Händen. Gail kräuselte die Oberlippe, was bei ihr sehr hübsch aussah; sie hatte ein feingeschnittenes, erwachsenes Gesicht, während sie sonst noch fast vorpubertär war. Sie würde es nie nötig haben, die Konturen ihrer Lippen nachzuziehen und sie mit rosa Fett auszufüllen, um sich Babys vom Leib zu halten. Ihre Verachtung machte mir Mut, wenn ich für mich allein Variationen meines zukünftigen Ichs durchspielte. Meine Favoriten waren grundsätzlich utopisch. Eine meiner Phantasien stammte aus zweitklassigen Science-fiction-Filmen: eine Frau im weißen Kittel, mit hohen Wangenknochen und einem makellosen französischen Zopf, die mit einem Klemmbrett und einer Gruppe ehrerbietiger Männer im Kielwasser durch die summenden Korridore eines Atomkraftwerks eilt. Nicht daß wir an der höheren Mädchenschule Mathematik, Physik oder Chemie gehabt hätten, es gab nur etwas, was sich allgemeine Naturwissenschaften nannte und nicht einmal mit einer Prüfung abgeschlossen wurde; für die richtigen Naturwissenschaften konnte man in der sechsten Klasse an die Jungenschule überwechseln, und das hatte ich auch vor. Und noch einiges mehr.

Eine andere Zukunftsvision entstammte der Vergangenheit, nämlich Kathleen Winsors vielgelesenem, in der Restaurationszeit spielendem Liebesroman *Amber*, einem von Onkel Bills unanständigen Büchern. Amber ist von rechtschaffenen puritanischen Bauern großgezogen worden, doch in ihren Adern fließt frivoles aristokratisches Blut, und als die Kavaliere 1660 zurückgaloppieren, kann sie es kaum erwarten, im verrottenden Laub entjungfert zu werden und sich eine Mitfahrgelegenheit nach London zu suchen. Sie verliebt sich Hals über Kopf in ihren Schänder, Lord Carlton, einen Lebemann und Freibeuter, der alt genug wäre, ihr Vater zu sein, »ein Mann, frei von Fesseln und Banden«, der die alte und auch die neue Welt kennt. Diese erste sexuelle Erfahrung macht sie in einem einzigen hymnischen Absatz zur reifen Frau: »Sie ... frohlockte mit jeder Faser ihres Wesens, daß es geschehen war. Es war, als hätte sie bis zu diesem Augenblick nur halb gelebt.« Der Lord denkt zwar nicht daran, sie zu heiraten, aber er ist für immer ihr Mentor, sie macht sich seine gewissenlose Raffiniertheit zu eigen und wird Schauspielerin und eine intrigante Kurtisane.

Die Geschichte war so geheimnisvoll wie der biblische Sündenfall. Wie konnte Carlton sein Wissen mit einem einzigen Winken seines phallischen Zauberstabs weitergeben? Vergeblich versuchte ich zwischen den Zeilen zu lesen und brütete über der rätselhaften Anspielung auf Empfängnisverhütung (die ebenfalls allein in Carltons Macht zu stehen schien), als Amber merkt, daß sie schwanger ist:

> »Ich wollte aufpassen – aber zwischendurch vergaß ich es.« Amber sah ihn verständnislos an. Was meinte er? In Marygreen hatte sie gehört, daß man eine Schwangerschaft vermeiden konnte, wenn man einem Frosch dreimal ins Maul spuckte oder Schafsurin trank ...«

Amber findet nie wirklich heraus, was man tun muß, um keine Kinder zu bekommen, aber da wir uns in einem sittenlosen Milieu befinden, wo man seine Pestbeulen einfach zupflastert, läßt sie ihre Kinder ungestraft abtreiben oder gibt sie in Pflege. Sie mag ein schlechter Mensch sein, aber sie ist eine richtige Frau. Sie gehörte sich im Grunde nicht selbst; ihr Körper war eine Leihgabe.

Für uns war das selbstverständlich. Die beste Schwimmerin an unserer Schule mußte ihre Eltern und die Rektorin um Erlaubnis fragen, wenn sie Tampons benutzen wollte, weil ihre Periode mit einem wichtigen Wettkampf zusammenfiel – der Mythos der Jungfräulichkeit durfte nicht angetastet werden. Aber diese Gefahr war gering. Alle waren in jenem vierten Jahr in Mythen gehüllt – Gail und ich, die wir uns davon ausgenommen glaubten, vielleicht besonders. Die Jungen blieben unerreichbar. Wir verpaßten Busse und fütterten jede Musikbox, und im übrigen hatten wir uns selbst. In jeder Mittagspause gingen wir in die Turnhalle, legten eine verkratzte Schellackplatte auf und übten nach einem Stück namens »Sambesi« mit einem schwungvollen Saxophonsolo den Quickstep, wobei Gail führte. Eigentlich hätten wir lieber Rock 'n' Roll getanzt, aber den Quickstep mußten wir beim gemeinsamen Ball der Jungen- und der Mädchenschule im nächsten Jahr können. Doch den Kreuzschritt bekamen wir einfach nicht zweimal hintereinander hin. Wir verhedderten uns immer wieder und mußten jedesmal in die Grundstellung zurück. Die Arme mit den gefaßten Händen hielten wir im vorschriftsmäßigen Winkel, die andere Hand lag leicht auf ihrer Schulter, meiner Hüfte. Vielleicht stellten wir uns absichtlich so ungeschickt an, weil es so schön war, einander so unverbindlich im Arm zu halten. Eins, zwei drei, zurück zu Karree eins.

14

Love – Fifteen

Im Einzel verlor ich jedesmal den ersten Punkt, aber im Doppel war sie da, am Netz auf und ab hüpfend, hin und her spurtend, bereit, sich nach meinem Aufschlag mit gestrecktem Arm auf den Return einer unachtsamen Gegnerin zu stürzen, und der Satz begann mit fünfzehn-null für uns. Auf dem Tennisplatz spielten wir das Spiel, das die Jungen uns unterstellten – ich war der Lockvogel, meine schlaffen Kleinmädchenschläge täuschten die Gegnerinnen, so daß sie auf Gails Geschosse nicht gefaßt waren. Und wenn Gail einen Passierschlag oder einen Lob nicht mehr erreichte, dann war ich da und schlug ihn beidhändig zurück. Ich war nach herkömmlichen Maßstäben eine schwache Spielerin, und nichts brachte mich dazu, ans Netz zu gehen, aber das, was ich konnte – scharfe Bälle hartnäckig zurückschlagen, mit monotoner Regelmäßigkeit flache Bälle gut plazieren und gelegentlich auch anschneiden –, wirkte in Verbindung mit Gails klassischem Stil wunderbar raffiniert und effektiv. Sie hatte einen eleganten, schnellen, harten Aufschlag, ihre Scoops und Sprünge am Netz waren eine Augenweide, und ihre Rückhand schoß pfeilgerade übers Netz. Ich fühlte mich herrlich unsichtbar. Der Platz gehörte ihr, ich patrouillierte nur an der Grundlinie, und meine Gehemmtheit war vergessen. Während des Spiels führten wir ein stetiges Sub-Gespräch aus anerkennendem Murmeln, verzweifeltem Stöhnen und warnendem Zischen (»Laß ihn!«, »Deiner!«), das uns in der Niederlage zusammenschweißte und unsere Siege würzte.

Das schönste war, als wir einmal bei den Bezirksmeisterschaften sechs erwachsene Doppelgegnerinnen aus dem Feld schlugen, bevor wir selbst ausschieden. Wenn jedoch in der Morgenversammlung die Ergebnisse von Wettkämpfen gegen andere Schulen bekanntgegeben wurden, übten wir uns in falscher Bescheidenheit. Die Rektorin war hoch erfreut: Ausnahmsweise taten wir einmal etwas für das Ansehen der Schule und tauchten aus unserer subversiven Zweisamkeit auf. Doch es war keineswegs so, daß wir uns endlich Teamgeist aneigneten und die Freuden des Wettstreits kennenlernten, wie sie glaubte (sie war eine positivistische Moralistin, die sich von verbesserter persönlicher Hygiene und der in Kürze erscheinenden New English Bible Großes versprach), sondern unsere Zweierverbindung wurde nur noch enger.

Unser gemeinsamer Erfolg war das Ergebnis unermüdlichen Übens zu zweit. Hanmers einzige Sportstätte – abgesehen vom See – waren zwei von hohem Maschendrahtzaun umgebene Sandplätze eine Meile außerhalb des Dorfes. Sie rissen ein rechteckiges Loch in die Landschaft und stammten aus derselben Nachkriegsepoche kleiner Breschen in der Feudalordnung wie die Gemeindewohnhäuser. In den Ferien hatten Gail und ich die Anlage ganz für uns allein. Love-fifteen, null-fünfzehn. Ich verlor immer, jedes Match. Manchmal schaffte ich es, Gail den Aufschlag abzunehmen und ganz selten sogar, wenn ich ans Netz ging, ihren Return zurückzuschlagen, und dann beglückwünschte sie mich, ebenso wie ich sie tröstete, wenn sie einen Doppelfehler machte oder einen Schmetterball ins Aus schlug oder wenn ein raffinierter Ball von mir – der Return eines Returns – sie am Netz passierte und ich nicht hinter ihr an der Grundlinie stand, um mich seiner anzunehmen. Wir spielten uns selbst. Wir spielten uns, und wir gewannen.

Wir langweilten uns nie bei dieser pervertierten Form des Spiels, bei der wir uns ergänzten wie Teile eines Puzzles. Es war nicht einfach so, daß Gail die Oberhand hatte (obwohl ihr Siegeswille zweifellos einer ihrer Trümpfe war); auch meine Passivität übte ihren Sog aus. Gail kam zum Spielen mit dem Rad von Horseman's Green nach Hanmer und holte mich ab, und auf dem Weg zu den Plätzen schob sie es, denn ich konnte nach wie vor nicht radfahren. Sie akzeptierte das, es gehörte nun einmal zu mir. Sie hätte in der Schule jederzeit eine andere Doppelpartnerin finden können, eine, die richtig gut war, aber sie suchte sich keine, auch sie war süchtig nach unseren Spielen in Hanmer.

An schwülen Sommerabenden organisierten die alternden Jungbauern lockere gemischte Doppel und brachen damit den Bann. In ihrer Gegenwart verloren wir unsere Sicherheit, denn allmählich wurde uns klar, daß sie uns eher noch weniger mochten als wir sie. Hatte ich einen dieser rotgesichtigen gestandenen Männer, deren Sonnenbräune an den Hemdsärmeln aufhörte, als Doppelpartner, verblaßte Gails Glanz auf der anderen Seite des Netzes. Die Vergangenheit ihrer Mutter und die Tatsache, daß ihre Familie keinen Zipfel Land besaß, ließen bei diesen Männern keinerlei erotisches Interesse aufkommen, und daran konnten auch ihre wohlgeformten Schenkel und ihre schlanken, kräftigen Handgelenke nichts ändern. Was mich betraf, so hatte auch meine Familie so gut wie keinen Grundbesitz, und die Väter, Onkel und Vettern dieser Männer schuldeten meinem Vater allesamt Geld dafür, daß er ihr Vieh zur Versteigerung fuhr. Sie zahlten, wann es ihnen paßte, weil sie wußten, daß er das Geld nicht einfordern konnte (verdarb er es sich auch nur mit einem von ihnen, würde die ganze Sippe am nächsten Markttag in Wrexham oder Whitchurch geschlossen zur Konkurrenz gehen). Wir zogen die Jungbauern mit ihren langen Shorts oder den Haarbüscheln in ihren Ohren auf, sie aber lehnten uns in Bausch und Bogen ab. Der Bauer will eine Frau, wie wir auf dem Schulhof an der Friedhofsmauer gesungen hatten.

Doch diese gemischten Doppel fügten unserer Liebe zum Tennis keinen bleibenden Schaden zu. So wenig wie die Mükken, obwohl ich auf ihre Stiche fürchterlich allergisch reagierte und mehrmals mit bernsteingelben Schwellungen und Elefantenknöcheln im Bett liegen mußte. Da meine Beine mir auch in den besten Zeiten Kummer bereiteten – sie waren stämmig, zu kurz und rosa marmoriert –, waren diese häßlichen Ausschläge geradezu eine Erleichterung, ein Vorwand, um meine Beine gleich ganz zu verstecken. Ich tat mich jetzt leichter mit dem »Übergang«. Gail hatte mir das Selbstvertrauen gegeben, mich anzupassen, das Tennis gab mir das Selbstvertrauen, Hockey zu spielen. Ich war Verteidigerin, versteht sich (hinten im Zweiundzwanzigmeterraum), und eine eiskalte Saison lang trat ich jeden Samstagnachmittag hinter der Viertellinie von einem Fuß auf den anderen und lauerte darauf, müde Stürmerinnen zu stoppen, die den Ball mit Pässen und Dribblings in bestem Stil übers halbe Spielfeld getrieben hatten, nur damit ich ihn weg- und dorthin zurückschlug, wo sie ihn herhatten. Oft klappte das aber nicht so, und nach den Spielen waren meine Beine mit lilaschwarzen Flecken übersät, eine rätselhafte Färbung, so rätselhaft wie das Hockeyspielen selbst, das den Geist der höheren Schule besänftigen sollte.

Ich *mache nicht mit*, sagte ich mir, ich tat nur zum Schein, was man von mir erwartete, um Mißtrauen und Abneigung zu mildern. Selbst wenn ich mit den anderen zehn Spielerinnen in der Halbzeitpause Orangen lutschte und unser Atem sich in der kalten Luft zu einer Wolke vereinte, beobachtete ich von den Seitenlinien aus unsicher meine Wirkung. Durch das Hockey wurde schließlich doch ein Unterschied zwischen Gail und mir offenbar: Sie gab sich nie auch nur mit dem Gedanken ab, bei Mannschaftsspielen mitzumachen. Außer für Tennis begeisterte sie sich ausschließlich für früholympische Disziplinen wie Leichathletik und Turnen. Sie ging ihren eigenen Weg, mir fehlte das Rückgrat dazu. Ich tat alles, um geliebt und akzeptiert zu werden, aber gerade die Intensität meiner Bemühungen stand dem Erfolg im Wege. Niemand in der zweiten Mannschaft begegnete mir mit mehr als pflichtschuldiger Freundlichkeit. Nur wenn ich mit Gail zusammen war, konnte ich mich selbst vergessen.

Ich wollte geliebt werden, sie wollte ihren Aufschlag mit vier makellosen Assen durchbringen, den Schulrekord im Speerwurf brechen und die ungläubigen Gesichter sehen, wenn das Maßband entrollt wurde, sie wollte sich einen Schimpansen als Haustier halten, sich die Nägel wachsen lassen, ohne daß einer abbrach, und sie knallrot lackieren oder Paul Anka persönlich kennenlernen und ihn ihrer unverbrüchlichen Ergebenheit versichern. Die Objekte ihrer Begierde lagen nur knapp außerhalb ihrer Reichweite. Sie waren etwas Lebendiges, Besonderes, und ihr Streben war Selbstzweck, die Frustration hatte auch ihren Reiz. Meine Wünsche dagegen waren unbestimmt, amorph, und ihre Erfüllung hing von Menschen ab, die ich vermutlich noch gar nicht kannte, ausgenommen die Figuren in Büchern – und ausgenommen Gail. Ich konnte keine Spiele spielen, denn ohne Gail war ich todernst. Für mich gab es nur die Suche nach Anerkennung, ich wollte mich in den anderen spiegeln (jedes Auge war eine Kristallkugel), um zu verstehen, wer ich war. Doch je begieriger ich die Leute anschaute, desto frostiger wurden sie. Wir beide sahen unserem ersten Schulball mit ganz unterschiedlichen Hoffnungen entgegen.

Die Vorbereitungen zur Umwandlung der Turnhalle in einen Ballsaal begannen im November. Mrs. Lasts Kunstschülerinnen schnitten mit Schablonen gemalte Clowns aus, um damit einen fröhlichen Hintergrund zu zaubern und die Sprossenwände zu verdecken. 1957 war unsere Schule an der Reihe: Wir mußten die Räume zur Verfügung stellen und die Band engagieren. Wir wären lieber in die Jungenschule gegangen, die mit ihren Sportplätzen ringsum und dem dorischen Säulengang eher einer kleinen Privatschule glich. Es gab dort sogar eine tapfere Band von Internatsschülern, deren Väter als Armeeangehörige im Ausland stationiert waren. Doch es war erstaunlich leicht, sich in unserer Turnhalle wie an einem neuen, fremden Ort zu fühlen, als erst einmal der vom Mittagessen immer etwas klebrige Parkettboden mit Talkum bestreut, die Lampen in rosa Netze gehüllt und mit Luftballons und Luftschlangen behängt, die Klassenzimmer links und rechts in Garderobenräume umgewandelt und die Toiletten mit »Damen« und »Herren« beschriftet waren.

Einige Wochen vor dem Ball bekamen wir eigens Unterricht in Ballsaal-Etikette: dezentes Maus-Make-up; ein pastellfarbenes Kleid; kleiner Absatz (das sah hübscher aus, und außerdem würden die Jungen ein Mädchen, das größer war als sie, kaum zum Tanzen auffordern); Kölnisch Wasser und kein Parfüm; Träger unsichtbar, aber vorhanden (ohne BH zu gehen war undenkbar, auch wenn man kaum Busen hatte; es hätte bedeutet, daß man etwas zurückgeblieben war – mangelnde Gummipanzerung war ein Zeichen von Schwachsinn, wie Schielen und Sabbern); ja sagen, wenn man aufgefordert wurde, aber nicht zu oft mit demselben Jungen tanzen; kein Händchenhalten in den Tanzpausen, man mußte in seine Ecke zurückkehren wie ein Boxer, wenn die Glocke ertönt; kein Tanzen Wange an Wange und – eine neue Regel – kein Jive, kein Rock 'n' Roll. Es gab noch andere Verbote, aber die waren zu unfein, um ausgesprochen zu werden: kein Alkohol in der Bowle, keine unschicklichen Berührungen (Zunge, Bauch, Genitalien, Hüften), keine Verabredungen auf dem dunklen Hockeyfeld …

Und kein *Sambesi* mehr in der Pause für Gail und mich. Jetzt wurde es ernst, wir hatten es mit Jungen aus Fleisch und Blut zu tun, die durch all die Verbote, besonders die unausgesprochenen, zu beinahe exotischen Wesen geworden waren. Die ganze Schule summte vor Aufregung, und die Rektorin erschien uns menschlicher als sonst, stand sie doch im Begriff, den gefährlichen Geist pubertärer Sexualität aus der Flasche zu lassen und zu zähmen. In der Morgenversammlung sprach sie in Andeutungen von Freiheit und Verantwortung, und wir kicherten unbehaglich. Es war alles irgendwie anstößig, so als würde man von einem Polizisten gekitzelt.

Am Tag des Balls durften wir am Nachmittag nach Hause, damit wir uns zurechtmachen konnten. Was mein Kleid anbelangte, so hatten meine Mutter und ich einen Kompromiß geschlossen: ihre Vorstellungen von fließendem weißem Chiffon, den wir uns ohnehin nicht hätten leisten können, und meine von etwas in jeder Hinsicht Billigem – schulterfrei, enger Rock, viel Dunkelrot – aus dem Katalog, hatten sich einander angenähert. Herausgekommen war ein wadenlanges Prinzeßkleid, »das deine hübsche Figur betont«, wie die Verkäuferin in Shrewsbury meinte, wedgewoodblau mit weißem Muster und eckigem, fast tief zu nennendem Ausschnitt, und insgeheim gefiel es mir, obwohl ich mich beklagte, daß es zu babyhaft sei. Dann wieder in die Schule, in die »Garderobe«, in der sich die Mäntel stapelten. In der Luft eine Mischung von verbotenem Parfüm, Badesalz, Talkumpuder, Haarspray und dem neumodischen, auf der Haut brennenden Deodorant, fremd wirkende Mädchen, die sich in Riemchenschuhen und mit gerötetem Gesicht vor dem einzigen hohen Spiegel drängten. Ich hatte das Gefühl, gleich ohnmächtig zu werden, als wir die Turnhalle betraten. Die Decke war verschwunden, der Raum öffnete sich ins Leere, in den Ecken war es stockdunkel.

Die grauenvolle Aufgabe des ersten Tanzes oblag der Schulsprecherin und dem Schulsprecher, aber wenigstens mußten sie niemanden auffordern oder nicht aufgefordert werden. Und wenn man überhaupt nicht aufgefordert wurde? Man würde nach und nach dem Vergessen anheimfallen, und das Dunkel würde sich um einen schließen. Jungen stolperten durch die Halle, die Schläfen glänzend von Schweiß und Brylcreme, einander schubsend und anrempelnd, und plötzlich stand einer vor mir und fragte: »Darf ich …?« Ja, sicher, die Erleichterung war enorm, und es war ein einfacher Tanz, ein Walzer. Als sich meine dankbare Aufwallung gelegt hatte, merkte ich, daß auch mein Partner zu kämpfen hatte. Er schien die Schritte nicht mehr so recht zu wissen, denn er schwenkte meinen Arm auf und ab und zählte leise mit (eins, zwei, drei), und aus dem Mund roch er wie die offenen Schlünde der Pubkeller an den Bürgersteigen von Whitchurch, wenn die Getränke angeliefert wurden. Bier. Er hatte getrunken. Das war zwar eigentlich aufregend, weil verboten, aber er war ängstlich und fahrig und hatte feuchte Hände. Er trat mir auf die Füße (eins, zwei ...) und stöhnte, als täte es ihm mehr weh als mir, und dann war es vorbei, und ich saß mit meinen leicht lädierten weißen Schuhen wieder in der Mädchenecke und wartete weiter auf das eigentliche, das mystische Eröffnungsritual des Abends.

Jetzt würde mich bestimmt einer aus dem Häuflein der Sechstkläßler im Smoking erwählen, jemand Älterer (Lehrer tanzten leider nur mit Lehrerinnen), dessen flüchtige Berührung mir die Geheimnisse des Quickstep und der höheren Physik erschließen würde. Doch meine nächsten beiden Partner waren genauso unbeholfen und nervös wie ich. Es tat sich nichts, und wie zur Bestätigung kreuzte mein erster Partner wieder auf, noch aufgelöster als zuvor, mit offenem Kragen. Er wischte sich die Stirn, und als wir diesmal über die Tanzfläche stolperten, zählte er nicht mit, sondern flüsterte mir etwas ins Ohr: Seine Mutter habe sich den Arm gebrochen, bei einem Sturz von der Trittleiter in dem Geschäft, in dem sie arbeite, in dem sie aber nicht arbeiten müßte, wenn ihre Söhne und ihr Mann sich anständig um sie kümmern würden, was sie aber nicht täten, sein unmögliches Benehmen mache alles noch schlimmer, kein Wunder, daß er blau sei ... Er lachte sarkastisch und machte ein Gesicht, als würde er im nächsten Moment in Tränen ausbrechen. Es war schrecklich. Jeder Tanz mit ihm entfernte mich weiter vom Kavalier meiner Träume. Er hinterließ seine Spuren an mir – diesmal nicht nur schmerzende Zehen und schmutzige Schuhe, sondern auch einen feuchten Fleck an meinem Kleid, im Kreuz, wo seine Hand gelegen hatte, und meine Haare fühlten sich dort, wo er sich zu mir gebeugt und mir seine Geschichte erzählt hatte, klebrig an. Wer war er? Wie konnte ich ihn loswerden?

In der Mädchenecke wußten sie wenigstens, wer er war, nämlich der entfernte Vetter einer Fünftkläßlerin namens Sheila, einer schlaksigen Außenseiterin mit extrem vorstehenden Zähnen, die sich einmal, als ich selbst eine Außenseiterin mit

Zahnspange war, mit mir hatte anfreunden wollen. Es war Victor Sage, der Stolz seiner Mutter, wenn auch sonst niemandes Stolz, bekannt dafür, daß er nach der Polizeistunde hinter den Back Street Vaults herumalberte, trank und sich prügelte. Die Familie wohnte in der Sozialsiedlung von Whitchurch, und seine Mutter arbeitete bei Dudleston's, dem Textilgeschäft in der High Street. Ich bekam Kopfschmerzen. Ich ging auf die Damentoilette und schaute in den Spiegel. Natürlich! Vor dem Krieg hatte meine Mutter ebenfalls dort gearbeitet, zusammen mit Gladys, also mußte Gladys seine Mutter sein. Ich erinnerte mich, wie sie voreinander geprahlt hatten, einmal besonders, als ich das Stipendium bekommen hatte, und Victor auch, wie seine Mutter stolz erzählte, während sie, um Zeit zum Reden zu gewinnen, so tat, als müßte sie Unterwäsche einpacken. Meine Mutter hatte auf dem Weg zu Mrs. Smith sogar oft bei Mrs. Sage, wie sie jetzt hieß, hereingeschaut und mit ihr geplaudert, während ich von einem Fuß auf den anderen trat und sie am Ärmel zupfte. Dann verkörperte mein Peiniger also alles, was Whitchurch ausmachte, er war Teil der sattsam bekannten Verflechtungen, aus denen ich mich so gern befreit hätte. Und er sah auch nicht gut aus mit seinen schiefen Zähnen, was mich allerdings nicht gestört hätte, wenn er der magische Mentor gewesen wäre, den ich mir vorgestellt hatte, der Prinz des Ennui.

Gail hatte es viel besser getroffen, was die Realisierung ihrer Phantasien anging. Ihre Augen leuchteten, und sie summte ein paar Takte von Paul Ankas Superhit »Diana« vor sich hin. Er handelte von einer mythischen älteren Frau, und Paul hatte ihn geschrieben, als er sich mit vierzehn in seine Kinderfrau verliebte. Wunderbarerweise hatte Gail in Whitchurch einen Paul-Anka-Doppelgänger gefunden, dessen Augen im Gegensatz zu Pauls braunen (er war »syrischer Abstammung«) zwar blau waren, aber tief in den Höhlen lagen und genau den richtigen in sich gekehrten Blick hatten. Er hieß Michael Price. Er wirkte wie eine aufgeschreckte Gazelle und wollte partout nicht tanzen; wahrscheinlich war er so unerreichbar wie die Angebetete eines Minnesängers, und so wollte Gail es auch. Ich kehrte wütend in den Saal zurück. Der stellvertretende Schulsprecher forderte mich auf, aber es war zu spät. Als Vic Sage prompt von neuem auftauchte, riß mir der Geduldsfaden, und ich sagte ihm, er solle *abhauen*. Im ersten Moment prallte er erschrocken zurück, aber es half nichts, der letzte Walzer fing an, und es blieb keine Zeit mehr, auf einen anderen Partner zu warten. Und so schleppten wir uns ein letztes Mal durch die Turnhalle, ohne ein Wort zu reden, und dann zog ich im Garderobenraum schnell meinen Mantel an, mein pünktlicher Vater holte mich vor aller Augen mit einem Viehlaster ab, und meine Schmach war vollkommen.

Diese Begegnung auf dem Schulball sollte sich als schicksalhaft erweisen. Zunächst war es nur ein schlechter Anfang. Love-fifteen, null-fünfzehn. Aber ich war daran gewöhnt, mit Rückstand zu beginnen. Wir alle – sogar die Mauerblümchen und die Mädchen, die mit ihren Brüdern hatten tanzen müssen – gaben uns in den Tagen danach, den letzten vor den Weihnachtsferien, sehr erwachsen. In der Mittagspause oder nach der Schule machten wir unsere Weihnachtseinkäufe und wogen die Vorzüge der diversen Geschenkpackungen mit parfümierter Seife oder Badesalz für unsere Mütter und Socken oder Taschentüchern für unsere Väter gegeneinander ab (Rasierwasser galt damals noch als unmännlich). Wir tanzten einen neuen Tanz, den man nur von einem Aufklärungsflugzeug aus hätte sehen können und bei dem die Jungen, die ein paar Straßen weiter herumlungerten, unsere Partner waren. Trotzdem waren ihre Schritte auf unsere abgestimmt und umgekehrt, so daß sich unsere Wege in regelmäßigen Abständen kreuzten. Es war ein Tanz, bei dem man im Café sitzen oder auch an der Bushaltestelle stehen konnte, und er schloß ein, daß man Blicke auffing, winkte, Bemerkungen machte, die aufgeschnappt werden sollten, und sogar ein paar Worte wechselte, allerdings meist nach dem Muster: »Meine Freundin hat gesagt, dein Freund hätte zu ihr gesagt, er hätte dich mit mir reden sehen.«

Gail machte sich einen Spaß daraus, Michael Price jedesmal so lange anzustarren, bis er die Fassung verlor und rot anlief. Wenn Vic Sage in Green End sein Rad die Gosse entlangschob, wechselten wir die Straßenseite, wenn er es vor der Milchbar abgestellt hatte, gingen wir nicht hinein, und so kam auch ich auf meine Kosten. Das alles gehörte zu dem Tanz. Gail und ich schrieben jeden Abend Tagebuch und zeigten uns die Einträge am nächsten Tag. Wir schilderten darin – obwohl wir beide dabeigewesen waren – haarklein, welche der diversen Jungen, deren Namen wir ja jetzt kannten, wir wo und unter welchen Umständen zu Gesicht bekommen hatten. Zweck der Übung war es, auch noch die kleinste Andeutung einer Begegnung – je flüchtiger, desto besser – auszuschmücken und zu genießen. Einige meiner besten Einträge beschrieben Jungen, die wir durch Gucklöcher in den beschlagenen Scheiben des Busses gesehen hatten, als wir nach Hanmer zurückfuhren.

Aber es gab auch engere Kontakte, und obwohl die Rektorin wahrscheinlich glaubte, daß es Gail war, die mich auf Abwege brachte, war ich dabei die treibende Kraft. Der Tanz durch die Straßen fand in Schuluniform statt; am Samstagvormittag aber konnte man sich als Erwachsene verkleiden. Das war aufregender, als es sich anhört, denn in den fünfziger Jahren war Eleganz Erwachsenensache, Fünfzehnjährige zogen sich so an, daß sie wie Dreißigjährige aussahen, und nicht umgekehrt. Wenn ich in jenem Winter samstags nach Whitchurch fuhr, trug ich eine Jacke aus Wildlederimitat mit eckigen Schultern, einen bleistiftschmalen Rock, einen engen Pullover und Schuhe mit hohen Absätzen (die, wie Onkel Bill, der rohe Realist, mit anzüglichem Grinsen erklärte, die Körperhaltung einer Frau so veränderten, daß sie Titten und Hintern herausstreckte – aus biologischen Gründen). Es war genau der richtige Aufzug für mich, denn ich hatte die Figur dafür und die

Schamlosigkeit einer Schlafwandlerin; es war, als sei diese gewagte Zurschaustellung im Grunde eine Maske, hinter der ich mich versteckte, so wie das dicke Max-Factor-Make-up, das mein Erröten verbarg.

In dieser Verkleidung nahm ich den Frühbus nach Whitchurch, kaufte mir bei W. H. Smith ein Exemplar des *New Musical Express* und setzte mich damit an den Ecktisch am Fenster im Café Edwards, über dem großen, altmodischen Lebensmittelgeschäft, in dem es nach Cheshire-Käse, Speck, braunem Zucker und dem gemahlenen Kaffee roch, der sich oben im ersten Stock in die körnige graue Suppe verwandelte, die man dort vorgesetzt bekam. Der Ecktisch war eine Art Krähennest oder Ausguck, von dem aus man die halbe High Street überblicken konnte; launische Jungen und Mädchen (überwiegend Jungen) kamen hierher, um die Passanten zu beobachten. Ich brauchte kaum zu reden und konnte, wenn nötig, immer so tun, als läse ich in meiner Zeitschrift. Gail überredete meist ihre Mutter, sie nach Whitchurch zu fahren, und kam deshalb erst später, aber sie wollte ohnehin nur sehen und nicht gesehen werden. Gegen Mittag war der Kreis der Stühle in der Ecke schließlich so groß, daß kaum noch jemand aus dem Fenster schauen konnte. Das Café widmete sich um diese Zeit wieder seiner traditionellen Aufgabe und servierte hungrigen Leuten nach dem Einkaufen Fleisch und Gemüse mit viel Soße. Bei einer kurzen Einsatzbesprechung in der Toilette, bei der wir den Damen ausweichen mußten, die sich vor dem Spiegel die Hutnadeln feststeckten, erzählte ich Gail, was ich gesehen und gehört hatte, und wir wurden wieder zur Mädchenclique.

Sie stellte eine Gegenkraft dar gegen meinen unwiderstehlichen Drang, Jungen – es war schon fast egal, welche – dahin zu bringen, meine Existenz zur Kenntnis zu nehmen, mir *eine Existenz zu geben*. Aber der Drang war so unerbittlich wie die Schwerkraft. Ich konnte es kaum erwarten, erwachsen zu werden, und um das zu erreichen, mußte ich fürs erste niemand sein, maskiert, verfügbar. Einmal sagte ein Mädchen an unse-

rem Ecktisch einem der Jungen, daß ich Geburtstag hatte; es war der 13. Januar 1958. Wie alt ich geworden sei, fragte er nebenbei. Fünfzehn, zischte sie, und er war völlig perplex (also noch minderjährig!). Eigentlich erblühten nur die Schlampen von der Hauptschule in Broughall (Brothel – Bordell – wurde sie spaßhaft genannt) so früh, wie Unkraut.

Der erste Junge, mit dem ich kurz vor Frühlingsanfang tatsächlich »ging«, war der blonde, babygesichtige Alan Burns. Er steckte in der gleichen Klemme wie ich: Auch er war erst fünfzehn, aber er trank und rauchte und hatte genug davon, so jung zu sein. Zweimal gingen wir Samstag abends zusammen ins Kino und knutschten dort so ausdauernd, daß sich mein Gesicht ganz wund anfühlte, obwohl er sich bestimmt noch nicht rasierte. In der dritten Woche entschuldigte er sich und sagte einem Freund, der es einer Freundin sagte, die es mir sagte, daß ich »zu ernst« sei. Ich sagte der Botin, die es weitersagen würde, es mache mir nichts aus, und zu Gail sagte ich, es mache mir doch etwas aus, denn ich glaubte, das müsse so sein, aber ich war mir nicht sicher. Unsere Verabredungen waren von banger Eigenliebe erfüllt gewesen, unsere Münder trocken vor Lampenfieber. Ich dachte, er wollte damit sagen, daß es mir mit ihm zu ernst sei, und war beschämt und empört. Seine Flucht in die Zukunft war bereits geplant. Im Sommer ging er nach der mittleren Reife von der Schule ab und trat in die Handelsmarine ein. Jahre später, in unseren Swinging Twenties, lief ich ihm einmal über den Weg und dachte, aha, das war es also, er hat von Anfang an Männer bevorzugt.

Doch vielleicht hatte ich 1958 nur irgend etwas gesagt, was ihm verraten hatte, wie blaustrümpfig ich war. Wie alle Mädchen damals wußte ich, daß es viel schlimmer war, zu gescheit zu sein, als zu groß. Da ich einssechzig, blond und alles andere als redselig war, entsprach ich den Erwartungen weitgehend, nur platzte ich manchmal mit großen Worten heraus (»hypothetisch« oder »prätentiös«), die mir, ehe ich es recht wußte, wie die Kröten im Märchen aus dem Mund sprangen. Man konnte jedenfalls die falsche Art von Schweigen kultivieren, eher grüblerische Selbstversunkenheit als aufmerksame Zuwendung. Wenn ich mit jemandem redete, war ich so damit beschäftigt, mich zu fragen, was er wohl von mir hielt, daß ich gar nicht richtig zuhörte.

Mit Büchern war es anders. Ich achtete nach wie vor auf jedes Wort. Die Nacht, in der ich *Dracula* zu Ende las, war ungleich aufregender als der Samstagabend im Kino. Ich lag in meiner Lichtinsel, die Nachtfalter prallten gegen Glühbirne und Lampenschirm, das Kabel der Radioantenne klickte gegen die Fensterscheibe, und ich glitt in eine frühmorgendliche Trance hinüber, während mein kleiner Bruder (so klein war er gar nicht mehr, er war inzwischen neun) am anderen Ende des Zimmers tief und fest schlief. Ich beschwerte mich zwar bei meinen Eltern darüber, daß ich das Zimmer mit ihm teilen mußte, aber in Wirklichkeit machte seine nichtsahnende Gegenwart meine Leseorgien noch genußvoller. Ich sündigte mit einem untoten Dandy, während die Unschuldigen und Reinen im Vergessen schwelgten. Die Nacht gehörte Dracula und mir. Beim Gedanken an den Sarg des gewöhnlichen Tageslichts konnte ich nur gähnen.

Aber das war Ziererei. Ich war auf der Suche, entschlossen, in die Welt hinaus zu schlafwandeln, wenn ich konnte, und Karriere zu machen. Jungen und Hausaufgaben galten als unvereinbar, aber da ich an Schlaflosigkeit litt, hatte ich Zeit für beides und war weiterhin Klassenbeste. Mrs. Davies, unsere neue Englischlehrerin – jung und hübsch, mollig, dunkler Pagenkopf, der breite Mund rot nachgezogen –, war Gail und mir wohlgesinnt: Gail, weil sie im Unterricht so bravourös vorlas, mir wegen meiner verkleckSten, aber leidenschaftlichen Aufsätze. Sie erkannte, daß wir ein Zweiergespann waren; ähnlich wie sie und ihr Mann. Beide waren Lehrer und neu in Whitchurch. Mr. Davies unterrichtete an der Jungenschule Physik. Sie hatten ein aufgegebenes Landpfarrhaus gekauft, das sie umbauten und renovierten. Im ersten Sommer luden sie einige ihrer Schüler ein, darunter auch Gail und mich, ihnen beim Umgraben des Gartens und beim Tünchen der Nebengebäude zu helfen.

In dieser pastoralen Umgebung traf ich Vic Sage wieder. Und da er so weit von meiner Vorstellung eines Jungen, mit dem man ging, entfernt war, erzählte ich ihm alles mögliche: daß ich meine Eltern aus tiefstem Herzen haßte, daß das nicht einfach so dahingeredet sei und ich gar nicht glauben könne, daß nicht jeder so empfinde; daß ich die bevorstehenden Prüfungen natürlich alle bestehen würde und mir nur noch wegen der Noten Sorgen machte; daß ich die Uhr nicht lesen könne; daß es Unsinn sei, wenn er die Stockschläge seines Rektors wegen seiner Disziplinlosigkeit (beispielsweise war er auf der Rückfahrt von einem Schulausflug nach Stratford-upon-Avon im Bus betrunken gewesen) nur »gerecht« finde – Gehorsam erzeuge Tyrannei; daß Eigentum Diebstahl sei. Abends, wenn wir darauf warteten, daß Gails Mutter oder mein Vater uns abholte, zwängten Gail und ich uns zusammen in einen Sessel, und Mr. Davies (er war älter und – das schien uns selbstverständlich – auf eine abstrakte Art klüger als seine Frau) beklagte, daß wir nicht anständig Schach und nicht einmal Dame

spielen konnten, und wir befragten ihn zu anderen Mysterien. Ich weiß noch, wie er uns beschrieb, auf welche Weise man Vorherbestimmung und freien Willen in Einklang bringen könne: Es sei so, als drehe Gott einen Dokumentarfilm über alles, was geschehe, und könne sich den Film ansehen, wann immer es Ihm beliebe. Das wirke sich nicht auf die Entscheidungen aus, die wir, die Schauspieler, träfen, unsere Freiheit werde nicht im mindesten eingeschränkt. Mitten im Leben, wenn man sich seinen Weg durchs Dickicht hacke, könne man natürlich den Wald vor Bäumen nicht sehen. Das war, da bin ich mir ziemlich sicher, in jenem Sommer die Definition von Freiheit.

15

Sunnyside

Selbst im Bezirk Maelor hatten die Diskontsenkungen der Torys und die Lockerung der Kreditrestriktionen Veränderungen bewirkt. Meine Altersgenossen, die mit fünfzehn von der Hauptschule abgegangen waren, verließen Hanmer, weil sie dort keine Arbeit mehr fanden; die Bauern vergrößerten ihre Betriebe, schafften mehr Maschinen an und brauchten nicht mehr so viele Arbeitskräfte. Und auch im Viehtransportgewerbe wurde alles anders. Mit dem Ende der Fleischrationierung und dem Aufkommen des Hamburgers expandierten die Viehhändler, und mein Vater tat es ihnen gleich. Das *Geschäft* florierte. Es war zwar nicht mehr Geld im Haus als früher, aber der Umsatz stieg, und mein Vater bekam mehr Kredit. Noch immer schrieb er »Bitte« auf überfällige Rechnungen und drei Monate später *»Bitte«*, und bezeichnenderweise trug sein (von einem Versandhaus bezogenes) Geschäftspapier den Namen Kalamazoo, als wäre es für Firmen im Wolkenkuckucksheim gedacht. Aber es stimmte: Noch nie war es uns so gut gegangen. 1959 zogen wir um, in ein Haus namens Sunnyside am westlichen Stadtrand von Whitchurch, wo die Bürgersteige aufhörten. Der Rest dieser Geschichte hat somit einen neuen Schauplatz. In gewisser Weise neu jedenfalls.

Jahrelang war ich täglich mit dem Bus an Sunnyside vorbeigefahren. Es war eine Villa aus der Zeit vor der Jahrhundertwende (Buntglasfenster, spitze Giebel, verschnörkelte schmiedeeiserne Gitter), hinter einer hohen Hecke an einer

Kiesauffahrt gelegen, von Lorbeer, Goldregen und Flieder umgeben und durch eine Blutbuche von der Straße abgeschirmt. Das verzogene weiße Tor stand immer einen Spalt offen, und selbst das »Zu verkaufen«-Schild war verwittert und paßte in das allgemeine Bild der Verwahrlosung. Die Davies' waren ihrer Zeit voraus. Niemand sonst wollte damals ein großes Haus, es sei denn, er beabsichtigte, Zimmer zu vermieten oder ein Heim aufzumachen. Und man hatte keinen Ärger mit der Baugenehmigung. Seit dem Krieg waren in der Wrexham Road keine Privathäuser mehr gebaut worden; die Sozialsiedlung, in der Vic wohnte, grenzte direkt an die Villengrundstücke, es war also nicht gerade eine feine Wohngegend. Sunnyside war preiswert – das Haus und das anderthalb Morgen große Grundstück kosteten 1800 Pfund –, und mein Vater sah sofort, daß hinter dem Haus Platz für einen kleinen Fuhrpark war und die Ställe sich hervorragend als Werkstatt und Garage eigneten.

Aber es ging natürlich um mehr. Nicht nur mich bedrückte die Enge in unserem Gemeindewohnhaus mit dem offenen Wohnzimmer. Was immer meine Eltern sich zu Beginn ihres Daseins als anständige Kernfamilie mit Baby Clive erhofft haben mochten, hatte sich durch Grandmas Einzug und mein Elend fast schlagartig verdüstert, und inzwischen platzte The Arowry 4 schier vor Frustration. Grandma, zunehmend gebrechlich und ans Haus gefesselt, zitterte vor ohnmächtigem Groll ebenso wie von der Parkinsonschen Krankheit und kam kaum noch die Treppe hinauf ins Bad, und Clive trieb sich, wie ich früher, ständig draußen herum. Alle haßten das Haus. Wären wir, wie es sich gehörte, eine sozial aufstrebende Familie gewesen, hätten wir eine gepflegte neue Doppelhaushälfte mit fünf Zimmern und allem modernen Komfort erwerben müssen. Statt dessen marschierten wir vorwärts in die Vergangenheit. Sunnyside hatte ein berauschendes Flair von Vernachlässigung und Abgeschiedenheit, dem nur Clive widerstehen konnte – aber der war noch zu jung, um mitreden zu dürfen. Wir zogen ins Pfarrhaus zurück, ein Pfarrhaus ohne Grandpa –

zum Glück für meine Eltern und (sogar) für mich und Grandma, denn trotz seines hellen, heiteren Namens war es ein schattiges, verschwiegenes Haus mit vielen weit genug auseinanderliegenden Zimmern.

Der Vorbesitzer war bis an sein Lebensende nur zwischen zwei Räumen hin- und hergeschlurft, dem Wohnzimmer und der gegenüberliegenden Küche, durch eine mit grünem Filz bespannte Tür, die einst das Gesinde von der Herrschaft getrennt hatte. Im Staub von Jahren hatte er einen Pfad ausgetreten, auf dem gerade noch das Mosaik des Steinfußbodens in der Diele zu erkennen war. Sonny (Sunny?) Foulkes. Seine Familie hatte das Haus 1919 gekauft; der schneidige Hauptmann der Irish Guards, der es gebaut hatte, war im Ersten Weltkrieg gefallen. Es war auf Amüsement ausgelegt, das sah man noch, denn Sonny hatte wie ein Hausbesetzer darin gelebt und nichts verändert. Es gab einen ganzen »Flügel« mit einem Billardzimmer und (im Stockwerk darüber) fünf winzigen Dienstbotenkammern; Kellerräume mit Weinregalen, Vorratsschränken und Haken für Wild; einen Schrank für Jagdgewehre, von jungen Burschen, die in Diensten des Erbauers gestanden hatten, diskret geplündert – einen ausgestopften Windhund in einer Vitrine hatten sie immerhin zurückgelassen; einen von Maulwurfshügeln übersäten Tennisplatz; eine ziemlich große Pferdekoppel; einen Obstgarten mit halb verdorrten Kirsch-, Pflaumen-, Apfel- und Birnbäumen; seltene Zuchtrosen, die sich gegen Unkraut und Himbeerranken behaupten mußten, und einen Geräteschuppen, in dem leere Gordon's-Gin-Flaschen bis an die Decke ordentlich gestapelt waren. Im Laub, das die Abflüsse verstopfte, lebten elegante blaßgelbe Eidechsen. Es war ein Spiegelbild von Maelor, eine Exklave der Zeit. Hier würden wir uns wieder in sozialem Niemandsland befinden, nicht einzuordnen, mit reichlich Raum für einsamen Groll und phantastische Träume.

Minimale Modernisierungen – elektrisches Licht anstelle der undichten Gaslampen, ein neuer Küchenherd, denn der alte fiel bei der ersten Berührung in einer roten Staubwolke zusammen – und ein wenig Do-it-yourself-Tapezieren würden genügen. Der Gedanke an die Hausarbeit schreckte meine Mutter nicht, denn sie wußte sofort, daß sie weniger zu tun haben würde; ein so großes Haus konnte man ohnehin nicht sauberhalten. Der Schmutz darin war Pfarrhausschmutz, den zu beseitigen niemand von ihr verlangen konnte. Zum Schmutz gesellten sich jahrelang eingelagerte Sachen aus dem Pfarrhaus. Vieles davon blieb allerdings in den Teekisten, die im Billardzimmer gestapelt wurden, wo Clive und sein neuer Freund Jeff aus der Sozialsiedlung sie mit einer Spielzeugkanone, deren Schußweite sie mit selbstgemachtem Schießpulver um ein Vielfaches gesteigert hatten, beharrlich beschossen.

Sunnyside hatte für jeden etwas und führte uns für kurze Zeit zusammen, gerade weil wir getrennte Wege gehen konnten. An dem Abend, als wir endgültig einzogen, erlebten wir einen Moment seltenen Einvernehmens. Grandma war bereits im Haus, und wir waren noch einmal nach Hanmer gefahren, um einige letzte Kleinigkeiten zu holen. Als wir zurückkamen und der Wagen über die Auffahrt – unsere Auffahrt – knirschte, sahen wir sie, vom gardinenlosen Erkerfenster eingerahmt, auf einem hohen Stuhl sitzen. Ihre Füße reichten nicht bis auf die Dielen hinunter, und es sah aus, als schwebte sie in der Luft. Sie war in das grünliche Licht des Fernsehers getaucht und drohte dem Ringer auf dem Bildschirm mit der Faust, hexenhaft, grotesk – und zu Hause. Wir brachen in hysterisches Gelächter aus, bis uns die Tränen herunterliefen. Aber es war nur recht und billig, daß sie sich hier zu Hause fühlte, denn die sechshundert Pfund, die sie Grandpa abgeknöpft und auf meinen Namen auf ein Postsparbuch eingezahlt hatte, waren komplett in den Kauf des Hauses geflossen. Meine Eltern waren aus gutem Grund der Meinung, daß es sich um unrechtmäßig erworbenes Geld handelte und daß sie es ihnen schuldete, weil sie all die Jahre nichts zum Haushaltsgeld beigesteuert hatte und es auch künftig nicht tun würde. Was mich betraf, so wußte ich bereits, daß Eigentum

Diebstahl war. Ich versuchte zwar, mich beraubt zu fühlen, aber ich wünschte mir den Umzug ebensosehr wie die anderen.

Und mehr noch. Mir wurde allmählich bewußt, daß ich *ungestraft davongekommen* war. Mit meinem geheimen Hochmut und meiner hoffnungslosen Schüchternheit, mit dem Kohlkopfrechnen und den Tintenflecken in meinen Schulheften, mit Läusen, Zahnspangen und Blaustrümpfigkeit, mit der Bewunderung meines Profils von links im Badezimmerspiegel ... Sunnyside, wo die Seele des Pfarrhauses in einem neuen Leib aus Backsteinen und Mörtel wieder zum Leben erwacht schien, wiegte mich in trügerischer Sicherheit. Im Sommer hatte ich wie erwartet alle Prüfungen bestanden, und obwohl sich meine Eltern dem Standpunkt der Rektorin, daß meine Begabung (trotz meiner guten Noten in Mathematik) in den geisteswissenschaftlichen Fächern liege, angeschlossen hatten und ich folglich nicht an der Jungenschule Physik und Chemie nachholen würde, kämpfte ich nicht wirklich für mein Recht, einen weißen Kittel zu tragen und mich in das Fußvolk beim Wettlauf in den Weltraum einzureihen. Ich hatte es nicht mehr nötig, mich an einer Schule mit den Jungen zu messen – mit ihnen zu fraternisieren –, denn in den ersten Monaten des neuen Schuljahres waren Vic und seine Freunde (von denen die meisten Englisch und Geschichte oder alte Sprachen machten), die Davies-Truppe, zu meinen und Gails Kumpels geworden.

Dieses Argument tischte ich zumindest meinen Eltern auf, als sie verlegen die Frage anschnitten, was ich denn jetzt zu tun gedächte. Ich stellte uns ein wenig wie die Busladung von Spätentwicklern dar, die einige Jahre später in dem Cliff-Richard-Film *Summer Holiday* verewigt werden sollten – zu jung zum Verlieben, zu sehr darauf aus, endlich loszulegen, um über Sinnenlust nachzugrübeln, zu frisch gewaschen, zu gesund und munter und normal, um die Geborgenheit in der Gruppe nicht zu schätzen.

Noch vor unserem Umzug kam es zu einer peinlichen Szene. Ich wollte mit meinem Vater nach Hause fahren und war deshalb in Sunnyside aufgekreuzt, wo er in der Küche etwas verputzte (wegen eines Fehlalarms in Sachen Maul- und Klauenseuche war das Geschäft zurückgegangen). Er fing an, mir mit vielsagender Miene einen Vortrag darüber zu halten, wie wichtig Selbstdisziplin und Selbstachtung für ein junges Mädchen seien. In meiner Panik schnitt ich ihm das Wort ab, indem ich die Belehrungen über Freiheit und Verantwortung wiederkäute, die wir in der Morgenversammlung zu hören bekamen. Ich setzte ihm auseinander, daß man erst frei sein müsse, um überhaupt Verantwortung übernehmen zu können. Wahrscheinlich kannte ich Miltons unsterbliche Worte von der Tugend hinter Klostermauern noch nicht, sonst hätte ich sie bestimmt zitiert. Ich wollte nur eines: verhindern, daß er den schrecklichen Versuch unternahm, ein »verständnisvolles« Gespräch über Knutschen, Petting und Schlimmeres mit mir zu führen. Ich nahm einen noch strengeren moralischen Standpunkt ein als er und machte damit jede Diskussion darüber, was ich tat oder nicht tat, unmöglich. Ich log routiniert, überzeugend und selbstgerecht, denn ich wollte es im Grunde selbst nicht wissen. Tatsächlich hatte ich es noch nicht getan, aber das ging ihn nichts an, und es hatte ohnehin nichts mit meiner persönlichen Integrität zu tun, wie er zu glauben schien.

Vielleicht hatte er den Klatsch über Vics Halbbruder Cyril mitbekommen. Cyril war Mitte Zwanzig, arbeitete als Lastwagenfahrer und hatte bereits ein Mädchen in Schwierigkeiten gebracht und eine Vaterschaftsklage am Hals. Er war eine Berühmtheit in Whitchurch. Die Mutter der beiden, Mrs. Price, war verwitwet, als sie in den dreißiger Jahren mit meiner Mutter bei Dudleston's arbeitete, und von Cyril – der ebenso flott wie gescheit war – hieß es allgemein, er sei durch die gewalttätigen Auseinandersetzungen mit seinem Stiefvater zum Nichtsnutz geworden. Er war von zu Hause fortgelaufen und zu seinen Großeltern gezogen, hatte die Schule abgebrochen und war Traktorfahrer geworden. Gerade rechtzeitig für Suez war er zum Wehrdienst eingezogen worden, aber das hatte nichts genützt: Als er aus Kairo zurückkam, suchte er ständig Händel und etablierte sich als Verführer und Mitglied der Arbeiterklasse. Aber die Mutter war eine alte Freundin und über Cyrils Abwege und seinen schlechten Ruf so offensichtlich beschämt, daß meine Eltern es nicht fertigbrachten, Vic in Bausch und Bogen abzulehnen. Immerhin ging er weiter zur Schule, und wir alle waren (wie ich ihnen immer wieder sagte) ständig zusammen.

Eigentlich war Gail der Anlaß des ersten wirklich tiefgehenden Gesprächs zwischen Vic und mir, bei dem wir einander mehr – und immer mehr, denn als wir einmal angefangen hatten, konnten wir nicht wieder aufhören – von unseren Familien erzählten. Es war in einem Tennisclub in Whitchurch, und wir sollten Gail helfen, Michael Price dazu zu bringen, ein Doppel mit ihr zu spielen. Statt dessen saßen wir für uns allein im Schatten und tauschten Kindheitserinnerungen aus, und während Gail bei Michael wie immer kaum weiterkam, vertrauten wir uns einander rückhaltlos an. Wir prahlten voreinander, wie grauenvoll das Leben in unserem jeweiligen Gemeindewohnhaus sei, und rissen die Fassaden nieder, hinter denen unsere Eltern ihr Privatleben verbargen. Das Schaurige und Absurde an Vics häuslicher Situation war mir wunderbar vertraut. Wir stellten fest, daß wir beide mit Verrückten geschlagen waren. Mein Trumpf waren meine Großeltern, sein Trumpf war sein Vater. Er stammte ebenfalls aus Südwales, aus einem Nachbartal des Rhondda-Tales, oder so gut wie – Abercynon –, und war wie Grandma klein und dick.

Bis Dünkirchen war er Berufssoldat gewesen, Unteroffizier, dann wurde er nach nicht ganz zwanzigjähriger Dienstzeit, also ohne die volle Pension, wegen Untauglichkeit entlassen. War er da schon psychisch labil gewesen, womöglich schon jahrelang, und man hatte es beim Militär erst so spät bemerkt, hatte er auf dem Rückzug ein Trauma erlitten, oder hatte ihn das Zivilleben in den Wahnsinn getrieben? Eine Zeitlang merkte man nichts: Als Vic 1942 geboren wurde, war er Angestellter im öffentlichen Dienst und kümmerte sich um Lagerbestände der Armee. Zu Hause war er rücksichtslos und als Stiefvater ein Schinder – um einer Tracht Prügel zu entgehen, kletterte Cyril mit elf aus dem Badezimmerfenster und kam nie wieder zurück –, aber das war damals nichts Ungewöhnliches. Erst in den fünfziger Jahren wurden seine Stimmungsschwankungen extremer, und eines Tages ohrfeigte er im Büro eine Sekretärin, die seine Anweisungen nicht befolgt hatte.

Während Michael Price aufschlug und Gail sich an seiner Anmut ergötzte, hörte ich gebannt zu. Vics Vater wurde fristlos entlassen, worauf der Hausarzt zu der Erkenntnis kam, daß er verrückt war. Er wurde ins Krankenhaus eingewiesen, und die Diagnose lautete auf paranoide Schizophrenie. Die Psychiater waren sich damals ihrer Sache sehr sicher, wenn sie einmal jemanden für geistesgestört erklärt hatten. Allerdings hatte er auch die klassischen Symptome: Er bekam seit einiger Zeit geheime Botschaften, denn er war Unteroffizier in einem Kommando von Außerirdischen. Im Krankenhaus traktierte man ihn mit Elektroschocks und gab ihm Beruhigungsmittel, und nach einigen Monaten wurde er entlassen, ohne daß sich sein Weltbild groß geändert hätte.

Das war 1956 oder 1957, kurz bevor ich Vic auf dem Schulball kennenlernte. Sie waren noch nicht lange in dem Gemeindewohnhaus. Früher hatten sie größere, schönere Wohnungen gehabt, die sie sich jetzt nicht mehr leisten konnten. Cyril, der einen Job nach dem anderen verlor, war auch keine große Hilfe und wollte ohnehin um keinen Preis mit ihnen unter einem Dach wohnen, und Vic mußte weiter zur Schule gehen, darauf bestand seine Mutter. Er war ihre letzte Hoffnung, er mußte es einfach zu etwas bringen. Und so wohnten sie am Thompson Drive in einem Haus mit dem gleichen Wohnzimmer wie in The Arowry, doch Vics Mutter, einer begeisterten Gärtnerin, war es bereits gelungen, den Maschendrahtzaun hinter Kletterrosen zu verstecken und die Rabatten mit winterharten Pflanzen zu füllen. Sein Vater hatte einen riesigen Schädel, einen langen weißen Bart und Augen wie ein biblischer Prophet. Er saß die meiste Zeit in Pantoffeln vor dem Fernseher und sah sich Sendungen an oder hielt Zwiesprache mit Kanal dreizehn, der für andere nur flimmerte und rauschte, ihm jedoch geheime Botschaften übermittelte, denen er aufmerksam lauschte.

Es ging ihm nicht besser, er war nur ruhiggestellt, und noch immer riß er hin und wieder aus: Dann plünderte er das gemeinsame Konto, rasierte sich und machte sich in seinem guten Anzug mit einer Blume im Knopfloch auf den Weg nach Windsor, Sandringham oder Balmoral. Er hatte stets ein zerknittertes Foto der jungen Queen bei der Fahnenparade unterm Kopfkissen oder in der Tasche. Jedesmal wurde er von der Polizei aufgegriffen und nach einem kurzen Klinikaufenthalt in den Thompson Drive zurückgebracht. Vics Mutter fand das alles schrecklich, aber sie nahm ihn immer wieder auf. Er war so flott und selbstbewußt gewesen, als sie sich vor dem Krieg kennengelernt und geheiratet hatten, da konnte sie ihn jetzt nicht im Stich lassen, auch wenn er mit dem Hochmut des Irren ihre Geduld und Selbstaufopferung verachtete. Ihre Arbeit hielt er für unwürdig, obwohl sie damit seinen Unterhalt und seine kleinen Annehmlichkeiten finanzierte, die selbstgedrehten Zigaretten beispielsweise, deren Glut Löcher in seine Strickjacke brannte.

Vics Mutter war so stoisch und zurückhaltend, wünschte sich so sehr ein ganz normales, anständiges Leben, daß sogar Vic manchmal wütend auf sie wurde. Sie stammte aus einer Kleinbauernfamilie, und harte Arbeit war für sie selbstverständlich. Es war furchtbar für Vic, daß ihre ganze Hoffnung auf ihm ruhte, und er mußte einfach ab und zu über die Stränge schlagen. Sie lobte ihn oft, während meine Eltern nur vor Dritten stolz auf mich waren, aber wir mußten beide gut in der Schule sein. Das allein unterschied uns schon von den anderen, von denen meist nur erwartet wurde, daß sie den Status quo der Mittelschicht aufrechterhielten: Wer sich zu sehr ins Zeug legte, galt in Whitchurch als Außenseiter und wurde verdächtigt, nach Höherem zu streben. So brachten unsere Familien uns ungewollt zusammen, dabei war aus ihrer Sicht ein Freund beziehungsweise eine Freundin das letzte, was wir brauchten, schon gar, wenn es jemand aus derselben Schicht war. Aber es war zu spät. Als an diesem Tag die Sonne über den Tennisplätzen unterging und Gail zum Abschluß einen einsamen Übungsball ins Netz schmetterte, hatten wir bereits eine magische Ähnlichkeit zwischen uns entdeckt. Selbst die Sache mit dem ererbten falschen Gebiß hatten wir gemeinsam. Vic hatte zuwenig zweite Zähne bekommen, seine Kusine Sheila dagegen viel zu viele; und ich konnte ihm gestehen, daß ich einmal eine Spange hatte tragen müssen.

Er war mir ähnlicher als Gail: Er war chronisch unsicher und konnte es kaum erwarten, erwachsen zu werden und sich aus seiner demütigenden Abhängigkeit zu befreien. Seine Zukunftsvorstellungen waren realistischer als meine, was es ihm allerdings nicht leichter machte, an sie zu glauben, denn er sah sich noch nicht recht in einer Stellung bei einer Bank oder im öffentlichen Dienst, die seine Mutter beglücken, ihn zu einem rechtschaffenen Menschen machen und seine Schuldgefühle mildern würde. Wohingegen ich egoistischerweise nur davon träumte fortzugehen, möglichst an die Universität, wo ich einem guten Geist begegnen würde, der mir alles beibringen und mich zu einer Frau von Welt machen würde.

So kam keiner von uns auf die Idee, daß der andere die Lösung seiner Probleme bedeutete; es war eher so, daß wir unser beider Misere zusammenwarfen. Wie auch immer: Vorläufig waren wir unzertrennlich. Im Herbst vor unserem Umzug nach Sunnyside – ich war fünfzehn, er sechzehn – brachte er mich (oft zusammen mit Gail) zum Bus und schob dabei sein Rad, und samstags gingen wir ins Kino, wo wir uns in der letzten Reihe balgten und Händchen hielten. Eines Novembertags brachte er mir an der windigen Bushaltestelle bei, die Uhr zu lesen. Ich überredete ihn, aus dem Kadettenkorps der Schule auszutreten, weil es der Vergangenheit in die Hände arbeite (wie hielt er es nur aus, *wie sein Vater* zu sein?). Außerdem wollte ich nicht mit ihm im Kampfanzug gesehen werden.

Vor der Zukunft verschloß ich die Augen. Ich war zwar nicht voller Unruhe und Befürchtungen wie nach der Prüfung für die höhere Schule, doch nach dem Übergang in die sechste Klasse und dem Umzug nach Sunnyside vermißte ich zu meiner Überraschung Hanmers holprige Gassen und die nassen Wiesen. Ich setzte mich mißmutig in eine Astgabel und las bei Wordsworth, daß Entfremdung von der Natur zu ertragen sei. Die Natur in Hanmer hatte nichts Erhabenes, die einsamen Streifzüge meiner Kindheit hatten nicht den Jubel hervorgerufen, an den sich Wordsworth erinnert. Aber ich konnte nachvollziehen, wie befangen man sich fühlt, wenn man plötzlich ratlos in einer Landschaft steht, die einem eigentlich bis ins kleinste vertraut ist, so als sei sie ein Bild und man könnte nicht aus dem Rahmen heraustreten. Wordsworth drückt die Nase an das Glas und beneidet die Toten auf dem Lande, beispielsweise Lucy:

Sie sieht kein Licht, hört keinen Klang,
Ist ohne Tat und Traum;
Kreist in der Erde Tagesgang
Mit Gräbern, Fels und Baum.

Wenn ich solche Zeilen las, beschlich mich das unheimliche Gefühl, das Buch in meinen Händen sei ein Anti-Buch. Je mehr man über Lucy, Betty Foy und ihren schwachsinnigen Sohn, die einsame Schnitterin oder den alten Bettler in Cumberland las und je näher man sich ihnen fühlte, desto mehr erschien es als ein Fehler, literarisch gebildet zu sein. Andererseits nahm ich an, daß ich in Wordsworth' Welt wahrscheinlich nichts als ein Höcker in der Landschaft gewesen wäre – nicht direkt tot, aber auch nicht richtig lebendig und ganz gewiß nicht sein Anti-Buch als Standardtext lesend.

»Nie die Natur ein Herz betrog, das ihr in Liebe huldigt«, schreibt Wordsworth. Beziehungsweise: »Nie die Natur ein Herz betrog, / Das ihr in Liebe huldigt.« Dank Wordsworth entdeckte ich, daß ich ein fotografisches Gedächtnis hatte, denn niemand sonst in der Klasse wußte noch, an welchen Stellen in seinen Blankversen die Zäsur kam, obwohl das Zeilenende der lebensbedrohliche Aussetzer seines Herzschlags war. Ich brauchte nur mein inneres Auge zu befragen, und schon sah ich die Worte auf der Seite vor mir. Wahrscheinlich schnitt ich bei Prüfungen deshalb so gut ab.

Meine Wahrnehmung der realen physischen Welt war weniger genau, Geräusche, Gerüche und Stimmen drängten sich auf, und die Gegenwart verschwamm, wie die Zukunft. Ich sah den Weg vor mir nicht. Beispielsweise wurde erwartet, daß man sich zwischen Jungen und Büchern entschied, Sex nahm ein Mädchen völlig in Anspruch, ihr Geschlecht *gehörte mehr zu ihr* als das Anhängsel eines Jungen zu ihm, Mädchen *waren* ihr Geschlecht, also mußten sie ohne Sex auskommen, wenn sie genug Energie, Selbstbeherrschung und Verstand für andere Dinge übrig haben wollten. Dieser Logik folgten die Bezirksschulausschüsse, wenn sie einer Studentin das Stipendium strichen, weil sie in eheähnlicher Gemeinschaft lebte, heiratete oder schwanger wurde, denn dann handelte es sich um Verschwendung öffentlicher Gelder. Das war es nach landläufiger Meinung allerdings auch schon vorher, denn nach dem Studienabschluß heirateten die Mädchen, gründeten Familien und arbeiteten, wenn überhaupt, nur halbtags, in Jobs, für die sie überqualifiziert waren. Es gab auch Frauen, die nicht heirateten, aber die waren unweiblich, unausgefüllt, von Natur aus geschlechtslos oder – fast genauso schlimm – lesbisch. Auf jeden Fall kompensierten sie nur, daß sich nie ein Mann für sie interessierte. Hätten sie auch nur die kleinste Chance, würden sie dahinschmelzen wie die Karrierefrauen im Film, die zu schnurren anfangen, wenn der Held ihnen die Brille abnimmt und ihr straff zurückgekämmtes Haar löst.

Alles, was damals über Sex gesagt wurde, handelte von getrennten Sphären. Wir dachten, Shakespeares hymnische Sonette seien an ein Mädchen gerichtet, wir lasen *Lady Chatterley* in einer gereinigten Fassung für die Oberstufe, aber wir hätten wohl nicht einmal am ungekürzten Text erkannt, daß es sich bei dem heiligsten, innigsten Akt der Intimität zwischen Connie und Mellors um Analverkehr handelt, so laut tönten die Schlachtrufe von Natur und Realismus, die das eigentliche Tun der Personen verschleierten. Der Gegensatz war unüberwindlich. Man konnte sich als Freigeist oder Bohemien fühlen – durch seine weibliche Natur war man darauf programmiert, mit Gräbern, Fels und Baum zu kreisen. Unsere Helden, die Beatniks, erfanden diese Welt neu. Jack Kerouacs Gefährtin Joyce Johnson beschreibt, wie sie auf eine Rolle festgelegt wurde:

> Konnte er keine Frau auf seine Reisen mitnehmen ...? Jedesmal wenn ich darüber reden wollte, schnitt er mir das Wort ab und sagte, im Grunde wolle ich nur Kinder bekommen. Das wollten alle Frauen und ich auch, selbst wenn ich das Gegenteil behauptete. Noch wichtiger als eine große Schriftstellerin zu werden sei es mir, Leben hervorzubringen, ein Glied in der Kette von Leiden und Tod zu werden ...

Joyce brauchte fast dreißig Jahre, um diesen Unsinn so distanziert niederschreiben zu können. Es ist bitter, sich klarzumachen, daß man ein Produkt mythischer Vorstellungen war: Mädchen standen einer vielversprechenden Zukunft im Wege, sie waren eine Falle für junge Männer. Erst hinterher ist man klüger und sieht, daß das Gegenteil der Fall war. In solch verführerischen Geschichten von männlicher Freiheit stehen die weiblichen Bedürfnisse von vornherein fest. Man soll wie Lucy für immer bleiben, wie man ist.

Ich erinnere mich an eine flachgedrückte Stelle im hohen, sich fast schon aussäenden Gras am Treidelpfad entlang des

Shropshire Union Canal. Es ist ein strahlender, heißer Sommernachmittag, ein Jahr nachdem wir unsere Familiengeschichten zusammengeworfen haben. Vic und ich sind von den umliegenden Feldern aus nicht zu sehen, wohl aber für die Spaziergänger auf dem Weg und die Boote, die jedoch nur in großen Abständen vorbeikommen. Ausziehen können wir uns nicht, nur im Dunkeln wären wir sicher, aber wir halten uns nicht an den Stundenplan der Liebe. Wir wollen unter die Haut des anderen, ohne die Kleider abzulegen, und die Stellen, die wir berühren, liegen unter zerknautschten, widerspenstigen Hemden, Jeans, Unterhosen. Es gibt keine ruhigen Liebkosungen, keine langen Blicke, es ist fast nur schmerzhafte Seligkeit. Um uns eine Wolke von Blütenstaub und winzigen Faltern und Fliegen, die wir aufgescheucht haben. Wir zerfließen, die Augen halb geschlossen, halten einander mit ausgestreckten Armen an den Händen, gekreuzigt, stoßend, uns windend. Unsere Küsse sind wie Mund-zu-Mund-Beatmung, uns ist, als müßten wir sterben. Die kindliche Mathematik des Aus-zwei-mach-Eins will nicht klappen.

Orte, Augenblicke. Einmal, als meine Eltern nicht da sind, liegen wir am Rand des alten Rasen-Tennisplatzes in Sunnyside im Unkraut, als im Haus jemand ans Fenster klopft. Grandma späht heraus, zu kurzsichtig, um Einzelheiten zu erkennen, aber sie sieht, daß ich mich in der Horizontalen befinde und einen Jungen umarme, das genügt. Poch-poch-poch, aufwachen.

Die Tage der Sommerferien fließen ineinander. Jeden Vormittag saß ich in der Küche in einem Kaminsessel, der mit alten Zeitungen ausgelegt war (weil mein Vater sich darin in seinem verschmierten Overall die Stiefel auszog, wenn er von der Arbeit nach Hause kam), und übersetzte zwei- bis dreihundert Zeilen aus der *Aeneis*, ohne ein Wörterbuch zu benutzen. Bei Wörtern, die ich nicht kannte, riet ich. Latein war nach wie vor mein Lieblingsfach; trotz *Lady C.* und Mrs. Davies kam es mir fast wie Faulheit vor, auf den knisternden alten *Daily Mails* zu sitzen und das römische Epos hinzukritzeln. Nachmittags spielte ich in Whitchurch mit Gail Tennis, oder wir schlenderten von Edwards's zum Café und von dort zur Milchbar, wir hörten Schallplatten, oder ich ging mit Vic am Kanal spazieren, und wir machten uns im Gras ein Nest. Eines Tages sagte mir Gail, Vic habe einem Freund erzählt – und dessen Freundin habe es ihr erzählt –, daß wir bis zum Letzten gegangen seien und daß er eine Trophäe habe, die das beweise, nämlich einen Blutfleck auf seinen verwaschenen Jeans. Sie war erschüttert, daß etwas so Bedeutsames passiert war und ich ihr nichts davon gesagt hatte. Aber es sei gar nicht passiert, protestierte ich, wirklich nicht, sonst hätte ich doch ... Vic und ich hatten eine erbitterte Auseinandersetzung, in der ich ihm Verrat und Angeberei vorwarf, denn es *war* ja nicht passiert. Oder doch?

Ich konnte es mir einfach nicht vorstellen. Als ich mich krank und aufgetrieben fühlte, unter Kopfschmerzen und Übelkeit litt und, ja, meine Tage nicht bekam, blieb ich im Bett, und wir holten Dr. Clayton, unseren neuen Hausarzt, einen bleichen, prüden Mann in den Dreißigern. Nachdem er meine Temperatur gemessen, nach meinem Stuhlgang gefragt und sich meine Zunge angesehen hatte, blickte er aus dem Fenster auf die Blutbuche, räusperte sich und fragte, ob es sein könne, daß ich, äh, schwanger sei. Nein, sagte ich, und mir wurde plötzlich heiß, nein. Trotzdem riet er zu einer Urinuntersuchung, und unterdessen nahm ich Aspirin gegen die Kopfschmerzen, aber sie gingen nicht weg, und obwohl die Schule wieder angefangen hatte und ich mit der *Aeneis* fertig war, blieb ich zu Hause. Dann kam Dr. Clayton wieder, verlegen und verwirrt. Wie alt ich sei? Sechzehn. Er habe gehört, ich sei ein gescheites Mädchen, gut in der Schule, und ob wir denn keinen Biologieunterricht gehabt hätten? Ich hätte doch wissen müssen ... Schon seine ersten Worte und sein Tonfall, in dem Überdruß und Verachtung lagen, sagten mir, daß es doch so war, so sicher, wie ich bis dahin gewußt hatte, daß es nicht sein konnte.

Ich war ertappt worden, ich würde bezahlen müssen. Ich war in Schwierigkeiten, ich würde keine Geheimnisse mehr haben, ich würde als Betrügerin dastehen, mein Schicksal gehörte mir nicht mehr, mein Körper hatte mich verraten und mich anderen ausgeliefert; wie, wußte ich nicht. Dr. Clayton fragte mich, ob er es meiner Mutter sagen solle, aber es war im Grunde gar keine Frage. Ich saß in meinem neuen Zimmer in Sunnyside, und in meinem schmerzenden Kopf fügte sich alles zusammen, poch, poch, poch. Meine Mutter kam herauf und machte die Tür auf, hochrot und vor Empörung schier platzend, die Augen von Tränen glänzend. Kein Zweifel, diesmal wird sie reden. Eine Minute lang sagt sie nichts, dann bricht es aus ihr hervor: *Warum hast du mir das angetan?* Wieder und wieder. Ich hätte alles kaputtgemacht, jetzt werde dieses Haus ein Ort der Schande sein wie das Pfarrhaus, ich hätte sie besudelt und beleidigt mit meiner Mannstollheit, meinen heimlichen, schmutzigen Begierden ... Jetzt hab ich's geschafft: Ich habe meine Mutter geschwängert.

16

Die Braut des Satans

Nach den Vorstellungen meiner Eltern sollte ich in ein kirchliches Heim für ledige Mütter: Man tat dort auf Knien Buße (Böden schrubben, Gebete sprechen), brachte sein Kind zur Welt (das von ordentlich verheirateten Leuten vom Fleck weg adoptiert wurde) und kehrte dann demütig und hohläugig nach Hause zurück. Alle taten dann großmütig so, als sei nichts gewesen, solange man nur nicht den Eindruck erweckte, Spaß am Leben oder eine zu hohe Meinung von sich selbst zu haben. Man konnte schon froh sein, wenn man Steno und Schreibmaschine lernen durfte. Das hast du jetzt von deiner Gescheitheit …

Mein Vater war entsetzt, aber er triumphierte auch. So wie er sich früher alle Mühe gegeben hatte, die Pfarrhaus-Verdorbenheit aus mir herauszuprügeln, so stellte er mich jetzt wegen meines skandalösen Verstoßes gegen alle Regeln des Anstands selbstgerecht an den Pranger. Er sprengte auf seinem hohen Roß davon, rettete meine Mutter ein zweites Mal ritterlich vor der grauenvollen Vergangenheit, und sie saß hinter ihm, die Arme um seine schimmernde Rüstung geschlungen. Ich weinte und schmollte und ließ vor meinem inneren Auge das Gegenbild eines zu Pferde nahenden Lord Carlton erstehen, aber es half nichts, er würde nicht kommen. Ich schwor mir jedoch, daß ich, ehe ich in dieses Heim der Church of England ging, per Anhalter auf der nagelneuen Autobahn M1 nach London fahren, mich nach Soho durchfragen und einen Mann mit einer

Zigarette im Mundwinkel und einem taxierenden, wissenden Lächeln suchen würde, der mich zu einer Engelmacherin bringen würde. Dann konnte meine Karriere in der Welt des Lasters beginnen.

In ein Heim wurde man erst im sechsten Monat aufgenommen, und meine Eltern wußten nicht, wohin sie mich bis dahin schicken sollten. Meine Mutter wollte nicht, daß man in Südwales von der Sache erfuhr, und die Tante meines Vaters in Queensferry kam wegen ihres hohen Alters nicht in Frage, obwohl mich dort niemand kannte und sie in den Kriegsjahren Fabrikarbeiterinnen beaufsichtigt hatte, die auch keine Unschuldsengel gewesen waren. Da man noch nichts sah, wurde beschlossen, daß ich vorerst ganz normal zur Schule gehen und niemandem etwas sagen sollte. Immerhin gab es ja noch die Möglichkeit einer Fehlgeburt. Dr. Clayton meinte, ich solle weiter am Sportunterricht teilnehmen, nur tat ich das längst nicht mehr. Da er glaubte, ich sei verzweifelt, verschrieb er mir Schlaftabletten; er wußte nicht, daß ich ohnehin nicht viel schlief. Er gab sie nicht mir, sondern meiner Mutter, für den Fall, daß ich mit dem Gedanken spielte, mich umzubringen. Aber Selbstmord wäre ein Eingeständnis von Schuldbewußtsein und Verzweiflung gewesen, und ich fühlte mich kein bißchen schuldig, ich war nur wütend. Sie waren empört, ich aber auch, und ich würde niemandem einen Vorwand dafür liefern, mich in eine Heilanstalt zu stecken.

Allerdings fragte ich mich tatsächlich, ob ich nicht auf dem besten Wege war, verrückt zu werden. Es war alles so unwirklich, daß es mich weit weniger erstaunt hätte, schwanger zu sein, wenn wir ein Kondom benutzt hätten, denn dann hätte ich ja gewußt, was wir taten (nur hätte ich es dann nicht getan). Aber Pariser, Gummis – das einzige verfügbare Verhütungsmittel, und auch das konnten sich nur Jungen besorgen – waren damals wie alle anderen Methoden der Trennung von Sex und Fortpflanzung verpönt. Sex mit Pariser sei wie Baden mit Socken, lästerten die Jungen, auf jeden Fall beleidigend für das Mädchen, denn man benutze Kondome nur aus hygienischen Gründen. Auch gegenseitige Masturbation, Sex während der Periode, Oral- und Analsex galten als schmutzig, krank, pervers oder kriminell. So wirkte alles zusammen, um den eigentlichen Akt zum Fetisch zu machen und ihn zugleich zu verbieten.

Diese Vorstellungen waren tief in mein Bewußtsein eingedrungen, das war der Haken an der Sache. Ich verachtete die Jungfräulichkeit als etwas, das »nette« Mädchen auf dem Heiratsmarkt gegen eine Doppelhaushälfte in einem Vorort und ein Auto eintauschten, aber ich war überzeugt, daß richtiger Sex eine Art ekstatische Initiation war, die den ganzen Menschen erfaßte. Es war, als wäre Amber bis zu diesem Moment nur halb lebendig gewesen, und Lawrence zufolge war der Phallos (wie wir ehrfürchtig mitschrieben) eine Blutsäule, die das Tal des Blutes einer Frau ausfüllte. Deswegen war ich mir so sicher gewesen, daß nichts passiert war. Selbst im gröbsten System moralischer Buchführung mußte man ja wohl für das Vergnügen zahlen, und da ich das Vergnügen nicht gehabt hatte, wollte ich auch nicht zahlen. Es war eine schreiende Ungerechtigkeit, eine Travestie der unbefleckten Empfängnis ... Erst bei der gynäkologischen Untersuchung wurde ich endgültig entjungfert. Es tat weh und blutete, denn ich war partiell immer noch Jungfrau – entgegen den gängigen Mythen herrschte nicht einmal in diesem Punkt Klarheit.

Doch das alles war keine Entschuldigung. Ein Mädchen, das in Schwierigkeiten geriet, war entweder bedauernswert oder abgrundtief böse, und was von beidem vorzuziehen war, lag auf der Hand. Ich hatte mehrmals Dennis Wheatleys *Die Braut des Satans* gelesen (ein Bestseller der fünfziger Jahre, eines von Onkel Bills völkerkundlichen Werken), das davon handelt, wie die abendländische Kultur durch die niederen Formen der Erotik bedroht wird. Die Heldin, bei Tage ein anständiges Mädchen, putzt sich heraus, wenn es dunkel wird, trinkt, spielt, küßt schamlos Männer und läßt durchblicken, daß sie durchaus auf sich selbst aufpassen kann – einmal feuert sie sogar eine Pistole ab. Das ist jedoch nicht ihr wahrer Charakter; als Baby hat ihr Vater sie im Tausch gegen materiellen Erfolg dem Teufel verschrieben. Er ist ein Selfmademan und ein Agent der Bolschewiken. Die Satanisten, die ihn angeworben haben, arbeiten für die Sowjets und wollen künstliche Menschen für den Großen Bruder erzeugen. Ihre Spione und Verbündeten sind »Päderasten, Lesbierinnen und andere sexbesessene Menschen jeden Alters«. Die Heldin wird in letzter Minute davor bewahrt, ihr jungfräuliches Blut dem Reich des Bösen zu überantworten, und an ihrem einundzwanzigsten Geburtstag wird sie von ihrem reumütigen Vater unberührt dem Helden zugeführt.

Der Reiz des Buches lag natürlich im seltsamen Verhalten Ellens/Christinas, wenn sie nicht sie selbst war. In einer denkwürdigen Szene verstaucht sie sich den Fuß und bittet den nervösen Helden, ihr den Strumpf hochziehen zu helfen: »Das Fleisch dort war wie ein Polster aus Entendaunen unter einer straffen Haut aus hauchdünnem Gummi«, berichtet er ehrfurchtsvoll. Doch er nimmt die Hand schnell wieder fort; um ein Haar hätte Satan ihn auf Abwege geführt! Leider verblassen selbst solche Momente, jetzt, da ich das Buch noch einmal lese, gegen Passagen, die ins Pathetische abgleiten, zum Beispiel eine Rückblende, in der der Vater durch die teuflische Vision einer Fabrik, an der in Leuchtbuchstaben sein Name prangt, in Versuchung geführt wird: BEDDOWS LANDWIRTSCHAFTLICHE ZUGMASCHINEN, oder als die Heldin alles, woran sie sich aus ihrem Leben als braves Mädchen bei Tage erinnert, von Anfang an erzählen soll und dazu fast eine Stunde braucht.

Bei mir hatte das schlechte Blut eine Generation übersprungen. Du bist genau wie dein Großvater, hatte meine Mutter immer gesagt, wenn wir über Kleider oder Make-up stritten, aber jetzt war es fast schon zu offenkundig, als daß man es noch hätte aussprechen müssen. Nur Grandma sah das anders. Da sie grundsätzlich gegen meinen Vater war, betrachtete sie meine mißliche Lage als Folge des Umstandes, daß ich mich leichtsinnigerweise überhaupt mit einem Angehörigen des männlichen Geschlechts abgegeben hatte, und wies Vic die Rolle des Schurken zu. Für meine Eltern dagegen hatte er lediglich mitgemacht, so überzeugt waren sie von der teuflischen Seite meines Wesens. Aus demselben Grund zweifelten sie auch nicht daran, daß es mir gelingen würde, meinen Zustand in der Schule zu verheimlichen, und so war es auch. Niemand ahnte etwas, nicht einmal Gail. Ich brachte es nicht fertig, sie einzuweihen, nicht weil sie schockiert gewesen wäre oder mein Geheimnis ausgeplaudert hätte, sondern weil sie fasziniert gewesen wäre und bis ins kleinste hätte wissen wollen, wie ich mich fühlte. Die Schwangerschaft wäre dadurch unerträglich real geworden. Ich machte mir zwar nicht die geringsten Hoffnungen auf eine schicksalhafte Fehlgeburt, aber wenn niemand Mitgefühl zeigte, war es leichter, von Tag zu Tag zu leben, nach dem Aufstehen zu erbrechen und mich in der Morgenversammlung matt zu fühlen. Geteiltes Leid ist doppeltes Leid, wenn man nichts mehr ungeschehen machen kann.

Ich hatte Mühe, mir in Erinnerung zu rufen, wer ich war, und ich selbst zu bleiben; wahrscheinlich war ich tatsächlich ein bißchen verrückt. Wie sonst wären einige Briefe an mich (»Miss L. Stockton«) zu erklären, die ich in jenem Herbst bekam? Ihr Wortlaut ist fast identisch. Der folgende stammt von Miss E. M. Scott, der Leiterin von St. Aidan's in Durham:

24. November 1959

Sehr geehrte Miss Stockton,
vielen Dank für Ihre Bewerbung. Wie ich feststelle, werden Sie erst im Januar 1961 achtzehn. Da wir in der Regel keine Studentinnen unter achtzehn Jahren aufnehmen, können wir Ihre Bewerbung für Oktober 1960 leider nicht berücksichtigen.
Mit freundlichen Grüßen ...

In dem Brief des St. Mary's College stand das gleiche. Habe ich mich beworben, weil man das in der Schule von mir erwartete? Vielleicht verschloß ich mich der Realität und stellte mir vor, ich könnte mich irgendwie zweiteilen und eine von uns könnte in den fernen Norden fliehen. Vielleicht schrieb ich die Briefe auch, ohne mit jemandem darüber zu sprechen. Grandpa hatte in Durham studiert, »MA Dunelm« stand auf dem Messingschild an seinem Platz im Chor. Eine andere Version seiner verpatzten Karriere besagte allerdings, daß ihm das Geld gefehlt habe, um sein Studium abzuschließen. Aber dann hätte er nicht zum Priester geweiht werden können, es sei denn, er hatte sein Zeugnis gefälscht. Was immer mich veranlaßt hatte, die Formulare auszufüllen – ich hatte nicht daran gedacht, mein Geburtsdatum zu ändern, und in Durham würde man mich nicht nehmen.

Vic überlegte unterdessen, ob er nicht einfach zur See gehen sollte. Seine Mutter war maßlos enttäuscht, daß er in die Fußstapfen seines Bruders trat, ihr Stolz auf ihn lag in Scherben, und ihre stoische Resignation war schwer zu ertragen. Sie war viel zu moralisch, um zu meinen, er solle ungestraft davonkommen, er würde in Schimpf und Schande von der Schule abgehen müssen – das alles sah sie voraus, vom ersten Moment an. Wie meine Eltern betrachtete sie uns als jugendliche Delinquenten, die ihre Chance vertan hatten. Wir waren ebenso grundlos kriminell wie die Kinder aus gutem Hause, von denen man in der Zeitung las, Teenager, die Poststellen ausraubten oder Autos klauten, nur war es in unserem Fall das Moralgesetz, und das war womöglich noch schlimmer. Zuerst verbot man uns jeden Kontakt, aber das war sinnlos, wie mein Vater (mit angewidertem Achselzucken) meinte, der Schaden sei nun einmal angerichtet. Die Vorstellung, daß wir es ungestraft miteinander treiben könnten, war ihm schrecklich, aber er hätte sich keine Sorgen zu machen brauchen. Wir waren selbst so fassungslos darüber, was für einem bösen Zauber wir da zum Opfer gefallen waren, daß wir uns vorerst nur zusammenkuschelten und einander wärmten, jeder des anderen einziger Freund.

Kleine Szenen tauchen wieder auf: Vic und ich sitzen in Sunnyside am Rand der Kiesauffahrt und schauen ins Leere, umklammern unsere Knie, werfen Steinchen. Das war, als ich ihm die niederschmetternde Mitteilung machte und einen Moment lang inständig hoffte, er würde sagen, es könne nicht sein. Und dann wir beide an einem noch trostloseren Tag, wie wir eilig eine der neuen Straßen in der Wohnsiedlung zwischen seinem und unserem Haus entlanggehen. Wir halten uns an den Händen, ich kaue ein Aspirin gegen die Kopfschmerzen, und wir führen ein ernstes Gespräch, verschwören uns.

Es gab keine gegenseitigen Beschuldigungen. Ich sagte nicht, er hätte aufpassen müssen, er sagte nicht, ich hätte ihn verführt. Wir waren unschuldig. Und je mehr wir redeten, desto unschuldiger wurden wir – naive Kinder, Brüderchen und Schwesterchen, zwei Waisen im Sturm.

Daß wir zur Verschwiegenheit verpflichtet waren, hatte uns isoliert und in kampfbereiter Vertrautheit zusammengesperrt, und von Zellengenossen wurden wir zu Seelenverwandten. Wir dachten uns eine Geschichte aus, eine Ausrede zunächst, die aber bald ein Eigenleben entwickelte. Sie ging ungefähr so: Das Kind war ein Unfall, aber im Grunde hatten wir gewußt, was wir taten. Wir waren einer des anderen zweite Hälfte. Wir waren eins, wir hatten die konventionellen Barrieren zwischen den Geschlechtern abgeschafft. Ja, sicher, wir waren verliebt, aber darum ging es nicht. Es war uns *ernst*. So verwandelte sich das Pech, das uns diesen Streich gespielt hatte, in ein Omen. Es bewies, daß wir füreinander bestimmt waren.

Unsere Eltern behandelten uns wie verdorbene Kinder, wir aber bastelten uns aus Gedichten, Geschichten und schierer Notwendigkeit einen neuen Mythos zusammen. Unsere Kopfgeburt. Diesmal verführte ich ihn, soviel steht fest. Für diesen Mythos war ich verantwortlich, ebenso wie andere, die nichts davon wußten, darunter Gail, Grandpa, Sartre und Simone de Beauvoir, Miss Roberts, meine Lateinlehrerin, und Vics Freund Martin, der Ampleforth hatte verlassen müssen, der in der sechsten Klasse Bewußtseinsbildung betrieben und unserem Literaturkanon Oscar Wilde hinzugefügt hatte.

Als der schmachvolle Herbst 1959 in den Winter überging, erfanden wir die Ehe neu, egal, was daraus werden würde. Wenn wir heirateten, würden wir nicht mehr der Vormundschaft unserer Eltern unterstehen. Natürlich brauchten wir ihre Zustimmung, und die wollten sie uns auf keinen Fall geben – wir seien viel zu jung und verantwortungslos, es hieße die Ehe entweihen. Außerdem wäre es eine Schande, wir wären wie Ausgestoßene, weißer Abschaum, der letzte Dreck. Andererseits stand fest: Wenn wir den Mut aufbrachten, zum Jugendamt zu gehen, würden wir die Erlaubnis bekommen, weil ich schwanger war und unsere Familien nicht angesehen oder wohlhabend genug waren, um mit ihren Einwänden durchzudringen. Und es würde im *Whitchurch Herald* stehen.

Und wenn wir nach Gretna Green durchbrannten? Langsam und widerstrebend freundeten sich meine Eltern und auch Vics Mutter mit dem Gedanken an: Wir würden heiraten, und Vic würde fürs erste zu uns ziehen. Man wollte damit jedoch bis Weihnachten warten, es konnte ja sein ... Außerdem würden wir dann in den Ferien und damit etwas unauffälliger von der Schule abgehen. Und dann? Nun, Vic konnte die Eignungsprüfungen für den öffentlichen Dienst und die Schulabschlußprüfungen machen und sich eine Stelle suchen, und was mich betraf, so stand meine unmittelbare Zukunft ohnehin fest. Dr. Clayton sagte mir und meiner Mutter, daß man mit fortschreitender Schwangerschaft bekanntlich ganz mit dem eigenen Zustand beschäftigt sei, man fühle sich dann heiter, rund, besinnlich, eins mit sich selbst. Ich sah meiner Mutter an, daß sie das nicht überzeugte, wahrscheinlich hatte sie es nicht ganz so in Erinnerung. Und ich war entsetzt bei dem Gedanken, daß er recht haben und ich meinen Zorn vergessen könnte.

Ich wollte meinen Körper wiederhaben. Der Gedanke, daß

er mir gehörte, war mir bisher nie gekommen, erst jetzt, da er mir nicht mehr gehörte. Als Schwangere war ich mein eigenes Gefängnis, aber man konnte die Tage im Kalender abhaken, es war keine lebenslängliche Freiheitsstrafe. Wenn man von dem Kind absah. Ich stellte mir vor, wie mein Sohn (Babys waren damals zunächst grundsätzlich männlich), ein stiller kleiner Zukunftsgeist, in einer Ecke spielte, während Vic und ich elliptische Passagen bei Lukrez analysierten. Ich wollte die Abschlußprüfungen ebenfalls machen, und wenn der Termin stimmte und das Baby nicht erst mit den Prüfungen im Juni kam, sondern Ende Mai, konnte ich beides schaffen. Die abgewandelte Form der Ehe, die Vic und ich nach und nach erfanden, bedeutete ja nicht zwangsläufig, daß wir ein Familienleben wie meine Eltern führen mußten (er der Ernährer, sie die Träumerin), doch das sprach keiner von uns aus.

Je besser meine Eltern Vic kennenlernten, desto mehr mochten sie ihn; er war nicht so stur und kompromißlos wie ich. Besonders meine Mutter freute sich darüber, daß er immer hungrig war. Es begann mit der Lauchsuppe. Seit einiger Zeit gab es Fertigsuppen in glänzenden Packungen, und getreu ihrer Überzeugung, daß Gemüse nur im denaturierten Zustand genießbar sei, kaufte sie Unmengen davon und servierte sie mit großen Klumpen darin. Auf dem Herd stand immer ein Topf mit einem Rest Suppe, und eines Abends in diesem Winter des Wartens, als Vic mich nach Hause brachte, fragte sie ihn, ob er sie aufgewärmt haben wolle, und fügte für den Fall, daß er aus Höflichkeit ablehnte, hinzu: »Sonst kommt sie nur um.« Er schlang sie hinunter, obwohl seine Mutter eine ausgezeichnete Köchin war und er zu Hause gut ernährt wurde; er hatte wirklich eine gewaltigen, wahllosen Appetit. »Er hat sie nur so weggeputzt«, sagte meine Mutter später, schüttelte theatralisch den Kopf und lachte erstaunt, und von da an versorgte sie ihn unentwegt mit aus Konzentrat zubereiteten Scheußlichkeiten und etwas Tiefgefrorenem namens »Chicklets«, das sie damals gerade entdeckt hatte und das nicht einmal mein Vater aß. Sie mästete ihn so erfolgreich, daß er ebenso zunahm wie ich und eine Art Parallelbauch ansetzte.

Ich versuchte möglichst wenig zu essen, aber es half nichts, und im Dezember war ich froh über die Formlosigkeit der Schuluniform und hatte meinen knappen Silhouette-Hüfthalter gegen ein robustes Modell mit Stäbchen und allem Drum und Dran eingetauscht. Nur einmal wäre mein Geheimnis um ein Haar entdeckt worden, aber dieses eine Mal ist mit der Säure der Panik in mein Gedächtnis eingeätzt, in allen Einzelheiten, die man normalerweise nicht behält, weil sie so harmlos und normal sind. Die Aula der Schule hatte eine Galerie, die wie ein Flur mehrere Klassenzimmer miteinander verband und gute Zuschauerplätze für Turnvorführungen, Theaterproben und ähnliches bot. Ich weiß nicht mehr, was an diesem Tag unten in der Halle stattfand, aber eine meiner Freundinnen oder Verehrerinnen, ein dickes Mädchen, hatte einen Stuhl aus dem Biologiesaal geholt und ans Geländer gerückt. Als ich vorbeiging, schlang sie den Arm um meine Taille, zog mich, ehe ich reagieren konnte, auf ihren Schoß und rief, wie es mir vorkam, triumphierend boshaft: »Ooh! Du hast ja zugenommen!« In diesem Moment verursachten mir der Formaldehydgeruch der auf Bretter genagelten Ratten im Biologiesaal und die Platzangst, die die körperliche Nähe anderer Mädchen schon immer in mir geweckt hatte, solche Angst und Übelkeit, daß ich völlig aus der Fassung geriet. Ich war eine Außenseiterin, ich beherbergte einen Fremdling, war selbst ein Fremdling. Ein solches Geheimnis zu haben war, als hätte man Krebs, eine Krankheit, über die nur in verschämtem Flüsterton gesprochen wurde.

Natürlich hätte damals niemand zugegeben, daß er so dachte. Onkel Bills Lieblings-Sexbombe Brigitte Bardot, die inzwischen fünfundzwanzig war und bald (im Januar 1960) mit ihrem Mann und ihrem neugeborenen Baby strahlend in den Zeitungen posieren würde, sagte Jahre später, daß sie ihren Sohn Nicholas über alles liebe, aber damals (*»mais à l'époque!«*) sei es gewesen, als stoße man *»une tumeur«* aus. Noch 1996, als ihre Autobiographie erschien, löste diese Passage einen Proteststurm aus. Der Bericht über ihr einziges Experiment mit der Mutterschaft war allerdings wirklich provokativ. Damals wurden für Schwangerschaftstests weibliche Kaninchen verwendet, und BB – die große Tierfreundin, Gail hätte ihre Freude daran gehabt – erzählt, daß sie darauf bestanden habe, ihr Kaninchen freizukaufen und mit nach Hause zu nehmen. Doch ihr Eingeständnis, daß sie das Kind in ihrem Bauch als einen lebensbedrohlichen Klumpen betrachtete, war an sich schon unverzeihlich, so tief verwurzelt ist auch heute noch die Vorstellung, daß die Natur unsere Gefühle zwangsläufig unserem Zustand anpaßt, sonst ist man ein Monster.

Unversöhnt und unentdeckt schaffte ich es bis zum Ende des Trimesters und zum Schulball. Die Angst aufzufliegen verdarb uns das Leben nicht völlig. Ich erinnere mich, daß meine Aufmachung für diesen letzten Ball eine ganz besondere persönliche Bedeutung für mich hatte. Ich stand im Begriff, einen Schritt ins Dunkel zu tun, und so trug ich wie eine Romanheldin ein schulterfreies Kleid, schwarz mit großen nachtblauen Blumen, enge Taille und weiter Rock, in dem ich – wie ich es mir zwei Jahre zuvor gewünscht hatte – wesentlich älter wirkte, üppig, in ein grausames Korsett gepreßt, das meine Brüste hob, mit gestärkten Petticoats, dunkelblauen Strümpfen und hochhackigen spitzen Schuhen – mit allen Insignien billigen Glamours. Als Vic – angeklatschte Haare und Röhrenhosen – mich abholen kam, traten wir vor den Spiegel über dem Kamin im Wohnzimmer und betrachteten uns. Der Ball würde unser Abschied vom Schwebezustand des Teenagers sein.

Einmal, früher in diesem Winter, als meine Eltern und Clive nicht da waren und Grandma, nachdem sie sich an *Sunday Night at the London Palladium* satt gesehen hatte, schon zu Bett gegangen war, hatte ich mutwillig das ganze warme Wasser aufgebraucht und war, nur in ein Badetuch gehüllt und mit einem Hauch Talkumpuder auf der Haut, hinuntergegangen, um Vic hereinzulassen. Wir hatten uns, mit dem Halbdunkel verschmelzend, auf dem Kaminvorleger umarmt und gelauscht, ob draußen Autoräder über die Einfahrt knirschten. Als wir uns jetzt, für den Ball feingemacht, im Spiegel betrachteten, dachten wir daran zurück und lächelten weltmüde, wie es zu unserem Aufputz paßte.

Zehn Tage später heirateten wir. Ich trug meinen neuen Wintermantel, dessen Pelzkragen mich nicht mit dem verhüllenden Schnitt aussöhnen konnte, der meiner Mutter so ins Auge gestochen war. Unsere Mußheirat fand am zweiten Weihnachtsfeiertag statt, denn mein Vater hatte herausgefunden, daß das Standesamt am 26. Dezember bei Bedarf geöffnet sein mußte, auch wenn es an diesem Tag selten in Anspruch genommen wurde. Wir waren die einzigen Kunden. Er fuhr uns durch die leeren morgendlichen Straßen zum Rathaus, wo ein schlechtgelaunter Standesbeamter sein Sprüchlein hersagte und wir die Papiere unterschrieben, bezeugt von Mrs. B. R. D. Sage und Mr. und Mrs. E. P. Stockton. Dann traten wir in die kalte Sonne der High Street hinaus. Niemand fotografierte, keine Menschenseele war zu sehen, die Bürgersteige waren mit Rauhreif und Salz überzogen, und es war so still, daß man die Flittergirlanden über der Straße im Wind rascheln hörte.

Wir zwängten uns ins Auto und fuhren nach Sunnyside zurück, wo die elektrischen Kerzen am Weihnachtsbaum wieder einmal flackerten und von meinem Vater eine nach der anderen überprüft werden mußten, damit die defekte Birne ermittelt und ausgetauscht werden konnte. Er übernahm solche Aufgaben gern, um die Zeit auszufüllen, in der er nicht arbeitete, und an diesem Tag kam es ihm besonders gelegen, denn wir wußten ohnehin nicht, wie wir die Pause bis zum kalten Truthahn überbrücken sollten. Es war nicht eben ein Anlaß zum Feiern – mit den Jahren wurde es dann doch einer, ein Fest wie Silvester und mein Geburtstag im Januar; die Weihnachtsdekoration konnte dafür gleich weiterverwendet werden. Als mein Vater mit der blau-grün-rot-weißen Lichterkette fertig war, ging er nach oben und befestigte den Spiegel am Frisiertisch der neuen Schlafzimmergarnitur, die er zusammen mit dem Baum auf dem Weihnachtsmarkt gekauft hatte. Sie trat an die Stelle meines Einzelbettes und meiner Kommode und verdrängte das Bücherregal mit meinen alten William-Büchern und den George Macdonalds. Mein Zimmer verwandelte sich in eine kahlere Variante des Schlafzimmers meiner Eltern auf der anderen Seite des Flurs, und so wurden Normalität und Wohlanständigkeit in Sunnyside wiederhergestellt. Zum erstenmal schliefen Vic und ich im selben Bett. Am Morgen, nachdem mein Vater zur Arbeit gegangen war, brachte meine Mutter uns süßen Tee, und damit war alles geregelt. Vic gehörte zur Familie. Das schloß natürlich die Möglichkeit ein, daß er deprimiert, unzufrieden, von Mythen geplagt war und dergleichen. Wichtig war, daß er sich der allgemeinen Verschwörung, die das Leben sinnvoll machen sollte, anschloß. Meine Mutter war nicht umsonst Star der Theatergruppe des WI, sie verstand sich beängstigend gut darauf, so zu tun, als sei nichts passiert. Sie muß sich diese Fähigkeit in ihrer Kindheit und Jugend angeeignet haben, um all die mörderischen Pfarrhauskräche zu überstehen. (Später einmal, als sie und mein Vater bei mir waren, stritt ich mit ihm bis tief in die Nacht und verkündete in meinem Rausch, daß ich *nicht mit ihm unter einem Dach* schlafen würde. Ich ging hinaus und legte mich ins taufeuchte Gras – es war Hochsommer –, und am nächsten Morgen stand doch wahrhaftig meine Mutter mit einer Tasse Tee vor mir.) The Show must go on.

Vic lag an meinen Rücken geschmiegt – oder ich an seinen –, und ich schlief zur Abwechslung einmal tief und fest. Und ich träumte von einer weißen Fläche – einer Kinoleinwand, einer Malerleinwand, einem Blatt Papier. Von einer Ecke aus läuft eine schwarze Linie in Kurven immer weiter, schlängelt sich kreuz und quer, ein zielloses Gekritzel, bis sie fast den ganzen Raum ausfüllt, nur ein winziger Lichtpunkt ist noch übrig, und ich wache, nach Atem ringend, auf und suche das Rechteck des Fensters. Die naheliegende Erklärung waren meine verstopften Nebenhöhlen, die auf das lange Stilliegen sauer reagierten, ebenso wie mein schlafloses Ich. Hatte Dr. McColl nicht gesagt, ich hätte mehr Zeit als andere? Jetzt hatte ich sie plötzlich nicht mehr. Schlafen war gefährlich, es bedeutete Regression. Nachdem Vic und ich so erfolgreich darum gekämpft hatten, als selbständig anerkannt zu werden, schienen wir nun seltsamerweise kindlicher als zuvor. Dieses Zusammenkuscheln unter der Decke in unserem eiskalten Schlafzimmer (alle Schlafzimmer waren eiskalt) barg eine längst vergessene Erinnerung: Mein kleiner Bruder Clive und ich steigen in The Arowry ins leere Bett meiner Eltern, bauen uns unter ihrer bauschigen Nylonsteppdecke eine Höhle und dösen dort im Warmen.

Inzwischen war es Clive, der die augenfälligsten Symptome von Verstörung zeigte. Man hatte ihn auf eine neue Schule in Whitchurch geschickt, eine Privatschule, damit er dort seine Lücken im Rechnen, Schreiben und Lesen schloß, die der Lehrplan für die Hanmerschen Mistgabelschwinger bei ihm hinterlassen hatte. Er haßte die Schule. Jeden Nachmittag kam er wie ein Irrer ins Haus gepoltert und warf erst seine Fußballsachen, dann seinen Ranzen und schließlich sich selbst in den Flur. Als Vic und ich an jenem Dezembertag vom Standesamt zurückkamen, merkte man nur Clive an, daß etwas Außergewöhnliches im Gange war: Er tanzte um uns herum, tat so, als sei Vic ein Außerirdischer oder ein Frankenstein-Monster und zeigte in gespieltem Schrecken auf ihn: »Es läuft! Es spricht!« Und so wurde Vic einer von uns.

17

Crosshouses

Die Bezirkskrankenschwester, die Grandma versorgte – nicht mehr Schwester Burgess mit ihren stumpfen Nadeln und ihrer Hanmer-Vergangenheit, sondern eine jüngere, weniger kompakte Person –, schüttelte den Kopf und sagte, man müsse zusehen, daß sich das Baby drehe, eine gute Hebamme könne das durch Massage erreichen. Doch in der Schwangerenklinik in Shrewsbury wollte man nichts davon wissen. Es war, wie sich herausstellte, eine Steißlage, »er« lag verkehrt herum und würde mit dem Hinterteil voran zur Welt kommen. Dabei würde zwar sein Kopf nicht gequetscht werden, aber für mich konnte es schwierig werden. Doch dann wurde mein Becken ausgemessen, und man befand, daß ich es ohne weiteres schaffen würde, allerdings müsse ich zur Entbindung ins Crosshouses Hospital, wo man auf Kaiserschnitte und schwierige Geburten eingerichtet sei.

Crosshouses war ein ehemaliges Armenhaus, fünfundzwanzig Meilen von Whitchurch entfernt auf dem platten Land zwischen Shrewsbury und Bridgenorth, ein riesiger viktorianischer Kasten, den der staatliche Gesundheitsdienst übernommen hatte. Man sprach hinter vorgehaltener Hand von den »Komplikationen«, deretwegen man nach Crosshouses kam, und es herrschte dort eine Atmosphäre widerwillig gewährter Wohlfahrt. Der Gynäkologe, der mich untersuchte und dann verkündete, ich hätte ein gebärfreudiges Becken, ließ keinen Zweifel daran, daß er mich für einen Bauerntrampel hielt. Ich sah ihn jedoch nie wieder, denn kurz darauf wurde er vor die Ärztekammer zitiert und im *Shropshire Star* an den Pranger gestellt, weil er für Betten des staatlichen Gesundheitsdienstes Geld verlangt hatte. Er hatte seiner Verachtung für diese Einrichtung unverfrorener Ausdruck verliehen als die meisten anderen, doch seine Einstellung war weit verbreitet: Wer etwas umsonst bekam, durfte nicht auch noch Ansprüche stellen, in der guten alten Zeit wurden mit solchen Leuten nicht viele Umstände gemacht, all die geburtshilfliche Fachkenntnis war damals Bessergestellten vorbehalten, deren Beckenknochen natürlich auch zierlicher geformt waren.

Mit anderen Worten: Man mußte zahlen, und wenn man nicht mit Geld zahlen konnte, zahlte man mit Menschenwürde. Ledige Mütter kamen dabei am schlechtesten weg, aber auch als verheiratete Frau hatte man bei den Ärzten keinen guten Stand, denn ihre Geringschätzung der Patientinnen im allgemeinen wurde noch durch die atavistische Vorstellung verstärkt, Schwangere seien nichts weiter als wandelnde Gebärmütter, nur das Kind zähle. Die Klinik war eine einzige Demütigung. Ich erduldete sie in rachsüchtigem Schmollen. Auch Umstandskleider verschmähte ich; statt dessen trug ich Hemden und Jeans von Vic, die mir dank der Kochkünste meiner Mutter bis zum Schluß paßten.

Jeden Vormittag brachte sie uns Kräcker mit Butter und Camp-Coffee mit Milch ins Eßzimmer, wo wir neben einem elektrischen Heizofen aneinandergedrängt am Tisch mit den Geschäftsbüchern meines Vaters saßen und unsere Ganztags-Hausaufgaben machten. Der Kamin konnte nicht benutzt werden, weil der Schornstein mit dicht aufeinandergestapelten Zweigen verstopft war, dem Parterre eines zweigeschossigen Vogelnestes, das bis über den Kamin in unserem Zimmer im ersten Stock hinausreichte und auf dem Dach noch aus dem Schornsteinaufsatz ragte. Denn die Tierwelt in Sunnyside beschränkte sich nicht auf den Garten und die Koppel. Im Keller war eine Quelle, die ab und zu Überschwemmungen verursachte. Im ersten Jahr wurde vermutlich Froschlaich angeschwemmt, bevor das Wasser wieder abfloß, denn eines Tages wimmelte es im Keller von winzigen Albinofröschchen, die nicht hinauskonnten und sich im Dunkeln gegenseitig auffraßen. Im Mai kamen Roßkastanienkäfer, die spät nachts wie eine Handvoll Steinchen gegen unsere erleuchteten Fenster prasselten. Meine Mutter schauderte bei jeder neuen Plage, aber im Grunde störte sie sich nicht daran. Wenn der Kater mit einer Maus als Türklopfer an der Hintertür Einlaß begehrte, begrüßte sie ihn mit kleinen Entzückensschreien.

Sie war viel glücklicher als in The Arowry. Als sie sich erst einmal an meine Schmach gewöhnt hatte, gefiel es ihr, Vic und mich im Haus zu haben, solange wir ihr nicht im Weg waren. Das galt auch für die anderen. Grandma hielt sich viel in ihrem Zimmer auf und ordnete ihre Schätze neu, oder sie saß im Wohnzimmer und sah sich Kindersendungen im Fernsehen an. Mein Vater bosselte oft hinten im Garten an einem kaputten Lastwagen, und Clive demolierte mit seinem Freund Jeff die Sachen im Billardzimmer. Meine Mutter konnte zu Mrs. Smith gehen oder kleinere Einkäufe machen, wann immer sie wollte, aber sie sehnte sich nicht mehr wie früher danach wegzukommen. Sie hatte die Küche für sich, ihr eigenes Reich. Dort hörte sie mit halbem Ohr Radio, las Zeitung, lernte ihre Texte und werkelte vor sich hin, und es wurde ihr, wie sie sagte, nie langweilig.

Jetzt, da die Ställe als Garage für die Lastwagen dienten, kamen die Fahrer meines Vaters – »die Männer« – öfter auf eine Tasse Tee an die Hintertür, und Onkel Albert schaute auf seiner Kohlenrunde herein und saß dann eine Weile auf den *Daily Mail*s. Meine Mutter kochte manchmal sogar unter der Woche, und obwohl sie das, was dabei herauskam, niemals selbst aß, war sie doch merkwürdig stolz darauf. Einmal inspirierten sie die Eierbecher, die in den Cornflakes-Packungen lagen, zu einer Fleischpastete. Endlich hatte sie etwas, womit sie die Teigschicht obendrauf abstützen konnte. Doch zu ihrer Enttäuschung kam die Pastete eingesunken wie immer aus dem

Rohr. Wir hatten unsere klebrigen Portionen bereits aufgegessen (Vic war schon bei der zweiten), da stocherte sie in der Form herum und lachte laut auf. Ach so! Die Eierbecher waren aus Plastik, wie dumm von ihr! Sie hatten sich in der Soße aufgelöst! Es war eine ihrer besten Rollen, und sie genoß sie: die Karikatur der Hausfrau, die Träumerin.

Daß ich nicht schauspielern konnte, war bekannt, also wurde gar nicht erst von mir erwartet, daß ich als Zweitbesetzung kochte und putzte. Vic und ich saßen über unseren Büchern und verschickten gegen Taschengeld die Rechnungen meines Vaters (*Bitte*). Die Hoffnung, daß Vic eine passende Stelle finden würde, schwand, als er die Prüfung für eine Ausbildung im gehobenen öffentlichen Dienst nicht bestand, weil er die Mathematikaufgaben nicht konnte, während er in Englisch und Französisch viel besser war als nötig. Man sagte ihm, er solle sich die Sache aus dem Kopf schlagen und lieber studieren. Damit saßen wir wieder im selben Boot. Die Rektorin meiner Schule hatte meinem Vater gesagt, ein Lehrerseminar, ein betont christliches, würde ein gefallenes Mädchen wie mich vielleicht gerade noch nehmen, eine Universität nicht, aber ich glaubte ihr nicht. Und die älteren Lehrerinnen erstaunlicherweise auch nicht.

Miss Macdonald, die Musiklehrerin, die Jahre zuvor an mir verzweifelt war, hielt meine Mutter und mich einmal mitten auf dem Bull Ring an und sagte mit lauter Stimme, siebzehn sei das ideale Alter, um ein gesundes Kind zur Welt zu bringen und im Leben voranzukommen. Die Erdkundelehrerin, Miss Heslop, schickte uns aufmunternde Grüße ähnlichen Inhalts. Und Miss Roberts gab uns wöchentlich private Lateinstunden bei sich zu Hause und riet mir, mich auch um ein Stipendium zu bewerben, um das Auswahlgremium zu beeindrucken. Diese Frauen, alle ungefähr so alt wie das Jahrhundert und alle unverheiratet, waren nicht nur nicht schockiert, sondern sogar irgendwie erfreut; Mißbilligung herrschte nur bei ihren jüngeren Kolleginnen aus der Generation meiner Eltern. Und die

Davies', die jüngsten, müssen sich, wie mir erst viel später klar wurde, in Grund und Boden geschämt haben. Jedenfalls waren sie peinlich berührt und ein wenig reserviert, auch wenn Mrs. Davies uns Aufsatzthemen stellte und unsere Arbeiten korrigierte.

Es zeigte sich, daß wir in diesen fünf Monaten viel mehr lernten, als wir in der Schule gelernt hätten. Bis zum Sommer (das Baby, die Prüfungen) hielten wir uns versteckt, in freiwilliger Verbannung, immer in unserer Unisex-Uniform, und verbrachten unsere Flitterwochen mit Büchern, besonders Vic, der in der Schule viel beliebter gewesen war als ich, ein viel besserer Kasper und Zeitvertrödler. Er vertauschte sein Lateinbuch mit dem *Bradley's Arnold*, einem Lehrbuch für lateinische Prosa, auf das Miss Roberts schwor, und überarbeitete seine Aufsätze bei Tee und Kuchen, um mir Gesellschaft zu leisten.

Der *Bradley's Arnold* stützte sich auf Cäsar und Cicero, daher stammten die meisten Beispiele aus dem Bereich von Krieg und Recht. Auf jeder Seite brachten kühle Konstruktionen Ordnung in Chaos, Grausamkeit und Verderbnis: Die Übersetzung von »Nachdem Cäsar die Feinde gefangengenommen hatte, metzelte er sie nieder« lautete nicht *»Captis hostibus eos Caesar trucidavit«*, sondern *»Caesar captos hostes trucidavit«*. Das mörderische Verb blieb natürlich dasselbe. Ein grimmiger Humor war im *Bradley's Arnold* am Werk. In Übung LXVII »wurden die Zaudernden *non verbis solum sed etiam verberibus* bestraft«, nicht nur mit Worten, sondern auch mit Prügeln, ein kaiserliches Wortspiel, das wie eine versteckte Drohung an die Adresse der Schüler von Privatschulen klang, für die das Buch ursprünglich gedacht war.

Miss Roberts hatte etwas Hartes, Unbeugsames. Sie hielt sich sehr aufrecht, und ihr weißes Haar floß elegant von der knochigen, gepuderten Stirn nach hinten. Anders als die anderen alten Jungfern unter den Lehrerinnen, die ihre Taschentücher in den Bund ihrer gewaltigen Unterhosen stopften und schnell in Zorn gerieten, trug sie strenge Schneiderkostüme und wurde gern ironisch. Sie hielt ihren Unterricht mit starrer Miene und redete mit zusammengebissenen Zähnen ganz leise gegen die summende Geräuschkulisse der schwatzenden Klasse an. Die meisten ihrer Schülerinnen behandelte sie mit nachsichtiger Geringschätzung, und sie wiederum fanden sie hochnäsig, denn es war offensichtlich, daß ihr Denken sich in anderen Zeiten und anderen Welten bewegte, die sehr viel offener waren als das England und zumal das Whitchurch der Nachkriegszeit.

Einmal erschien sie im Winter in einem auffallend schicken Kostüm aus dunkelviolettem Tweed, das sie anderswo gekauft haben mußte. Nach dem Mittagessen im Lehrerzimmer – und nach dem Tee zu Hause – rauchte sie gierig eine Zigarette, wobei sie den Rauch tief einsog und mit geblähten Nüstern wieder ausstieß. Als sie uns in der fünften Klasse in neuerer europäischer Geschichte unterrichtete, benutzte sie ein Lehrbuch mit zeitgenössischen Karikaturen und konzentrierte sich auf die Französische Revolution. Latein verkörperte für sie stoische republikanische Tugenden, klassische Kultur, Fortschritt, Aufklärung. Sie war Agnostikerin, bewunderte die Vernunft und genoß die Satire. Sie war vor allem in geistigen Dingen auf Ordnung bedacht und ließ sich von meinen zerzausten Haaren oder meiner schlampigen Schrift nicht beirren, sondern lobte meinen Stil und zeigte mir, wie ich meine Argumentation straffen konnte.

Sie nahm die Tintenkleckse in meinem Heft als Selbstverständlichkeit hin und beharrte nur noch diskreter auf der Überlegenheit des Geistes über die Materie. Ich hatte mich durch ihre Anerkennung schon immer geschmeichelt gefühlt, und jetzt klammerte ich mich geradezu daran. Sie blieb zwar reserviert, aber sie taute immerhin so weit auf, daß sie mir ihren *New Statesman* lieh. Ich las ihn gewissenhaft und lernte dadurch einen ganz anderen Sozialismus als Onkel Bills proletarische Ideologie kennen. Es gab auch Karikaturen im *Statesman*; der hintere Teil enthielt ironische Gruppenbilder von Intellektuellen in Aktion, auf denen Brigid Brophy besonders ins Auge fiel, weil sie oft die einzige Frau war. Miss Roberts sprach selten unverblümt aus, was sie dachte, und als sie hörte, daß Vic und ich uns über visionäre Offenbarungen bei Blake und Shelley Gedanken machten und Vic sich brennend für Gerard Manley Hopkins interessierte, lieh sie uns kommentarlos Aldous Huxleys *Pforten der Wahrnehmung* (einschließlich *Himmel und Hölle*) und *Die ewige Philosophie*. Ihr Interesse an uns beeindruckte meine Eltern und trug dazu bei, ein Studium in den Bereich des Möglichen zu rücken. Vor allem aber halfen mir die Noten, die sie mir für meine lateinischen Texte gab, einen Tag nach dem anderen zu überstehen, bedeuteten sie doch, daß ich nicht völlig von meiner Schwangerschaft absorbiert war, wie Dr. Clayton prophezeit hatte.

Trotzdem kroch die Zeit im Schneckentempo dahin, das Baby streckte sich und boxte, drehte sich aber nicht, und Crosshouses drohte von fern. Eines Tages wurde Grandma von ihrem alten Zorn heimgesucht und hielt uns einen Vortrag, in dem sie Vic, meinen Vater, Grandpa und überhaupt alle männlichen Wesen verdammte, auch Clive, der einmal ein behaarter Affe werden würde wie alle anderen, ein Rückschritt in der Menschheitsentwicklung (nur ihr Billy blieb ausgenommen). Dann weinte sie meinetwegen, eingedenk der Schrecken des Gebärens. Ich wollte mir nicht vorstellen, was da im einzelnen passieren würde. Wörter wie »Entbindung« und »Niederkunft« schwirrten in meiner Phantasie herum, aber es blieben bloße Wörter. Im Grunde hatte ich mehr Angst vor dem Krankenhaus als vor dem Ereignis selbst, und ich hatte insgeheim den Plan gefaßt (den ich sogar vor Vic geheimhielt), das Baby zu Hause zu bekommen. Wenn die Wehen einsetzten, wollte ich erst im letzten Moment etwas sagen, und dann würde man die 999 anrufen, heißes Wasser aufsetzen und saubere Tücher bereithalten, denn das waren, wie ich aus Filmen wußte, die Requisiten, die in einem solchen Fall benötigt wurden. Bäuerinnen unterbrachen ihre Arbeit im Weinberg oder im Reisfeld schließlich nur kurz, um ihr Kind zur Welt zu bringen.

Der errechnete Termin war der 29. Mai, und pünktlich am 28. in der Abenddämmerung, als ich unruhig im Garten auf und ab ging und an Unkräutern zupfte, spürte ich ein erstes Ziehen, und bald gab es keinen Zweifel mehr: die Wehen. Getreu meinem Entschluß sagte ich den ganzen Abend über nichts, wir gingen zu Bett wie immer, und ich konnte zwar nicht schlafen, aber das war nichts Ungewöhnliches, denn meine Schlaflosigkeit war mit den Beschwerden der Schwangerschaft wiedergekehrt, und Vic und ich lasen einander häufig bis in den Morgen vor. An diesem Abend war er dran. Wir waren mitten in John Wains Roman *Hurry on Down*, dessen Titel so absurd zu dem Ereignis paßte.

Es war eine Variation über das Thema des zornigen jungen Mannes, ein Porträt des Künstlers als Gagschreiber. Die Witze waren plump, ich mußte trotzdem lachen, und gleichzeitig entfuhr mir ein Stöhnen, das mich verriet. Vielleicht hatte ich die Nerven verloren. Jedenfalls wurde mir die Sache aus der Hand genommen, ein Krankenwagen wurde gerufen, und Vic begleitete mich auf der langen Fahrt über Nebenstraßen nach Crosshouses. Als wir gegen halb vier Uhr morgens dort ankamen, trat ich in meiner Panik mitten in eine von mir selbst stammende Pfütze. Die diensthabende Krankenschwester merkte anscheinend sofort, daß ich absichtlich so lange gewartet hatte, und versetzte mir ein paar kräftige Ohrfeigen, schickte Vic mit dem Krankenwagen nach Whitchurch zurück und schaffte mich in den Kreißsaal.

Dort holte mich die Zeit ein. Während die schlagkräftige Schwester die Ärztin wecken ließ, lag ich da, wo sie mich deponiert hatte, und beobachtete den Zeiger der Wanduhr. Es ging viel zu schnell. »Nicht pressen!« schrie sie (sie wollte die Ärztin dabeihaben), aber ich konnte nicht aufhören zu pressen, und obwohl mir war, als würde ich entzweigerissen (was auch der Fall war), und der Sekundenzeiger sich so langsam zu drehen schien wie für jemanden, der auf Speed ist, hatten das Adrenalin meiner Angst und meine siebzehnjährigen Bauchmuskeln es bald geschafft. Die zerknautschte, schlaftrunkene Inderin, die sich im Laufen ihren dicken Zopf hochsteckte, kam zu spät, die Schwester bog bereits meinen schlaffen Arm um ein kleines, in eine Decke gewickeltes Mädchen, um es mir gleich darauf wieder zu entreißen. Dann war alles vorbei, bis auf das Nähen, das höllisch weh tat. Man gab mir Lachgas und Sauerstoff und ließ mich dann allein, bis es wirklich Morgen war. Ich beobachtete fasziniert die Uhr. Es war erst Viertel nach vier, die Zeit an der Schwelle des Tages, und ich war noch nie so wach gewesen. Es war, als wäre ich gestorben und mit der Fähigkeit, die Uhr zu lesen, wiedergeboren worden. Ewigkeiten später kam eine Helferin mit Schrubber und Wischlappen herein, und als sie mich da liegen sah, brachte sie mir auf telepathische Anordnung meiner Mutter eine Tasse heißen, gesüßten Tee, den ich im hohen Bogen wieder erbrach (macht nichts, sagte sie und wischte die Bescherung auf), und dann schlief ich ein.

Auf der Entbindungsstation kam ich wieder zu mir, als der Crosshouses-Tag begann. Alles war streng reglementiert: nicht nur wurden auf die Minute pünktlich Temperatur und Blutdruck gemessen, Bettpfannen verteilt und Medikamente verabreicht, es gab auch Unmengen anderer Regeln. Haarewaschen war streng verboten, auch wenn man schon wieder ins Bad gehen konnte, Make-up wurde mißbilligt. Alles, wodurch man sich weniger schmutzig und am Boden zerstört hätte fühlen können, war grundsätzlich untersagt, denn zuallererst kam das Baby, und Haarewaschen war der Crosshouses-Logik zufolge Eitelkeit und somit ein Verrat an der Mutterschaft. Infolgedessen hatten alle strähnige, verschwitzte Haare, manche grau, denn mehrere der Frauen hatten unter Mißachtung von Sitte und Anstand noch mit über Vierzig Kinder bekommen. Die Krankenschwestern und die Oberschwester dagegen waren Vestalinnen, unverheiratet oder zumindest kinderlos, ihr Babykult war rein. Selbstlos dienten sie der Sache der Mutterschaft, ganz anders als die verantwortungslosen Frauen in ihrer Obhut, die wahrscheinlich nur Sex im Kopf gehabt und nicht verhütet hatten und ihre Kinder nicht verdienten.

Waren die Mütter also der letzte Dreck, so traten die Väter praktisch überhaupt nicht in Erscheinung, denn die Besuchszeiten waren kurz, die Klinik war mit dem Bus nicht zu erreichen, und öffentliche Fernsprecher gab es nicht. Die Station war die Welt. Die Babys lagen auf der Säuglingsstation ein paar Korridore weiter, Müttern war der Zutritt verboten. Nachts wurden die Kleinen mit der Flasche gefüttert und schrien ununterbrochen, weil sie sich gegenseitig wach hielten, tagsüber wurden sie uns im Vier-Stunden-Takt zum Stillen gebracht. Stillen war jetzt plötzlich die Regel und führte zu vielen weiteren kleinen Ordnungswidrigkeiten in Form von zuviel oder zuwenig Milch oder den falschen Brustwarzen. Als die Oberschwester ihre Runde machte, sagte ich ihr, ich wolle nicht stillen, aber sie hörte es zum Glück nicht, denn am anderen Ende des Saales hatte sie eine Ungeheuerlichkeit erspäht, eine Frau mit rotlackierten Nägeln. Sie marschierte an ihr Bett, nahm ihre Hand und warf sie angewidert zurück. »Wir füttern unsere Babys nicht mit Nagellack!« verkündete sie, blickte triumphierend in die Runde und rauschte durch die Schwingtür hinaus.

Ich war mir ziemlich sicher, daß Flaschennahrung bis vor kurzem offiziell das Beste fürs Kind gewesen war, aber ich opponierte nicht noch einmal gegen den Stillzwang, denn meine Tochter weckte die uneingeschränkte, besitzergreifende Begeisterung des Pflegepersonals. Als ich sie das nächstemal sah, hatte sie einen gelockten Blondschopf wie Shirley Temple. Die Schwestern hatten sie nicht nur gebadet und ihr die Haare gewaschen, sie hatten ihr Haar auch um den Finger gedreht und aufgebauscht. Jeden Tag hatte sie eine andere Frisur, je nachdem, wer gerade Dienst hatte.

Sie war der Mustersäugling der Station: Ihr Gewicht entsprach mit knapp sieben Pfund genau dem (damaligen) Durchschnitt, sie war genau zum errechneten Termin zur Welt gekommen, und ihre skurrile Haarkrone war das äußere Zeichen dieses Zustandes der Gnade. Doch ich teilte die Schwärmerei der Schwestern nicht. Mich beeindruckte die simple Tatsache der von mir getrennten Existenz des Kindes, um so mehr, als ich es mir als Jungen beziehungsweise, wie mir jetzt bewußt wurde, überhaupt nicht als ein Baby aus Fleisch und Blut vorgestellt hatte. Aber so war es auch den anderen ergangen – meine Schwangerschaft hatte zu Hause einen solchen Wirbel verursacht, daß keiner von uns imstande gewesen war, darüber hinauszudenken –, und jetzt kaufte Vic in aller Eile Windeln, Klemmen, Hemdchen, Nachthemdchen, gestrickte Schühchen und einen Sonnenhut, und meine Eltern, plötzlich Großeltern, sahen sich nach einem Kinderwagen um, dessen Aufsatz man auch als Tragetasche verwenden konnte, wenn ich aus der Klinik entlassen wurde.

Aber wann? Einzige Informationsquelle waren Gerüchte und Spekulationen, denn auf direkte Fragen bekam man keine Antwort. Die anderen sagten, man werde fünf Tage bis eine Woche dabehalten. Die Schwester rufe einen Tag vorher den Ehemann oder jemand anderen an, der es ihm ausrichten könne, und dann komme er einen abholen und bringe Straßenkleidung und Schuhe mit (die man nicht hatte behalten dürfen). Man war in Haft, aber nicht in Einzelhaft. Die Bettvorhänge wurden nur für intime Untersuchungen und für die Bettpfanne zugezogen – nur an einem Bett blieben sie immer geschlossen, denn das große, mürrische Mädchen dahinter war eine ledige Mutter. Ihre Absonderung war das Mal der Schande. Als ich den Fehler beging, einer Schwester zu sagen, daß ich nach Hause müsse, um meine Prüfungen zu machen, beschied sie mich (mit einem düsteren Blick auf die geschlossenen Vorhänge in der Ecke), ich könne *von Glück sagen* und der Arzt (den wir kein einziges Mal zu Gesicht bekamen) werde mich schon zur rechten Zeit entlassen.

Ich hatte den schrecklichen Verdacht, daß man mich zur Strafe dabehalten würde. Es gebe leere Betten auf der Station, und dann müsse man länger bleiben, denn die Schwestern wollten einen vielbeschäftigten Eindruck erwecken, sagte eine Frau, die nicht zum erstenmal hier war. Sie und die anderen Frauen hatten wenig Respekt vor den Mysterien der Medizin und erzählten blutrünstige Geschichten von unfähigen Ärzten. Eine Kaiserschnittpatientin habe ein zweites Mal operiert werden müssen, weil Tupfer in der Wunde vergessen worden seien. Die junge Frau neben mir war nach Crosshouses gekommen, weil die letzte Untersuchung vor der Entbindung einen merkwürdigen Befund ergeben hatte, doch erst im Kreißsaal, nachdem sie einen Jungen zur Welt gebracht hatte, merkte man, was es war. »Einer von denen hat gesagt, ›Da ist noch was drin‹«, erzählte sie, »und ein anderer ›Das sind Zwillinge!‹« Es waren ihre ersten Kinder, und sie wäre nicht traurig darüber gewesen, ein paar Tage länger zu bleiben, um sich an die neue Situation zu gewöhnen, denn sie und ihr Mann lebten auf einem abgelegenen kleinen Hof, und sie hatte keine Hilfe. Die älteren Frauen, besonders die kinderreichen, dachten genauso; sie fanden es zwar schrecklich in der Klinik, aber es war eine wunderbare Gelegenheit, einmal einfach nur im Bett zu liegen. Ich aber wollte so schnell wie möglich weg. Ich war jetzt eine Woche da, die Wunde heilte, ich hatte schon ein Bad in heißem Salzwasser nehmen dürfen, es konnte also nicht mehr lange dauern. Doch plötzlich stieg meine Temperatur rapide an. Ich hatte eine Infektion.

Nach einigen fiebrigen Tagen, in denen ich zunehmend frustriert war, weil ich weder lernen – wir füttern unsere Babys nicht mit Büchern – noch schlafen, noch nachts lesen konnte, weil meine Lampe die anderen Patientinnen wach gehalten hätte, kam eine Nachtschwester, die ich noch nie gesehen hatte und später auch nie wiedersah, wie eine gute Fee an mein Bett und sagte, ich solle mir keine Sorgen machen, sie sei auch verheiratet und habe Kinder, es gehe eben doch. Nur nicht nach den Regeln, die bei Tageslicht gälten (man ließ sie nur nachts arbeiten). Ich müsse hier raus. Am nächsten Morgen nahm ich allen Mut zusammen, versuchte ruhig zu bleiben und sagte der

Tagschwester, wenn man mich nicht entlasse, würde ich mich selbst entlassen. Sie ging, um sich mit der Oberschwester zu beraten, und kam in Kampfstimmung zurück. Das sei unmöglich, sagte sie, ich sei ja noch minderjährig. Das sei sehr wohl möglich, gab ich zurück, ich sei schließlich verheiratet. Trotzdem, meinte sie, es gehe mir nicht gut genug, ich hätte eine Infektion. Und wo hab ich mir die geholt? fragte ich höhnisch. In diesem gräßlichen Krankenhaus. Zu Hause wäre ich besser dran. »Wenn Sie jetzt gehen«, rief sie, »dann sterben Sie!« Sie war wütend, aber ich war noch wütender. »Das wär mir immer noch lieber!« schrie ich zurück, worauf sie auf dem Absatz kehrtmachte und hinausmarschierte.

Die weisen Frauen lachten und schüttelten den Kopf: Du solltest sie nicht so gegen dich aufbringen, da ziehst du nur den kürzeren. Ich war erschüttert und zugleich hoch erfreut. Noch nie hatte ich einen solchen Krach mit jemandem gehabt, der nicht zur Familie gehörte, noch dazu in aller Öffentlichkeit. Als Vic und mein Vater kamen, erzählte ich ihnen davon. Mein Vater meinte, die wüßten es doch bestimmt am besten, und Vic war hin- und hergerissen, weil er nicht glauben konnte, daß man mir sagte, ich sei in großer Gefahr, wenn es nicht wirklich so war. Er wollte mir nicht versprechen, meine Kleider hereinzuschmuggeln. Aber das war mir egal. Ich hatte ein Nachthemd, das halbwegs wie ein Kleid aussah, meine Hausschuhe würden es auch tun, und so hatte ich beschlossen, daß ich, wenn man mich nicht am nächsten Tag die Papiere unterschreiben ließ, durch das Badezimmerfenster hinausklettern, über die Wiesen laufen und per Anhalter nach Shrewsbury fahren würde. Meine Tochter würde es bei den Friseusen gut haben, bis wir sie abholen konnten. Ich hatte mir schon heimlich die Haare im Waschbecken gewaschen und ließ sie gerade trocknen, als mir eine Schwester (ohne mich anzusehen) mitteilte, daß man mich mit einem Rezept für Antibiotika entlassen werde und daß die Oberschwester bereits meinen Vater angerufen habe. Ich könne gehen.

Bei meiner Entlassung machten sie ein großes Getue um meine Tochter und sagten zu Vic, was für ein Jammer es sei, daß ihre schönen blonden Haare alle ausfallen würden, das sei immer so. (Sie fielen nicht aus.) Sunnyside sah wunderschön aus; während meiner Abwesenheit waren die sparrigen Rhododendren erblüht, weiß, scharlachrot, lila und rosa. »Ich weiß, daß nie Natur ein Herz betrog, / Das ihr in Liebe huldigt ...« Unsinn natürlich, aber schöner Unsinn. Jetzt würde ich doch noch rechtzeitig kommen, um die Zeilen zu zitieren. Es war ohne Frage wesentlich leichter, von einem Kind entbunden zu werden als von dem dazugehörigen mythologischen Ballast. Von jetzt an würde ich meine Freunde zählen und mich zur Wehr setzen müssen. Im Moment war ich zwar noch etwas wackelig auf den Beinen, und die Antibiotika hatten die Verdauung meiner Tochter durcheinandergebracht, aber meine Infektion war bald vorbei und die damit einhergehenden Blähungen auch. Grandma begrüßte mich, als sei ich aus dem Jenseits wiedergekehrt.

18

Achtzehn

Als ich meiner Mutter das Baby in die Arme legte, gab sie es mir postwendend zurück und sagte, sie habe Angst, es fallen zu lassen. Sie war erst zweiundvierzig und hätte selbst noch Kinder bekommen können – sie sah viel jünger aus als einige der Mütter in Crosshouses. Alle waren ein wenig aufgewühlt durch die Umbesetzung der Generationen, aber bei ihr merkte man es am deutlichsten. Nachdem sie sich wieder gefaßt hatte, wählte sie immerhin einen Namen aus. Sharon, das sei doch ein schöner Name, sagte sie in dem verträumten Ton, in dem sie von Perlmutt sprach, ob er nicht auch in der Bibel vorkomme – die Rose von Sharon? Und er klang wirklich romantisch, ein Name, der mit Rock und Countrymusic aus Amerika herübergeweht war: In den sechziger Jahren hießen Hunderte von Mädchen Sharon. Vics Vater schaute auf die Kleine in ihrem Kinderwagen hinab und sagte: »Jedenfalls ist sie eine Sage.« Vics Mutter schämte sich für ihren Mann und strickte Jäckchen, Schühchen und eine Decke. Mein Vater zweifelte an unseren elterlichen Fähigkeiten, aber immerhin schafften wir es, Sharon zu baden und zu wickeln und nachts zu füttern. Er hätte wohl gern noch mehr Kinder gehabt, doch die Mädchenhaftigkeit meiner Mutter war ihm wichtiger. Grandma begrüßte das Baby als neue Vertreterin der unglückseligen Gattung blonder, blauäugiger weiblicher Wesen (dazu verdammt, mit dem Feind zu schlafen, verdammt zur Fortpflanzung). Onkel Bill kreuzte mit einem Koffer voller Schuhriemen, den letzten Resten der

Lagerbestände in den Hereford Stores, in Sunnyside auf, setzte sich auf die *Daily Mails*, fragte, warum wir uns nicht den Hintern damit abwischten, und meinte, die Mutterschaft stehe mir nicht. Von da an wandte er seine ideologischen Aufmerksamkeiten Clive zu (der jetzt selbst Onkel und darüber völlig aus dem Häuschen war), wenn auch aus rein politischen Gründen, denn er hatte nichts für Jungen übrig.

Für Bill gehörte ich der Vergangenheit an, ich hatte den Zug der Zeit verpaßt und war zu hirnloser Fortpflanzung zurückgekehrt. Wie die meisten Genossen hatte er konventionelle Ansichten über konventionellen Sex. Aber ich glaubte ihm nicht. Ich war keine Realistin, Vic und ich lebten in einer Dimension von Phantasie und Freiheit, die ihm verschlossen war.

Als ich zur ersten Prüfung in die Schule kam, war ich noch benommen, obwohl ich kein Fieber mehr hatte. Es war sehr seltsam, wieder dort zu sein, in Sommerkleid und Pumps. Als Miss Dennis, die Rektorin, am Tor erschien und mich schein-

bar besorgt fragte, ob ich nicht besser zu Hause geblieben wäre, ließ ich sie einfach stehen. Ihre Schule war das »offene« Zentrum in Whitchurch, die Grenzen, die sie zog, hatten ihre Gültigkeit verloren. Miss Dennis leistete mir ungewollt die besten Dienste, sie bestärkte mich in der Überzeugung, daß ich jemand war – auch wenn ich mir wohl nicht ganz klarmachte, wie ärgerlich es für sie sein mußte, daß ich ungeniert und ohne Reue zurückgekehrt war. Nach diesem ersten Tag ignorierte sie mich, und ich spielte die Außenseiterin ohne ihre Hilfe, schrieb in einer Art Euphorie um mein Leben, berauscht von dem Bewußtsein, endgültig aus dem Takt der Schulhymne geraten zu sein – das ist die Schu-u-le für mich.

Die einzige Prüfung, die ich verpaßt hatte, war Französisch, mündlich und Diktat, weil ich da noch im Krankenhaus gewesen war. Allzusehr bedauerte ich das nicht, denn mein gesprochenes Französisch war hoffnungslos. Auf die Idee, an den Prüfungsausschuß zu schreiben und zu erklären, warum ich nicht zur Prüfung angetreten war, kam ich nicht.

Jahre später, als ich selbst Prüfungsarbeiten benotete, saß ich in Ausschüssen, in denen man versuchte, leistungsmindernde Katastrophen zu bewerten. Eine Schülerin zum Beispiel hatte auf dem Weg zur Klausur in englischer Literatur ihren Großvater an einem Baum auf dem Friedhof hängend vorgefunden. Wie viele Punkte war das wert …? Aber vielleicht wäre eine Geburt keine Entschuldigung gewesen und hätte den Prüfungsausschuß, der glücklicherweise nichts von mir wußte, darauf aufmerksam gemacht, wie abartig ich war.

Als nächstes ging ich zu Dr. Clayton, um mit ihm über Verhütung zu reden. Ich machte mich auf ein peinliches Gespräch über die verschiedenen Methoden gefaßt, aber er sagte nur: »Jetzt, wo Sie verheiratet sind, können Sie das Ihrem Mann überlassen.« Er meinte damit (denn er wußte ja, daß Vic nur ein Jahr älter war als ich und ganz offensichtlich kein Experte auf diesem Gebiet), daß er mich auf keinen Fall darin unterstützen würde, selbst über meine Fruchtbarkeit zu bestimmen.

Oder war es *ihm* peinlich? Wohl kaum. Nehmen wir zu Dr. Claytons Gunsten an, daß er nur Whitchurchs Sprachrohr war, ein Vertreter dieser Stadt mit all ihrem Hochmut, ihrer moralischen Erstarrung und ihren lüsternen Tagträumen. Ich ging der Frage nicht weiter nach. Ich hatte, was Verhütung anbelangte, zwar noch wenig Ahnung, aber ich hatte bestürzt das Diaphragma inspiziert, das meine Mutter ganz unten in ihrem Schrank aufbewahrte, und war zu dem Schluß gekommen, daß ich dieser Methode nicht würde trauen können – und Vic würde Kondomen nicht trauen. Und so verzichteten wir auf Sex. Oder zumindest auf Geschlechtsverkehr. Hätte man das in Whitchurch gewußt, wäre man schockiert gewesen, denn es war ein ehernes Gesetz, daß man dem Mann seine »ehelichen Rechte« nicht verweigern durfte (ich schon gar nicht, weil Vic ja so anständig gewesen war, mich zu einer ehrbaren Frau zu machen).

Wir glaubten, daß wir schon einen Weg aus dieser Sackgasse finden würden, aber im Laufe der Zeit war es gerade unsere Enthaltsamkeit, die unsere Vertrautheit festigte. Wir waren Bruder und Schwester. Wir waren auf amöbenhafte Zärtlichkeiten regrediert: Wir redeten in Babysprache, wir hatten insgeheim seltsame Spitznamen füreinander (Creep für ihn, Crumble für mich), die unsere schuldbewußte Unschuld widerspiegelten, und wir standen in einem permanenten Dialog über andere Leute, Ideen und Bilder. Hinter alldem verbarg sich eine mächtige Bedrohung, gegen die der gesunde Menschenverstand keine Chance hatte. Jeden Monat von neuem war ich trotz unserer Enthaltsamkeit überzeugt, durch irgendeinen bösen Zauber schwanger geworden zu sein, und wurde von Wut und Verzweiflung heimgesucht. Das prämenstruelle Syndrom wurde damals noch nicht ernst genommen, obwohl viele es aus eigener Erfahrung kannten. Doch selbst wenn wir meinen Wahn hätten benennen können, hätten wir ihn wohl kaum gebannt.

Vic hatte Geduld mit mir und spottete nicht, denn er sah die Macht meiner Unvernunft. Die Grenzen zwischen uns waren ein für allemal durchbrochen, wir verliehen der Vorstellung, daß Mann und Frau ein Fleisch sind, einen neuen Sinn. Diese Art von Alchemie fand sich auch in der Literatur wieder: »... eng vermischen und verschmelzen und mit dem Geliebten zusammengeschweißt werden, so daß aus zweien eins wird.« Shelley übersetzt hier Plato, der diese Worte Aristophanes in den Mund legt, dem einzigen Verfechter heterosexueller Liebe im *Symposium*, die sich bei ihm allerdings wie etwas Perverses anhört.

So sublimierten wir unsere Bedürfnisse, und das sonderte uns noch mehr von unseren Freunden ab. Ich hatte Gail zurückgewonnen – im Grunde hatte sie mich nie verlassen, ich selbst hatte mich versteckt –, aber natürlich war es nicht mehr das gleiche, unsere Wege hatten sich getrennt, und ich hatte etwas Neues zu verbergen. Sie war *fremder*, dominierender gewesen als Vic, aber jetzt war er an ihre Stelle getreten. Er und ich, wir übernahmen die Freunde des anderen als Paar: In mancher Hinsicht schienen wir älter als unsere Altersgenossen, sicherer in unseren Zielen, in anderer blieben wir jünger, denn wir würden die Leidenschaft Heranwachsender mitnehmen, wohin immer wir als nächstes gingen. An die Universität, hieß das für uns, und unsere Prüfungsergebnisse waren auch gut genug, aber erst einmal brauchten wir einen Studienplatz und Geld. 1960 gab es noch kein zentralisiertes System, und man bewarb sich bei beliebig vielen Colleges und Universitäten. Aber alle verlangten eine vertrauliche Stellungnahme der Schule, und wie die bei mir ausfallen würde, konnte ich mir nach der Schulfeier im September denken.

Früher hätte ich die Gelegenheit, nicht hinzugehen, freudig ergriffen – hatte man die Schule verlassen, konnte man der Feier fernbleiben, es wurde dann nur der Name verlesen –, jetzt aber war ich fest entschlossen, teilzunehmen und meinen Preis aus dem vorangegangenen Jahr abzuholen. Die Rektorin war darauf vorbereitet: Ihre Vorgängerin, Miss Lester, hielt die Rede, eine füllige, beliebte Lehrerin, die sich besseren Dingen zugewandt hatte, und sie sprach über Charles Kingsleys berühmte Worte: »Sei gut, liebes Mädchen, gescheit mag sein, wer will.« Während ich zuhörte, sonnte ich mich in meinem Status als Ausgestoßene, aber mit dem, was dann geschah, hatte ich nicht gerechnet. Als ich hinter der Hortensienreihe die schreckliche Bühne des Rathauses überquerte, um meinen Büchergutschein in Empfang zu nehmen, wurde der müde Applaus lebhafter, und meine Mitschülerinnen jubelten mir zu. Es war mein erster und letzter Augenblick der Popularität in den sechs Jahren an der höheren Mädchenschule von Whitchurch, und es war genau das, was die Sportlehrerin von Anfang an befürchtet hatte: Ich gab ein schlechtes Beispiel. Ich zitterte und errötete wie immer, wenn auch aus anderen Gründen, und war heilfroh, daß ich so abgenommen hatte und man sehen konnte, daß ich eine Sünderin im Geiste war, nahezu gewichtslos und nicht mehr lange in Whitchurch.

Aber es war ein steiniger Weg. Die Frauencolleges in Oxford und Cambridge schickten mir meine Unterlagen zurück und schrieben, sie könnten meine Bewerbung nicht berücksichtigen, da sie nur reife verheiratete Frauen aufnähmen (reif hieß älter als dreiundzwanzig). Alle anderen sagten bereitwillig und ohne Vorstellungsgespräch zu. Miss Dennis' Bericht von meinem Fall – ein Mitglied eines Auswahlgremiums erinnerte sich Jahre später, daß er mit den Worten »Lorna ist attraktiv und intelligent, aber ...« begann und darauf hinwies, daß sich hinter meiner Schüchternheit ein verdorbener Charakter verberge – kam in den englischen Abteilungen gut an. Vic wurde hier und da zu einem Gespräch aufgefordert (einem wissenschaftlichen, versteht sich) und lernte auf diese Weise in Sheffield William Empson kennen; wir beide wollten unbedingt dorthin und zu seinen Füßen sitzen. Aber es sollte nicht sein: Die zuständige Behörde in Shropshire bewilligte mir kein Stipendium. Bei Vic dagegen lief alles glatt, man hatte auch schon jungen Männern Geld gegeben, die verheiratet vom Wehrdienst zurückgekommen waren. Frauen aber – ob verheiratet oder nicht –, die mit

Männern schliefen, bekamen nichts, obwohl Stipendien einige Jahre später obligatorisch werden und nicht mehr im Ermessen der Behörde liegen sollten. Den Beamten muß das bereits bekannt gewesen sein, nur ich wußte nichts davon.

Aber ich hätte ohnehin nicht so lange warten können. Wenn ich es jetzt nicht schaffte, würde der Traum verblassen, Bücher würden zum Hobby und ich zur Hausfrau werden (was ich mir weniger als lebenslange häusliche Plackerei vorstellte denn als hilflose Heuchelei). Es gab auch staatliche Stipendien ohne Bedingungen, die ich jedoch wegen meiner fehlenden Französischprüfungen knapp verfehlte. Aber man konnte auch andere Wege gehen. Manche Universitäten hatten eigene Eingangsprüfungen und vergaben Stipendien über seltsame Summen wie etwa fünfzig Guineen jährlich, die vom Staat aufgestockt wurden. Die erste, die uns im Januar 1961 antwortete, war (ein gutes Omen) Durham. Wir bewarben uns und fuhren mit dem Zug durch die Pennines – weiter nach Norden, als wir je gewesen waren. Wir übernachteten in getrennten Häusern und schrieben unsere Klausuren im Schatten der Kathedrale, deren träges Glockengeläut an unseren Nerven zerrte. Alle Gebäude waren viereckig, nüchtern, schlecht beleuchtet und zugig, mit glühenden Heizkörpern. Nach Durham ging man, wenn man in Oxford oder Cambridge nicht angenommen wurde, aber die Gebäude der Universität waren verwirrend beengt und verstreut, als hätte man sie zwischen die einer anderen Institution gezwängt, der Kirche, wie es schien. Ich befand mich zum erstenmal in einer Universität, aber es war, als würde ein Pfarrhausgeist in den dunklen Ecken lauern und mir ins Ohr flüstern – »Unsterblich, unsichtbar ... Alterungsschäden ...«.

Mein Vorstellungsgespräch nahm mir jede Hoffnung auf einen Studienplatz in Durham. Professor Clifford Leech lehnte sich hinter seinem Schreibtisch zurück, begrüßte mich überschwenglich und reichte mich dann an Nicholas Brooke weiter, ein winziges Männchen, das am Rande des Lichtkreises der schwenkbaren Lampe saß. Er war spindeldürr und angespannt und sprach mit krächzender Stimme, in ungeduldigem, ironischem Ton. Als wir zu Shakespeare kamen (er blätterte in meiner Arbeit, schien aber nicht zu finden, was er suchte) und ich mühsam wiederholte, was ich geschrieben hatte, zog er fragend eine Augenbraue hoch und nannte die eigentlichen Urheber meiner Gedanken – L. C. Knights' *How Many Children had Lady Macbeth?*. Ja. Und diese enthusiastische Passage über die späten Stücke und das Entschweben in die Unsterblichkeit, war das nicht *Wilson* Knight? Ich nickte mit glühendem Gesicht. Es war qualvoll, persönlich zu dem Stellung nehmen zu müssen, was ich geschrieben hatte. Auf dem Papier hatte ich mir allerhand zugetraut, ich war ein anderer Mensch gewesen – viele andere Menschen, wie sich zeigte. Eine Betrügerin.

Er stellte mir Fragen zu zeitgenössischen Romanen, und ich erwähnte die anständigen, die ich gelesen hatte, darunter C. P. Snows *Die Lehrer*. Ja? Ich fand das Buch unglaubwürdig, ich könne mir nicht vorstellen, daß Universitätsdozenten sich auf so kleinliche Intrigen einlassen würden. Die beiden lachten; offensichtlich fanden sie mich schrecklich naiv. Aus einer eiskalten Telefonzelle rief ich meine Mutter an, ein R-Gespräch. Als sie sich mit der sieben Monate alten Sharon unterm Arm meldete (das Kinderhüten machte ihr inzwischen nichts mehr aus), sagte ich ihr, ich hätte *keine Chance*.

Aber ich hatte mich getäuscht. Die Inquisition in diesem kahlen Raum war eine Feuerprobe, die darüber entscheiden sollte, ob ich für ein Stipendium geeignet war – und ob es sich lohnte, meinetwegen Durhams klösterliche Collegeregeln zu ändern. Als ich in St. Aidan's Miss Scott kennenlernte, stellte sich heraus, daß sie derselben Generation angehörte wie Miss Roberts und deren pragmatische Sicht meines Vergehens teilte. Studentinnen würden in St. Aidan's künftig nur noch aufgrund von Wissens- und Bildungslücken abgewiesen werden. Sie hatte damit einen gefährlichen Präzedenzfall geschaffen, aber sie machte kein Aufhebens davon, sondern warnte mich nur vor den verblödenden Nebenwirkungen der Hausarbeit, die das

Zusammenleben mit einem Mann dem Vernehmen nach mit sich bringe. Sie war nett und geistreich und kassierte gelassen die fünfzig Guineen jährlich, die mir für nicht näher benannte Collegekosten und ungegessene lauwarme Käsemakkaroni zugesprochen wurden. Aber das machte nichts: Mein staatliches Stipendium bemaß sich nach dem Einkommen meines Vaters, und ich bekam den vollen Satz, ebenso Vic, bei dem der schmale Lohn seiner Mutter angesetzt wurde. Es ging uns gut, und wir konnten sogar etwas zum Haushaltsgeld in Sunnyside beisteuern, wo Sharon in der Obhut meiner Mutter blieb.

Auch Sharon hatte ihren Platz gefunden. Sie und meine Mutter hielten in der Küche Zwiesprache miteinander: Sharon saß in ihrem Hochstuhl und spielte mit einer grauenvollen, nassen Mischung aus Spielzeug und Zwieback, meine Mutter sagte ihr, was die Katze oder die Vögel draußen vor dem Fenster machten, sprach über die schönen Farben des Feuers, das Klappern des Briefschlitzes an der Haustür, wenn der Briefträger kam, oder über Clive, der jetzt auf die höhere Schule ging, aber immer noch jeden Nachmittag mit Getöse hereinpolterte. Sharon lernte schon sehr früh sprechen, und eine Zeitlang schien es, als sei sie, wenn sie dort saß und Befehle erteilte oder höfliche Konversation machte, so zufrieden mit ihrem Leben, daß sie sich nie entschließen würde, auch laufen zu lernen. Sie zog die Großeltern ihren unbeständigen abwesenden Eltern vor; die Großeltern waren viel mehr, wie Eltern sein sollten, wie die Eltern in Bilderbüchern – und sie war viel mehr ihr Baby, als ich es gewesen war.

Wenn Sharon schlief und meine Eltern im Bett waren, gingen Vic und ich in den Rugbyclub zu den Säufern und Bohemiens der Stadt. In den Monaten bis Durham nahmen wir wieder am Leben in Whitchurch teil, an dessen anrüchigem Rand. Vic hatte im Winter in der Ehemaligen-Mannschaft Rugby gespielt, deren Mitglieder – ebenso wie ihre Gegner – größtenteils mindestens zehn Jahre älter und weit schwergewichtiger waren als er. Sein Mut hatte ihm dort außer Narben und blauen Flecken auch ein gewisses Prestige verschafft. Einmal bekam er einen so heftigen Schlag auf den Kopf, daß er mich nach dem Match nicht mehr erkannte; sein erfreutes Grinsen verriet jedoch, daß er ziemlich angetan von mir war, auch als völlig Fremde. Das beste an den Ehemaligen war ihr Club, ein schäbiges Fertighaus am Stadtrand mit dichtgeschlossenen Vorhängen, auf denen Guiness-Werbung prangte. Um halb elf, wenn die anderen Pubs zumachten, erwachte der Club zum Leben. Ich lernte dort trinken und rauchen. Vic war mir darin voraus, und anfangs mußte ich nach einigen Gläsern Gin mit Bitter Lemon immer in höchster Eile zur Toilette und mich übergeben, aber durch Experimentieren fand ich heraus, daß ich Gin pur bei mir behielt. Wir wurden auch routinierte Dartspieler, was uns in Durham zugute kam – im anderen Durham, in dem wir lebten, dem nicht-universitären, wo nach der Polizeistunde Teilzeit-Fensterputzer über dialektischen Materialismus dozierten.

Aber wir waren selbst nur Teilzeit-Außenseiter, Amateur-Bohemiens. Wir legten uns in Durham mächtig ins Zeug, an-

gespornt von dem Wunsch, Whitchurch für immer hinter uns zu lassen, und zunehmend fasziniert von der Literatur, so daß wir uns auch aus Liebe zur Sache so anstrengten. Als wir Nicholas Brooke wiedersahen, verstand ich gar nicht, weshalb ich ihn nicht gleich erkannt hatte – den Scharfsinn, das Theatralische, das leicht Verbitterte (er fühlte sich in Durham auf dem Abstellgleis), die Zigarette zwischen den gekrümmten Fingern, der wehende Talar ... das war mein erster Mentor, von dem ich jetzt einen ganz anderen Eindruck gewann. An der Universität waren wir endlich zu Hause, auch wenn wir von Anfang an als ein bißchen verrückt galten und unter der Überschrift DIE SAGES UND DIE LITERATUR in der Lokalzeitung erschienen, zusammen mit einem ehemaligen Kongregationalistenpfarrer um die Vierzig aus Hartlepool. Ich schickte den Zeitungsausschnitt meiner Mutter, und sie hob ihn in dem Schuhkarton mit meinen Briefen auf, die sich wie kritische Berichte aus einem fremden Land lesen (»Durham ist ein stockkonservativer Ort, wo die Männer Privilegien haben«), und dem Foto auf der Titelseite der *Mail*, das zu unserem Studienabschluß 1964 erschien.

Wieder wird über uns berichtet, denn wir sind das erste Ehepaar im normalen Studentenalter, das sein Studium zur selben Zeit im selben Fach beendet, beide mit Bestnoten. Doch diesmal ist Sharon mit auf dem Bild, und das ist das Wesentliche – sie ist inzwischen vier und wirkt sehr groß und sehr mißtrauisch. Das Bild nimmt in unserer Geschichte die Stelle eines Hochzeitsfotos ein. Sharon ist diejenige, die über das Ende hinausblickt, noch niemand scheint zu wissen, daß es die sechziger Jahre sind, sie vielleicht ausgenommen. Sie ist die wahre Zukunft, sie sagt der Welt, daß wir gegen die Regeln verstoßen haben und ungestraft davongekommen sind, daß man noch von uns hören wird – in welcher Form auch immer.

Nachwort

Als das Foto von der Abschlußfeier in der Zeitung erschien, schrieb mir meine einstige Bettnachbarin in Crosshouses, ich hätte mir ja so sehr gewünscht, die Prüfungen zu machen, und sie freue sich, daß es geklappt habe. Sie schickte ein Bild von ihrer Familie mit – sie hatte inzwischen fünf Kinder, zwei Zwillingspärchen, lauter Jungen, und ein Mädchen; im Hintergrund sah man ein winziges Haus und weite, struppige Shropshire-Wiesen.

Todesfälle: Grandma starb 1963 und wurde neben Grandpa auf dem Friedhof von Hanmer begraben. Wenig später stürzte der Grabstein um, woran zweifellos die Totengräber und Steinmetze schuld waren, aber ich stelle mir gern vor, daß sie sich dort unten mit Grandpa stritt, daß die Fetzen flogen.

Vics Vater starb 1967, und die Zeugen Jehovas in Whitchurch müssen erleichtert aufgeatmet haben, denn in letzter Zeit hatten sie immer, wenn sie vorbeischauten, stundenlang auf Knien Kanal 13 lauschen müssen.

Vics Mutter starb 1970 nach einem Zusammenbruch, der sich darin äußerte, daß sie den Wahnsinn ihres Mannes übernahm und sich seine Allüren zulegte. Die Ärzte meinten, sie sei vorzeitig senil, aber es war wohl eher das Mysterium der Ehe am Werk. Sie erholte sich und wurde wieder zu der geistig gesunden, geduldigen Frau von früher, gerade rechtzeitig, um an Krebs zu sterben.

Meine Mutter starb 1989 nach einem Schlaganfall (dem zweiten) und liegt in Hanmer begraben. Ihr Tod brachte mich auf die Idee, dieses Buch zu schreiben.

Weitere Einzelheiten: Gail wurde Lehrerin und heiratete in der Kirche von Hanmer Terry, den sie auf dem College kennengelernt hatte und der ebenfalls Paul Anka ziemlich ähnlich sah. Die beiden haben keine Kinder.

Miss Roberts habe ich nie näher kennengelernt, und ich wünschte, ich hätte mich mehr darum bemüht. Als sie in den sechziger Jahren in Pension ging, schenkte sie mir ihren Talar, und sie freute sich, als ich nicht lange vor ihrem Tod in den siebziger Jahren anfing, Kritiken für den *New Statesman* zu schreiben.

Mein Vater hat den Tod meiner Mutter nie verwunden und lebt bei meinem Bruder Clive und seiner Familie.

Clive ging mit sechzehn von der Schule ab. Er ist promovierter Ingenieur und arbeitet als Berater, wenn er nicht gerade seiner Frau in dem Pub hilft, den die beiden betreiben.

Sunnyside gibt es nicht mehr, oder zumindest ist es nicht mehr wiederzuerkennen. Es erwies sich als eine gute Investition: 1964 verkauften meine Eltern die Hälfte der Koppel an einen Bauunternehmer, der auf dem Grundstück zwei Doppelhäuser und einen Bungalow errichtete, 1988 verkauften sie die zweite Hälfte und den Obstgarten an einen anderen Bauunternehmer, der dort drei Villen im Tudorstil mit Doppelgaragen baute. Er verwendete dazu die Ziegel der Ställe, die abgerissen wurden – mein Vater hatte sich aus dem Geschäft zurückgezogen –, und das Billardzimmer, so daß Sunnyside heute ein ganz normales Haus mit Garten ist. Nach dem Tod meiner Mutter verkaufte mein Vater es in den neunziger Jahren ebenfalls.

Sharon nahmen wir zu uns, nachdem Vic und ich Durham verlassen hatten, aber die Ferien verbrachte sie weiterhin bei meinen Eltern. Sie ist inzwischen verheiratet und hat eine Tochter namens Olivia. Sie hat mit der Familientradition gebrochen und erst mit über Dreißig geheiratet und ihr Kind bekommen, und so sind die Generationen wieder im Lot. Auch ich habe mit der Tradition gebrochen: Ich ziehe meine Enkelin nicht groß.

Vic und ich überstanden die sechziger Jahre, aber die Pille und die Legalisierung des Schwangerschaftsabbruchs kamen zu spät, um unserem Liebesleben wieder auf die Beine zu helfen, und wir trennten uns 1974, sind jedoch Freunde und Kollegen geblieben. Keiner von uns beiden hat noch weitere Kinder bekommen.

1979 habe ich wieder geheiratet, und dazu gibt es eine Geschichte. Im Badezimmer des Gemeindewohnhauses von Vics Eltern stand zu der Zeit, als wir uns kennenlernten, ein stabiler Hocker mit einem geflochtenen Sitz aus grünem und cremefarbenem Cord, den Vics Vater in der Beschäftigungstherapie zwischen den Elektroschocks in der psychiatrischen Klinik aus einem Bausatz angefertigt hatte. Als ich 1979 in einem Dorf von Börsenmaklern in Südostengland meine neuen Schwiegereltern kennenlernte, suchte ich in einem abgelegenen Badezimmer Zuflucht und fand dort einen Hocker mit einem geflochtenen Sitz aus grünem und cremefarbenem Cord vor. Alles in dem Haus war anders, als ich es gewöhnt war, aber der Hocker war genau der gleiche. Später erkundigte ich mich, ob es eine bestimmte Bewandtnis damit habe: Ja, der Vater habe in den sechziger Jahren einen Zusammenbruch erlitten und den Hocker während seiner Rekonvaleszenz in der Beschäftigungstherapie aus einem Bausatz hergestellt.

Ich weiß nicht, was die Moral von der Geschichte mit dem Badezimmerhocker ist. Vielleicht dies: Man sollte sich damit zufriedengeben, daß ein paar Fragen offenbleiben, denn selbst wenn scheinbar alles im Leben mit allem zusammenhängt: Auf dem Weg liegt Wahnsinn.

PIPER

Oek de Jong

In der äußersten Finsternis

Roman. Aus dem Niederländischen von Thomas Hauth.
544 Seiten. Gebunden

Das unsichtbare Wasser flößte seiner kleinen Tochter Lin Angst ein. Aber Hokwerda lächelte sanft und verführerisch, packte Lins schmächtigen Körper und schwang ihn in die Höhe. Noch einmal flog sie durch die Luft über das Schilf hinweg, schlug auf dem Wasser auf und sank nach unten. – Wie ein dunkles Versprechen schwebt diese unheilvolle Erfahrung über dem Leben von Lin Hokwerda. Viele Jahre sind vergangen, Lin ist inzwischen erwachsen und lebt in Amsterdam. Dort begegnet sie eines Tages dem acht Jahre älteren Henri. Sie fühlt sich angezogen von ihm, von seinem Körper und seiner selbstsicheren Art. Die beiden beginnen eine leidenschaftliche, alle Konventionen brechende Affäre. Doch ihre Liebe schwankt zwischen Lust und Gewalt, bis Lin schließlich die Kraft aufbringt, sich von Henri zu lösen. Trotz ihrer neuen Beziehung zu dem kultivierten und zärtlichen Jelmer aber ist die abgründige Geschichte zwischen Lin und Henri noch nicht zu Ende.
In seinem groß angelegten, ebenso subtilen wie mitreißenden Roman über das Wesen der Liebe und der Lust gelingt es Oek de Jong, Nähe und Intimität, tödliche Gewalt und die dunkle Seite menschlicher Erotik fühlbar zu machen.

01/1420/01/L